W0067254

Georg Römpp
Heideggers Philosophie

Georg Römpp

HEIDEGGERS PHILOSOPHIE

Eine Einführung

marixverlag

Es ist nicht gestattet, Abbildungen dieses Buches zu scannen,
in PCs oder auf CDs zu speichern oder mit Computern zu verändern
oder einzeln oder zusammen mit anderen Bildvorlagen zu manipulieren,
es sei denn mit schriftlicher Genehmigung des Verlages.

Alle Rechte vorbehalten

Copyright © by Marix Verlag GmbH, Wiesbaden 2006
Covergestaltung: Thomas Jarzina, Köln
Bildnachweis: akg images, Berlin
Gesamtherstellung: GGP Media GmbH, Pößneck
Printed in Germany

ISBN-10: 3-86539-110-9
ISBN-13: 978-3-86539-110-0

www.marixverlag.de

Inhaltsverzeichnis

Vorwort

Jede Einführung in das Denken eines Philosophen steht vor der fundamentalen Schwierigkeit, daß ein solches Denken nur vermittelt verstanden werden kann. Jede Philosophie ist aus der Auseinandersetzung mit der Geschichte der Philosophie hervorgegangen und bleibt von ihr auch dann bestimmt, wenn sie sich radikal davon absetzen will. Deshalb können wir ein solches Denken nur im Durchgang durch anderes Denken und nicht aus sich selbst heraus verstehen. Diese Schwierigkeit einer philosophischen Einführung geht auf eine Besonderheit der Philosophie zurück, die sie von den Wissenschaften nach ihrem gängigen Verständnis unterscheidet. Nach diesem Verständnis stellt der Fortschritt der Wissenschaften sich als Entwicklung verschiedener Wissensformen und Erkenntnisse über einen Gegenstandsbereich dar, der in der natürlichen, sozialen oder geistigen Welt unabhängig von ihnen vorhanden ist. Dieser Gegenstand wird in den Naturwissenschaften als konstant nach seinen Gesetzlichkeiten angesehen, während er sich in den Sozial- und Geisteswissenschaften kontinuierlich verändert. Beide Fälle erlauben eine Einführung durch die Bezugnahme auf einen Gegenstand, der bekannt und nur noch nicht erkannt ist. Die Philosophie dagegen hat keinen Gegenstand, von dem sie sich unterscheiden und auf den sie sich beziehen könnte. Was die Entwicklung ihres Denkens angeht, so ist sie ihr eigener Gegenstand und bezieht sich nur auf sich. Probleme des menschlichen Seins und Sollens kann sie darin behandeln, weil jeder Mensch philosophiert, wenn er sein Handeln rechtfertigt und sein Wissen begründet.

Die Philosophie ist deshalb in einem anderen und wesentlicheren Sinn geschichtlich, als dies von den Wissenschaften gesagt werden kann. Damit wird allerdings nicht behauptet, sie sei »geschichtlich bedingt«. Dieser Sinn von »Geschichtlichkeit« würde die Wahrheit solcher Human- und Sozialwissenschaften als übergeschichtlich gesichert voraussetzen, die uns über Abhängigkeitsverhältnisse zwischen dem Denken und der psychischen, sozialen, ökonomischen und politischen Wirklichkeit aufklären zu können beanspruchen. Die Philosophie ist jedoch in dem Sinne geschichtlich, als sie ihren eigenen Begriff nicht anders als aus sich selbst entwickeln kann. Eine Einführung in Heideggers Philosophie müßte für ein angemessenes Verständnis im Grunde also ein Verständnis der ganzen Entwicklung der Philosophie voraussetzen können, deren Anfänge allerdings selbst nur im Durchgang durch die philosophischen Entwicklungen aufgefaßt werden können, aus deren Horizont sie uns in der Gegenwart verständlich werden. Die vorliegende Einführung entspricht dieser Situation, indem sie Heideggers Philosophie aus ihrem Zusammenhang mit dem zentralen transzendentalphilosophischen und idealistischen Gedanken zu erhellen sucht. Sie will auf diese Weise ein oberflächliches Verständnis erschweren und ein angemessenes Verständnis erleichtern.

Aber eine Einführung in die Philosophie Heideggers steht auch vor weniger fundamentalen Schwierigkeiten. Wenn das Individuum mit Recht fordern kann, die Philosophie müsse ihm "die Leiter wenigstens" zu ihrem Standpunkt reichen, welches Recht sich auf die "absolute Selbständigkeit" des Individuums gründet, das als "absolute Form" ein "unbedingtes Sein" ist,[1] so ist das Recht des Individuums nicht nur auf der Seite des Lesers, sondern auch dem Autor muß zugebilligt werden, das Denken des Philosophen, in das er einzuführen unternimmt, im Durchgang durch sein eigenes Denken darstellen zu dürfen. In der Tat ist dies nicht nur ein Recht, sondern gehört wesentlich in das Auffassen des philosophischen Denkens. Darüber hinaus gehört Heidegger zu den am schwierigsten zu verstehenden Philosophen, und diese Schwierigkeit geht nicht zuletzt auf die scheinbar leichte Verstehbarkeit vieler Passagen von »Sein und Zeit« zurück. Die vorliegende Einführung bemüht sich deshalb, dieses Werk in seiner ganzen Schwierigkeit vorzustellen. Heideggers Spätphilosophie dagegen scheint ein leichtes Verständnis durch ihre ungewohnte Sprache zu verwehren, die sich gegen ihre Übersetzbarkeit in die traditionelle Sprache der Philosophie sperrt. Die vorliegende Einführung stellt sich jedoch auch die Aufgabe, den philosophischen Status dieses Denkens im Anschluß an die Erörterungen von »Sein und Zeit« zur Geltung zu bringen. In diesem Anschluß an den zentralen Gedanken in Heideggers Denken gewinnt die Spätphilosophie an Deutlichkeit und ihre Sprache verliert an Dunkelheit.

Die Aufgabe einer Einführung wird darüber hinaus durch die gegenwärtige Lage der Heidegger-Rezeption einerseits erleichtert und andererseits erschwert. Nach einer langen Periode des kritiklosen Auslegens und der ebenso kritiklosen Ablehnung auf der Grundlage zahlloser Mißverständnisse, an denen Heidegger durchaus nicht schuldlos war, hat die Geschichtsschreibung der Philosophie ebenso wie die historisch-systematische Interpretation zu einer kritisch-auswertenden Auseinandersetzung mit Heidegger gefunden, die das Philosophieren mit Heidegger dem Philosophieren mit Kant, Fichte, Schelling oder Hegel ebenbürtig macht. Daran kann eine Einführung anschließen und den Zusammenhang von Heideggers Denken mit den zentralen Gedankengängen von Kant und dem Deutschen Idealismus herauszustellen suchen, um Heideggers Philosophie in ihrer Kontinuität und in ihrer kritischen Wendung gegen diese Gedanken zu verdeutlichen. Aber eine Philosophie ist nur dann bedeutend, wenn sie die tradierten Fragen und Formen des Denkens nicht bruchlos fortsetzt, sondern eine neue Frage bearbeitet und eine neue Form des Philosophierens hervorbringt. Gerade wenn es sich jedoch um eine neue Frage handelt, so entsteht sie nicht aus dem dunklen Grund der Persönlichkeit des Philosophen, sondern in seiner ebenso inspirierten wie distanzierten Auseinandersetzung mit der philosophischen Denkgeschichte. Die vorliegende Einführung versucht Heideggers Denken an die zentralen transzendentalphilosophischen und idealistischen Gedankengänge anzuschließen und verfolgt damit auch das Ziel, Heideggers philosophisches Anliegen in der Abhebung gegen jene Gedankengänge deutlicher hervortreten und gleichzeitig besser einleuchten zu lassen, ohne dessen Eigenart einebnen und mit der Tradition auf einen Nenner bringen zu wollen.

Die gegenwärtige Heidegger-Rezeption wird jedoch auch durch die neue Lage des Textbestandes bestimmt, wie sie sich seit Veröffentlichung der Vorlesungsmanuskripte darstellt. Hier sind es vor allem die frühen Vorlesungen aus der Zeit vor »Sein

---

[1] G.W.F. Hegel, Phänomenologie des Geistes, Vorrede, Gesammelte Werke Band 9, Hamburg 1980, S. 23

und Zeit«, die das Interesse auf sich gezogen haben. Auf dieser Grundlage wurde die Vorgeschichte von »Sein und Zeit« mit philologischer Akribie rekonstruiert, es wurden die Zusammenhänge von Heideggers frühem Denken mit der zeitgenössischen Philosophie - vor allem des Neukantianismus - untersucht, und es wurde sogar versucht, in Heideggers frühem Denken eine eigenständige Philosophie zu finden, die sich nicht in der in »Sein und Zeit« ausgearbeiteten wiederfinden läßt. Diese Seite der gegenwärtigen Beschäftigung mit Heidegger hat zwar durch erhellende Untersuchungen zu einem besseren Verständnis für die Entwicklung von Heideggers Denken geführt. Sie hat aber auch dazu beigetragen, daß die zentrale Fragestellung Heideggers aus dem philosophischen Blickfeld geraten ist. Wenn sich die vorliegende Einführung also gerade auf Heideggers genuine Frage- und Denkweise konzentriert, so ist dies nicht nur durch den Zweck des Einführens motiviert, sondern auch als Versuch zu verstehen, wieder stärker das Denken zur Geltung zu bringen, das den Denkweg Heideggers von Anfang an bewegt hat und das für die philosophische Auseinandersetzung vermutlich wichtiger ist als die Rekonstruktion der Einflüsse, denen Heidegger in seinen frühen Jahren ausgesetzt war. Nur von diesem Denken her kann auch das Niveau der angemessenen Situierung Heideggers in der Geschichte der Philosophie bestimmt werden, wie es in erster Linie durch Kant und Hegel vorgegeben wird.

Daß Heidegger auf seinem ganzen Denkweg eine zentrale Frage verfolgt hat, impliziert ebenso eine nicht selbstverständliche Interpretation wie der Begriff »Philosophie« in einem Buchtitel »Eine Einführung in Heideggers Philosophie«. Eine folgenreiche und nachwirkende Rezeptionstradition würde einen solchen Titel nur für das Denken von »Sein und Zeit« gelten lassen, während sie die Behauptung einer Kontinuität ebenso bestreiten würde wie die Berechtigung des Namens »Philosophie« für Heideggers Spätphilosophie. Wenn die Philosophie sich jedoch durch die ihr immanente Geschichtlichkeit definiert, so kann ein jedes Denken, das sich auf sie bezieht, indem es sich von ihr unterscheiden will, unter diesen umfassenden Titel gestellt werden. Auch wenn ein »anderer Anfang« in einem nicht-philosophischen »Denken« versucht werden soll, so bleibt dieser Versuch doch auf das zu »verwindende« Philosophieren bezogen. Gegen die Zweifel an der Kontinuität in Heideggers Denken ist zunächst einzuwenden, daß die Auffassung der sog. »Kehre« in seinem Denkweg als »Umkehr« und »Abkehr« von der Philosophie von »Sein und Zeit« nicht mit Heideggers Selbstverständnis übereinstimmt. Darüber hinaus entstammt eine solche Interpretation einem Mißverständnis des in »Sein und Zeit« repräsentierten Denkens. Die vorliegende Einführung verfolgt auch das Ziel, jenes Selbstverständnis zur Geltung zu bringen und gegen dieses Mißverständnis zu verteidigen. Damit soll die Veränderung in Heideggers Denken nach »Sein und Zeit« nicht geleugnet werden. Sie stellt aber die Konsequenz derjenigen Fragestellung dar, von der bereits »Sein und Zeit« geleitet war. In dieser Konsequenz nimmt Heideggers Denken eine neue Form an, mit der dieses Denken zu anderen Antworten auf die zentrale Frage findet. Die Spätphilosophie wird deshalb am besten auf der Grundlage eines Verständnisses der genuinen Frage- und Denkform von »Sein und Zeit« zugänglich.

Die Interpretamente einer von keiner »Umkehr« gebrochenen Kontinuität in Heideggers Denken und von dessen kritischem Anschluß an das Denken von Kant und der Philosophie des Idealismus geben die Komposition der vorliegenden Einführung vor. Nach einem Überblick über den Gedanken- und Argumentationsgang von »Sein und Zeit« (Kap. 1) werden in 6 Kapiteln die zentralen Denkzusammenhänge dieses Werkes untersucht und in einen Bezug zu der wichtigsten Referenz von Heideggers Denken in dem fundamentalen transzendentalphilosophischen und idealistischen Gedanken des bewußten Selbstverhältnisses gestellt (Kap. 2 - 6). Diese Untersuchung beginnt mit dem Versuch, den Sinn der Frage nach dem Sinn von Sein zu erhellen (Kap. 2), und erörtert dann das unter der Perspektive auf die Kontinuität in Heideggers Denken zentrale Thema der Erschlossenheit (Kap. 3). Die spezifische Einheit von Methode und Thema von »Sein und Zeit« wird zunächst unter dem Titel der »Eigentlichkeit des Daseins« behandelt (Kap. 4), um die »Methodenfrage« dann in Kap. 5 näher untersuchen zu können. Die Antwort, die Heidegger in »Sein und Zeit« auf seine zentrale Frage findet, wird in Kap. 6 unter dem Titel »Der Sinn von Sein« erörtert. Auf dieser Grundlage wird die Einführung in die Grundzüge der Spätphilosophie in Kap. 7 einleuchten können, die sich in drei Schritten mit der Transformation der Frage und der Antwort von »Sein und Zeit« beschäftigt. Der Anspruch, Heideggers Spätphilosophie umfassend darstellen zu wollen, verbietet sich dabei nicht nur durch den Charakter einer Einführung. Gerade die Struktur dieses Denkens schließt eine Systematisierung der eingeschlagenen Denkwege aus, die Heidegger bekanntlich als »Holzwege« aufgefaßt wissen wollte, "die jäh im Unbegangenen aufhören", obwohl sie doch "im selben Wald" verlaufen.[2] Mit dem Bezug von Heideggers Philosophie zu dem transzendentalphilosophischen und idealistischen Grundgedanken befaßt sich abschließend Kap. 8 noch eigens unter der Perspektive der Kontinuität in Heideggers zentralem Gedanken.

Zitierweise:

Seitenzahlen im Text ohne nähere Angaben beziehen sich auf die Einzelausgabe von »Sein und Zeit« im Verlag Max Niemeyer, Tübingen 1976; diese Seitenzahlen sind auch in Band 2 der Heidegger-Gesamtausgabe angegeben (Verlag Vittorio Klostermann, Frankfurt/Main 1977); alle anderen Zitate werden in den Anmerkungen nach der Gesamtausgabe (= GA) nachgewiesen, sofern das betreffende Werk bereits in deren Rahmen erschienen ist. In allen anderen Fällen wird jeweils die Einzelausgabe angegeben.

---

[2] So Heideggers Vorspruch zu der unter dem Titel Holzwege veröffentlichten Aufsatzsammlung.

1. Das Dasein und die Frage nach dem Sein - Überblick

1.1 Exposition der Frage von »Sein und Zeit«

In den Zusammenhang von »Sein und Zeit« will Heidegger nachforschen, um nach der Möglichkeit einer Antwort auf die Frage nach dem Sinn von Sein zu suchen. Diesem Ziel gelten alle Bemühungen der existenzialen Analytik des Daseins (372). Sie gerät damit in in eine Problematik, die wir zunächst als das Fehlen einer "Grammatik" (39) zur Erfahrung von Seiendem in seinem Sein bezeichnen können. Heidegger schlägt deshalb einen Weg ein, dessen Sinn sich erst im Laufe der weiteren Erörterungen ganz erschließen wird. Er nimmt eine Analyse der formalen Struktur dieser Frage vor und gelangt auf diese Weise zur Einsicht in die Notwendigkeit, ein "Befragtes" zu sichern, bei dem angefragt werden kann, um die Frage nach dem Sinn von Sein ins Ziel zu bringen (5). Wenn aber Sein stets Sein von Seiendem besagt (6), so kann das Befragte nur das Seiende selbst sein: es "wird gleichsam auf sein Sein abgefragt" (6). Diese Aufgabenstellung enthält aber ein neues Problem, das Heideggers Denken weit über die Epoche von SuZ hinaus und bis zu seinen letzten Schriften beschäftigen wird: das Sein, nach dem gefragt wird, ist kein Seiendes, befragt werden aber muß ein Seiendes.

Dieses Problem wird uns in der gesamten Darstellung der Daseinsanalytik beschäftigen. Zunächst aber ist zu sehen, daß es mit zwei Aufgaben zusammenhängt, durch deren Bearbeitung es sich entscheiden muß, ob die Frage nach dem Sinn von Sein angemessen gestellt werden kann. Es muß ein Seiendes bestimmt werden, das insofern exemplarisch ist, als es auf sein Sein befragt werden kann, und dieses Seiende muß so zugänglich werden, wie es an ihm selbst ist, wenn mit seiner Hilfe ein Sinn von Sein ausgearbeitet werden soll.

Als primär zu befragendes Seiendes nennt Heidegger nun das »Dasein«, also gerade dasjenige Seiende, das nach dem Sein und dessen Bedeutung fragt. Wenn wir hier übersetzen »der Mensch«, so ist das ebenso richtig wie falsch. Es ist richtig, weil damit in der Tat »je ich« gemeint ist, und wir pflegen uns »als Menschen« zu verstehen. Es ist aber auch falsch, weil »Mensch« ein bestimmter Begriff ist, unter dem wir uns verstehen, üblicherweise als Angehöriger einer bestimmten Spezies, neben der es andere Spezies gibt, und die sich durch verschiedene Kriterien von den letzteren abgrenzen läßt. Es mag hier zunächst der Hinweis genügen, daß Heidegger uns zumuten will, ein anderes Selbstverständnis zu gewinnen, in dem ein Verständnis als Exemplar einer Spezies als abgeleitet von einem ursprünglicheren Verständnis unserer selbst enthalten ist. Der gedankliche Weg dorthin beginnt nun mit der Analyse des Fragens und der dazugehörigen Verhaltungen, indem sie selbst als Seinsmodi eines Seienden verstanden werden. Demnach heißt die Seinsfrage ausarbeiten: "Durchsichtigmachen eines Seienden - des fragenden - in seinem Sein" (8).

Daraus ergibt sich zunächst, daß das Dasein, das nach dem Sein fragen kann, in der Analyse der Frage einen Vorrang besitzt (8). Diesen Vorrang sucht Heidegger durch eine dreifache Auszeichnung des Daseins in der Seinsfrage des näheren nachzuweisen. Dasein ist erstens ontisch, d.h. als Seiendes, ausgezeichnet dadurch, daß es ihm "in seinem Sein um dieses Sein selbst geht" (12). Wir können dies vorläufig so verstehen: das Dasein lebt mit einer Differenz, es ist also nicht fraglos mit sich einig, sondern muß diese Einheit durch Begriffe und Formen des Selbstverständnisses stets neu herstellen. Darin liegt für Heidegger eine zweite Auszeichnung: es steht in einem Verhältnis zu diesem Sein; das bedeutet, "daß mit und durch sein Sein ihm dieses selbst erschlossen ist" (12). Dasein ist also ontologisch. Das muß nicht heißen, daß es eine ontologische Philosophie betreibt, aber, und das ist für die Bestimmung des besonderen Selbstverhältnisses des Daseins wichtig, in ihm ist die Anlage gegeben, daß so etwas wie Ontologie und generell Philosophie entstehen kann.

Damit ist die Möglichkeit eines dritten Vorranges des Daseins als Befragtes gegeben, der für das Vorgehen der existenzialen Analytik von großer Bedeutung ist. Dasein ist "ontisch-ontologische Möglichkeit aller Ontologien" (13), weil es wesenhaft Sein in einer Welt ist. Wir könnten dies so verstehen: dem Dasein ist es nicht genug, bloß zu sein, dieses »bloß« gibt es für das Dasein überhaupt nicht, sondern indem es ist, verhält es sich schon zu sich und damit zu diesem »ist«. Es ist also ein etwas seltsames Seiendes: es ist eigentlich gerade dadurch, daß es sich zu seinem Sein verhält und damit ebenso »ontisch« (also Seiendes) wie »ontologisch« (also sich dazu verhaltend) ist. Hier sind insbesondere zwei Aspekte zu beachten: das Dasein ist nicht etwa dadurch, daß es sich zu »sich« verhält, wie dies der Ursprungsgedanke der idealistischen Philosophie war, sondern es verhält sich zu seinem Sein, dazu also, daß es ist. Nur so kann es der Ausgangspunkt für Heideggers Untersuchung sein, und nur damit kann diese Untersuchung überhaupt Sinn gewinnen.

Darüber hinaus aber versteht das Dasein auf diese Weise mit seinem eigenen Sein "gleichursprünglich" (13) "Welt" und das Sein des Seienden, das ihm in der Welt begegnet. Jene Differenz im Dasein, die es als Befragtes der Frage nach dem Sinn von Sein auszeichnet, impliziert also auch, daß es sich in einer »Welt« aufhält, von der es verstehen kann, daß sie »ist«, und sie impliziert, daß ihm darin vieles begegnet, von dem es ebenso verstehen kann, daß es »ist«. Weil es auch von sich selbst versteht, daß es »ist«, deshalb kann es auch das, was ihm in der Welt begegnet, unter diesem Aspekt verstehen, und es kann damit über alle Bestimmungen und Prädikate hinaus, die es dem Begegnenden zuschreibt, auch den Unterschied verstehen, daß es selbst sein oder nicht sein kann. Dieses Verständnis wird für die Daseinsanalyse von größter Wichtigkeit werden, wenn das Dasein als »In-der-Welt-sein« ausgezeichnet wird und diese Struktur benutzt wird, um den Sinn des Seins des Daseins näher zu bestimmen.

Damit ist für Heidegger der Vorrang des Daseins als Befragtes der Seinsfrage ausgemacht, und es kann auf dem Weg zu einer Antwort mit der Analytik, d.h. mit der Ausarbeitung des Seinssinnes des Daseins begonnen werden. Darin müssen dann auch die bisher mehr oder weniger "dogmatisch" (147) angesetzten Prämissen über den Vorrang des Daseins ihre nähere Ausweisung finden. Aber schon nach der bisherigen Charakterisierung des Daseins kann diese Analytik nicht eine »Analyse« seiner Bestimmtheiten darstellen, wie sie etwa angegeben werden, wenn nach dem Wesen des Menschen gefragt wird, sondern nur die Interpretation des Seinsverstehens, das

das Dasein selbst ist. Insofern ist das Thema der Analytik nicht das Dasein als bestimmtes Seiendes, sondern als bestimmendes und das Sein verstehendes.

Um die Frage nach dem Sein und seinem Sinn stellen zu können, ist darüber hinaus ein angemessener Zugang zum Befragten zu finden. Dazu muß es so zugänglich werden, wie es an ihm selbst ist (6). Darin scheint zunächst eine selbstverständliche Forderung zu liegen. Aber die Schwierigkeit ergibt sich daraus, daß als zu befragendes Seiendes das Dasein ausgemacht wurde, also ein Seiendes mit Seinsbezug, Seinsverständnis und Weltverständnis, das auch ein Verständnis des Seins des nichtdaseinsmäßigen Seienden einschließt. Deshalb muß es von dieser Leistung her verstanden werden und nicht als ein Gegenstand in der Welt. Dies schließt ein, daß es nicht als eine spezielle Art von Lebewesen aufgefaßt wird, die sich durch bestimmte Unterschiede von anderen Arten abgrenzt. Einem angemessenen Zugang zum Sein des Daseins stellt sich jedoch insbesondere eine Schwierigkeit entgegen, die in einem bestimmten Selbstverständnis des Daseins selbst angelegt ist. Zum Sein des Daseins gehört eine Tendenz, das eigene Sein von dem nichtdaseinsmäßigen Seienden her zu verstehen, also von dem, das verstanden wird und nicht aus dem, das ein solches Verständnis aufbringt. Diese Tendenz mag uns natürlich erscheinen und hat auch ihre Berechtigung. Heidegger hat dagegen auch nichts einzuwenden, er weist jedoch darauf hin, daß ein solches Selbstverständnis gerade das voraussetzt, was das Dasein aus der Sicht der Daseinsanalytik zu dem Seienden macht, das als Befragtes der Frage nach dem Sinn von Sein dienen kann. Nur weil das Dasein durch einen ontisch-ontologischen Vorrang unter allem anderen Seienden ausgezeichnet ist, und deshalb das Sein des nichtdaseinsmäßigen Seienden verstehen kann, kann es auch sich selbst von diesem Seienden her verstehen. Wenn das Dasein also auf die Strukturen seines Seins als Strukturen des Verstehens von Sein befragt werden soll, so muß in diesem Unternehmen auch sein Verstehen des Seins des nichtdaseinsmäßigen Seienden untersucht werden, dessen Sein es versteht, obwohl es nicht sein eigenes Sein ist. Dieser Zusammenhang ist für die Argumentationsstruktur der Daseinsanalytik von großer Bedeutung, und es wird sich zeigen, daß gerade aus ihm das Vorgehen der Fundamentalontologie verstanden werden kann.

Zunächst aber kann sich die Seinsfrage, mit der nach dem Sinn des Seins überhaupt gefragt wird, am Dasein orientieren, weil dieses sich in seinem ontischen und ontologischen Vorrang als ontisch-ontologische Bedingung der Möglichkeit aller Ontologien zeigt; anders gesagt: weil es der »Ort« ist, an dem ein Verständnis für das Sein alles Seienden stattfindet. Dieser dritte Vorrang kommt also nicht zu den anderen hinzu, sondern stellt ihre Einheit dar, und ist so das "Konstituens des Existenzverständnisses" (13). Die Daseinsanalyse muß deshalb nicht nur das Sein des Daseins untersuchen, sondern ebenso das Sein des nichtdaseinsmäßigen Seienden, insofern Dasein sich von diesem her versteht. Das nichtdaseinsmäßige Seiende kommt also ins Spiel, weil das Dasein eine Tendenz zum »Verfallen« besitzt, was zunächst nicht mehr bedeutet, als daß es aufgrund seines ontisch-ontologischen Vorrangs dazu neigt, sich selbst aus dem Sein des Seienden zu verstehen, das es versteht, das es aber nicht selbst ist. Es versteht sich selbst, in dem die Leistung des Verstehens geschieht, also genau so wie das, das es in der Welt verstehen kann, und es reflektiert nicht darauf, daß dieses Verstehen »in ihm« geschieht. Wenn das Verstehen des nichtdaseinsmäßigen Seienden aber sogar "Konstituens" (13) des Verstehens des Seins des Daseins sein soll, so zeigt sich darin schon ein Hinweis auf einen methodischen Vorrang der Analyse des Verstehens des nichtdaseinsmäßigen Seienden in der Daseinsanalyse. Wenn das Verstehen des Seins des Seienden, das es nicht selbst ist, gerade das Verstehen des Seins des Daseins konstituiert, so wird die Suche nach Seinscharakteren des seinsfragenden Daseins sinnvollerweise bei seinem Verstehen des ersteren Seienden ansetzen.

Daraus ergibt sich nun eine weitere Aufklärung über den Begriff des Daseins, den Heidegger dort verwendet, wo wir geneigt sein könnten, den Begriff des Menschen oder vielleicht den des »Ich« zu erwarten. Die Aufgabe einer »Analytik des Daseins« kann es offenbar nicht sein, ein vorweg bestimmtes Seiendes auf seine Bestimmungen hin zu untersuchen, sondern sie wird eine Interpretation des Seinsverstehens unternehmen müssen. Als Dasein soll terminologisch das Seiende verstanden werden, "das wir selbst je sind und das unter anderem die Seinsmöglichkeit des Fragens hat" (7). Wenn in der Frage nach dem Sinn von Sein nun aufgrund ihrer formalen Struktur verschiedene Verhaltensweisen des Fragenden unterschieden werden können, so sind diese Verhaltungen wie der Fragende selbst von einem Sein, das verstanden werden kann. Wenn nun zu den Möglichkeitsbedingungen der Frage nach dem Sein auch ein vorgängiges Verständnis des Gefragten, also des Seins, gehört (6), so ist das Dasein ein Seiendes, das zunächst durch nicht mehr charakterisiert ist als durch die Möglichkeitsbedingungen dieser Frage.

Dieses Seiende nun »Dasein« zu nennen und nicht vom Menschen oder vom Ich zu sprechen, hat deshalb einen guten Sinn. Wenn es das Befragte der Frage nach dem Sein darstellen soll, so kann es nicht der Mensch als vorgängig bekannter und bestimmter Gegenstand einer Anthropologie sein. Damit ist nicht behauptet, Heidegger wolle unter dem Titel »Dasein« nicht vom Menschen sprechen. Es wird aber behauptet, dieser Titel beziehe sich auf den Menschen ohne diejenigen Bestimmungen, die ihm im Selbstverständnis des Abendlandes als Auszeichnungen seines Wesens beigelegt wurden, etwa daß der Mensch das animal rationale sei oder ein zoon logon echon. Die Daseinsanalyse untersucht den Menschen nicht als ein wie auch immer als Gegenstand vorzustellendes Seiendes. Sie ist die Auseinanderlegung des Seinsverständnisses und faßt den Menschen deshalb unter einer anderen Perspektive auf, nämlich als den »Ort«, an dem das Sein »da« ist, d.h. auf bestimmte Weise verstanden werden kann.

Ihre argumentative Bedeutung für die Frage nach dem Sinn von Sein bezieht die Daseinsanalyse deshalb daraus, daß sie eine "Radikalisierung" (15) des vorontologischen Verstehens von Sein darstellt, das der Wesenszug des Menschen als »Da« des Seins ist. Die Aufgabe der Fundamentalontologie muß es also sein, das im Menschen als Dasein vorgefundene Seinsverständnis soweit zu klären, daß der darin vorausgesetzte Sinn von Sein auf einen verständlichen Begriff gebracht werden kann. Die Daseinsanalyse ist deshalb nicht eine anthropologische Bestimmung des Menschen, sondern eine Analyse des Da des Seins. In dieser Ansicht des Menschen als Dasein ist das Sein »da«, indem es verstehbar ist. In diesem Verständnis ist es Sein von Seiendem, also das, "was Seiendes als Seiendes bestimmt" (6). Der Mensch als Dasein ist also Seinsverständnis und nicht ein in der Welt wie Steine, Pflanzen und Tiere vorhandenes Seiendes. Nichtsdestoweniger versteht der Mensch als Dasein Steine, Pflanzen und Tiere. Wir finden ein Verstehen von Sein also zunächst im Verstehen von nichtdaseinsmäßigem Seienden. Das Da des Seins zeigt sich also zunächst, indem es im Verstehen von solchem Seienden »da« ist, das in seinem Sein nicht der Struktur des seinsverstehenden Daseins entspricht. Weil das Dasein als Da des Seins Seinsverstehen ist, deshalb ist das Seinsverstehen des nichtdaseinsmäßigen Seienden "Konstituens des Existenzverständnisses" (13).

Das Dasein analysieren heißt demzufolge untersuchen, was Verstehen von Sein bedeutet, also wie das Seiende in seinem Sein da ist und wie dieses Sein vom Dasein verstanden wird. Dies ist die Aufgabe der Fundamentalontologie von SuZ. In der existenzialen Analytik geht es also im Grunde nur um die Frage, wie das Sein da ist, indem es als Sein von Seiendem verstanden wird. Ein solches Verständnis liegt stets dann vor, wenn Seiendes dem Dasein »begegnet«, also wenn Seiendes in ein Verhältnis zu einem solchen Seienden gerät, von dem es als solches verstanden wird. Wenn nun der Mensch als das Seiende aufgefaßt wird, »in« dem das »Da« des Seins stattfindet, so kann die Fragestellung auch so bestimmt werden: wie muß der Mensch sein, damit er offen sein kann für Seiendes, das er nicht selbst ist, und das sich daher von sich aus muß zeigen können. Daß in der Möglichkeit des Begegnens von Seiendem für das Dasein, das selbst als Seinsverständnis existiert, für Heidegger das treibende Problem seines Denkens lag, dafür mögen noch zwei Zitate aus einem späteren Stadium seines Denkweges stehen: der Mensch erfährt, von der Stimme des Seins angerufen, "das Wunder aller Wunder": "daß Seiendes ist";[3] und: "Seiend zu sein, inmitten eines offenen Gegenüber von Seiendem, das ist das unausgesetzt Befremdende".[4]

Das Problem, das Heidegger mit dem Terminus Dasein auf einen Begriff zu bringen sucht, also das Problem der Fundamentalontologie, können wir demnach grundsätzlich als das Begegnen von Seiendem als Seiendes für solches Seiende auffassen, das in seiner Fähigkeit, Sein zu verstehen, selbst als Seiendes sui generis verstanden werden muß. Dieses Seiende ist als solches in einem begrifflich bestimmten Sinne nur aufzufassen von dem von ihm verstandenen Sein her. Deshalb ist die Frage, was das Dasein denn sei, eigentlich die Frage nach dem Sein. Wird die erstere also vor der Frage nach dem Sinn von Sein gestellt, so wird die Möglichkeit einer Antwort auf die letztere schon vorausgesetzt. Es hat insofern einen guten Sinn, wenn Heidegger keine Bestimmtheit des Daseins voraussetzt, sondern die Frage danach gerade zum zentralen Problem der Fundamentalanalyse des Daseins macht, mit der die Frage nach dem Sein ausgearbeitet werden soll.

Das Verstehen von nichtdaseinsmäßigem Seienden, aus dem das Verstehen von Sein und damit der Sinn von Sein interpretiert werden soll, ist selbst ein Verhalten des Daseins als Seiendes und damit weder in einem empirisch aufzufindenden noch

---

[3] Nachwort zu ‚Was ist Metaphysik?' (1943), in: Wegmarken, GA 9, S. 307
[4] Die Frage nach dem Ding (1935/36), GA 41, S. 244

10

in einem apriorisch deduzierbaren Sinn bestimmbar. Wenn also die Rede ist vom Verstehen des Seins, aus dem ein darin gegebener Sinn entnommen werden kann, so geht es nicht um ein Verstehen, das durch seinen Gegenstand bestimmt ist. Heidegger verwendet durchaus berechtigt dafür den Terminus des Verstehens, der ein Verhältnis zwischen einem Verstehenden und einem zu Verstehenden bezeichnet, das in der Schwebe bleibt, insofern es weder durch den einen noch durch den anderen bestimmt ist. Die Frage der Daseinsanalytik steht demnach nach einer Form des Bestimmens, das Seiendes als solches und das im Dasein geschehende Verstehen von Seiendem auf eine weder durch ein Objekt, noch durch ein Subjekt bestimmte Weise bestimmen kann. Zur Beantwortung der Frage muß angegeben werden können, wie Seiendes für Seiendes von der Gestalt des Daseins begegnen kann, und damit muß eine »Struktur« ursprünglichen Bestimmens angegeben werden, das nur Seiendes als solches bestimmt, das also die Möglichkeit eines Bestimmens vor allen Bestimmtheiten des bestimmten Seienden veständlich macht. Der Sinn des Seins des Daseins muß in dieser Möglichkeit impliziert sein, denn das Sein ist »da«, wenn Seiendes dem Dasein begegnet. Dieser Seinssinn kann dann aber auch als der Sinn von Sein angesehen werden, der angibt, wie das Sein sich in der Verständlichkeit des Daseins darstellt (vgl. 152).

Diese Zusammenhänge werden sich in der Darstellung des Vorgehens in der "Fundamentalontologie des Daseins" (1.Abschnitt, § 9 ff) verdeutlichen. Hier sei nur vorweggenommen, daß auf dem Weg zur Herausstellung der "Sorge" als Sein des Daseins das In-der-Welt-sein als "Grundverfassung des Daseins" (52) untersucht wird. Gemäß der Exposition der Frage nach dem Sein schließt das Verstehen von Welt das Verstehen des Seins des innerweltlichen und nichtdaseinsmäßigen Seienden ein (13). In der Auseinanderlegung der Aspekte der einheitlichen Struktur des In-der-Welt-seins wird das »In-sein« der "formale existenziale Ausdruck des Seins des Daseins" (54) genannt und »in« soll colo bedeuten im Sinne von habito und diligo (54). Da-sein heißt so Sein-bei (55). Die Welt, "bei" der das Dasein ist, ist das, "»worin« ein faktisches Dasein als dieses »lebt«" (65), und d.h. Welt ist ein Existenzial. Die Frage nach der Welt ist deshalb die Frage nach der "Weltlichkeit" (64) des Daseins. Die Analyse der Weltlichkeit wiederum frägt nach dem nächstbegegnendem Seienden und formuliert dessen Sein als Bewandtnis im Worum-willen des Daseins (84). Die Struktur der Weltlichkeit bestimmt dieses Seiende so sehr, "daß es nur begegnen und entdecktes Seiendes in seinem Sein sich zeigen kann, sofern es Welt »gibt«" (72). Das Phänomen der Weltlichkeit wird also als eine Einheit der Bezüge gedacht, in denen Seiendes zugänglich ist: im Umzu, im Wozu, im Dazu, schließlich im Um-willen (vgl. 364).

Für die Frage nach der Begegnungsmöglichkeit von Seiendem ist das Strukturmoment des In-seins im Zusammenhang der Weltlichkeit zentral. Heidegger stellt hier die Strukturen von Befindlichkeit, Verstehen und Rede als Konstitutiva der Erschlossenheit heraus. Damit sind Weisen des Daseins, das Da zu sein, genannt, die das Begegnen von Seiendem und in einem damit das Da des Seins erschließen (vgl. 137, 143, 161). Wenn aus diesen Analysen des Daseins dann schließlich der Sinn des Seins des Daseins formuliert wird als "Sich-vorweg-schon-sein-in-(der-Welt-) als

Sein-bei (innerweltlich begegnendem Seienden)" (192) - wofür Heidegger den Strukturbegriff "Sorge" einführt -, so soll damit eine Struktur angegeben sein, mit deren Hilfe das Begegnen von Seiendem in seinem Sein für das Dasein verstanden werden kann. Sein kann also in seinem Sinn verstanden werden, indem zur Seinsstruktur der "Sorge" gehört "nicht nur In-der-Welt-sein, sondern Sein bei innerweltlichem Seienden. Mit dem Sein des Daseins und seiner Erschlossenheit ist gleichursprünglich Entdecktheit des innerweltlichen Seienden" (221).

Gerade die Sorgestruktur führt schließlich über die Konzepte der Eigentlichkeit und Ganzheit des Daseins zu dem »Ergebnis« des Gedankengangs von SuZ, nämlich zu der Bestimmung des Sinnes des Seins des Daseins als Zeitlichkeit (vgl. 327). Die Rede von einer »ekstatisch-horizontal«, d.h. zeitlich fundierten Transzendenz der Welt (366) antwortet schließlich auf die Frage, "was ermöglicht es ontologisch, daß Seiendes innerweltlich begegnen" kann (366). Die Thematik der Zeitlichkeit wird also erreicht in dem Bemühen um ein Verständnis für eine Struktur, in der Seiendes dem Dasein begegnen kann. Es ist die Struktur, in der das Sein »da« sein kann, d.h. in der es verstanden werden kann, weil es in sich als Transzendenz strukturiert ist. Zur Erläuterung sei eine Stelle aus einer Vorlesung von 1927 angeführt, die von Heidegger als Ausarbeitung des 3. Abschnittes des 1. Teiles von SuZ intendiert war:[5] Zeitlichkeit "ermöglicht das Verhalten des Daseins als Verhalten zu Seiendem, sei es zu sich selbst, zu Anderen und zum Zuhandenen bzw. Vorhandenen". Heidegger hat den Begriff der Transzendenz in SuZ nicht in das Zentrum seiner Überlegungen gestellt, er ist aber im Gedankengang von SuZ durchweg präsent. Kurze Zeit nach SuZ wird die Transzendenzstruktur jedoch näher explizit untersucht. In einer Vorlesung von 1928 wird von Transzendenz gesprochen als "Geben von Welt vor allem und für alles Sein zu und bei innerweltlich Seiendem".[6] Das Dasein selbst wird nun der "Überschritt" genannt, und was damit überschritten wird, ist das Seiende selbst. Damit kommt "solches Seiende als solches, d.h. an ihm selbst zum Vorschein".[7] In einer näher am Menschen als dem Seienden, »in« dem das Dasein ist, orientierten Formulierung wird gesagt: wir können das Seiende selbst das sein lassen, was und wie es ist, "weil wir im faktischen intentionalen Verhalten zum Seienden jeglicher Art zuvor überschwingend aus Möglichkeiten darauf zurück- und zukommen".[8]

1.2 Die Sorge-Struktur als Fokus der Antwort

Die Struktur, durch die der Sinn von Sein bestimmt werden soll, wird im 6. Kapitel von SuZ explizit zum Thema: "Die Sorge als Sein des Daseins". Vor diesem Kapitel wird in der Analyse des In-der-Welt-seins als der Grundverfassung des Daseins in seinem Seinsverstehen "das Ganze der existenzialen Verfassung des Daseins in den Hauptzügen freigelegt" (180). Nach diesem Kapitel steht die Frage nach der ursprünglichen Ganzheit dieses Strukturganzen des Daseins. Die Frage von SuZ

---

[5] Die Grundprobleme der Phänomenologie (1927), GA 24, S. 1 Anm.; S. 453
[6] Metaphysische Anfangsgründe der Logik im Ausgang von Leibniz (1928), GA 26, S. 194
[7] Metaphysische Anfangsgründe der Logik im Ausgang von Leibniz (1928), GA 26, S. 211
[8] Metaphysische Anfangsgründe der Logik im Ausgang von Leibniz (1928), GA 26, S. 279

kommt also über zwei Stufen ins Ziel. In einem ersten Argumentationszusammenhang wird die »Sorge« erreicht als das Sein des Seienden, das zu Anfang als das primär zu befragende und der formalen Struktur der Seinsfrage entsprechende Seiende
herausgestellt wurde, also des Daseins. Darin wird die Struktur des Seienden einheit-
lich gefaßt, in dem Seiendes Seiendem begegnen kann, und zwar als die Struktur
seines Begegnenlassens und so als die Struktur des Verstehens von Sein. In einem
zweiten Argumentationsschritt wird die Sorge-Struktur unter der Perspektive der
Eigentlichkeit und Ganzheit des Daseins weiter untersucht. Nach diesen Erörterungen führt die Sorge-Struktur in einer entsprechenden Transformation schließlich
zur Struktur der Zeitlichkeit als dem Sinn von Sein.

In dem Argumentationszusammenhang, der zur Sorge-Struktur führt, geht es vor
allem um die Interpretation von »Zuhandenheit« und »Vorhandenheit« als Seinswei-
sen, "die innerweltlich Seiendes von nicht daseinsmäßigem Charakter bestimmen"
(183). Diese Analyse soll auch dazu beitragen, den in SuZ gesuchten Sinn von Sein
gegen eine Auffassung von Sein als Vorhandenheit abzuheben (183). Das Verstehen
von Sein soll also gegen eine Auffassung abgegrenzt werden, die beanspruchen
könnte, einen Sinn von Sein aus der Analyse von weltlich bestimmtem Seienden
entnehmen zu können. Daß diese Abgrenzung notwendig ist, dies hat Gründe, die
bereits weit in die Argumentationsstruktur der Daseinsanalyse führen. Heidegger
weist schon am Beginn seiner Ausführungen darauf hin, daß das Dasein gerade aufgrund seines ontisch-ontologischen Vorranges die Tendenz hat, seine Seinsverfassung aus dem in der Welt begegnendem Seienden zu verstehen (vgl. 15/16), er nennt
aber gleichzeitig das Verstehen des Seins von nichtdaseinsmäßigem Seienden das
"Konstituens des Existenzverständnisses" (13). Deshalb gewinnt im Verlauf der
Fundamentalontologie die Untersuchung des »Verfallens« eine besondere Bedeutung.
Vorweg ist darauf hinzuweisen, daß darunter ein reiner Struktur- bzw. Bewegungs-
begriff (vgl. 180) zu verstehen ist, der seine Bestimmung nur aus dem Zusammenhang der Daseinsanalytik erhält und vor allem nichts mit einer menschlichen Man-
gelhaftigkeit zu tun hat.

Der Ausgangspunkt der Rede vom Verfallen ist die Frage nach dem »Wer« des alltäglichen Daseins, d.h. nach dem Wer des alltäglichen Verstehens von Sein und damit des Seienden. Durch die ontologische Verfassung des "je ich bin es" (Jemeinigkeit - vgl. 42/43) wird zwar das Wer als »Ich« angegeben, aber dies genügt noch
nicht, um das Ich für die ontologische Analyse einsetzen zu können (vgl. 114). Es
könnte sein, daß dieses Wer gerade nicht je ich selbst bin (115). Heidegger will damit die Konnotation eines »Ich« im Sinne von »Subjekt« oder »Selbst« ausschalten, da
dessen Sein den Charakter der Vorhandenheit als einer weltlichen Bestimmtheit behalten müßte. Mit dem substantivierten »Ich« könnte also nicht auf die Frage nach
dem Wer des Daseins geantwortet werden, weil damit kein Begriff für das Sein eines
seinsverstehendem Seienden formuliert werden kann. Es würde sich nicht um Seinsverstehen als solches handeln, sondern um das Verstehen eines weltlich bestimmten
Seienden in seinem bestimmten Sein. Den Seinscharakter des Wer muß Heidegger
deshalb in den Analysen der Fundamentalanalyse erst gewinnen.

Die Frage nach dem Wer nimmt ihren Ausgang nun von der Analyse des "Mitda-seins" (§ 26). Schon im "Zeug" - dem nächstbegegnendem Seienden - begegnen die Anderen mit. Die Anderen begegnen primär aber ebensowenig wie das nichtda-seinsmäßige innerweltliche Seiende im Status der Vorhandenheit, und sie sind auch keine Objekte. Die Anderen sind die Menschen, "von denen man selbst sich zumeist nicht unterscheidet, unter denen man auch ist" (118). So ist auch das In-sein ein Mit-sein, und die Welt des Daseins ist Mitwelt. Das Seinsverständnis des Daseins erlaubt also nicht nur das Verstehen des Zuhandenen und Vorhandenen, sondern auch das Verständnis Anderer (123). Umgekehrt aber findet ein "Sichkennen" zu-nächst statt im verstehenden Kennen dessen, "was das Dasein mit den Anderen um-weltlich umsichtig vorfindet und besorgt" (124). Der Übergang zu der Behauptung "Das »Wer« ist das Neutrum, das Man" (126), wird durch die Aufweisung einer Sor-ge um die Abständigkeit zu den Anderen begründet, wodurch das Dasein in die »Bot-mäßigkeit« der Anderen gerät, die ihm das Sein "abnehmen" (126). Was ihm damit abgenommen wird, ist nicht sein individuelles Leben, sondern im Zusammenhang der Daseinsanalyse ist damit ein "Leisten" gemeint, das Seiendes ein solches sein läßt und das ein ursprüngliches Verstehen von Sein impliziert, das im Dasein »da« ist.

Mit dem Ausdruck »Man« bezeichnet Heidegger also die Konstellation eines Sich-verstehens, in der das Begegnen von Seiendem in seinem Sein von Anderen vorge-geben wird und das Dasein sich selbst aus diesem vorgegebenen Verständnis ver-steht. Von diesem Man her ist nun die Bedeutung der Seinsart der »Alltäglichkeit« im Kontext der Daseinsanalytik zu verstehen. Es ist für das Verständnis entscheidend, die Ambivalenz dieses Verstehens der Welt aus dem Horizont des Man zu beachten. Einerseits befindet sich das Dasein in diesem Horizont im Status der "Uneigentlich-keit" (128), andererseits aber gehört dieser Horizont als ein Existenzial zur Verfas-sung des Daseins (129). Nichtsdestoweniger ist nun zwischen einem sich als vorgän-gig bestimmt ansehenden "Man-selbst" als dem Selbst des alltäglichen Daseins und dem »eigentlichen« Selbst als dem eigens ergriffenen Selbst zu unterscheiden (129). Die »Eigentlichkeit« des Daseins wird uns noch ausführlich beschäftigen; in der Tat ist damit ein zentraler Argumentationszusammenhangs von SuZ bezeichnet. Schon hier ist jedoch darauf hinzuweisen, daß es sich nicht um einen status gratiae handelt, in den der Mensch aus seinem alltäglichen status corruptionis zurückkehren müßte, um sein besseres oder gar wahreres Selbst zu finden. Zunächst aber ist nur wichtig, daß es ein in erster Linie negativ ausgezeichneter Status ist, in dem das Dasein sich *nicht* von den in seiner Welt vorfindlichen Dingen her versteht und auch sich selbst nicht als weltliches Ding oder Exemplar einer besonderen Spezies auffaßt, sondern in dem es um sich als Seinsverstehen weiß, dem Seiendes als solches aus dem Horizont eines Sinnes von Sein begegnen kann. Es begreift sich darin jedoch auch nicht unter dem bestimmten Begriff eines Subjekts oder eines Ich. Es mag hier genügen zu sa-gen, daß es sich in diesem Status überhaupt nicht unter bestimmten Begriffen sub-sumiert, obwohl es sich gleichzeitig der Notwendigkeit bewußt ist, sich alltäglich unter solchen Begriffen aufzufassen und darzustellen.

Aufgrund dieser Notwendigkeit kann Heidegger das Man-selbst als das Wor-um-willen des alltäglichen Daseins bezeichnen. Es gibt dem Dasein einen Sinnzu-

14

sammenhang für die Gestaltung seines Lebens vor, indem es "den Verweisungszusammenhang der Bedeutsamkeit" artikuliert (129). Darin wird das begegnende
Seiende bestimmt, indem es auf eine Bewandtnisganzheit freigegeben wird, die dem
Man vertraut ist (129). Diese Vorgabe eines Sinns geschieht durch die "Öffentlichkeit", die "zunächst alle Welt- und Daseinsauslegung regelt" (127). Unter Öffentlichkeit ist hier ein Sinnzusammenhang zu verstehen, der dem einzelnen Leben vorgegeben ist, in den es hineingeboren wird und der sein Selbst- und Weltverständnis regelt.
Er wird zwar von Menschen durch ihre gedeuteten sozialen Interaktionen hergestellt,
erscheint jedem einzelnen jedoch nicht mehr als Produkt, sondern als eine bestehen-
de Wirklichkeit, an die es sich anzupassen gilt. Insofern korrespondiert der Begriff
der Öffentlichkeit demjenigen der Vorhandenheit, er enthält jedoch auch die Seite
der Zuhandenheit, insofern die öffentliche Welt nur in Ausnahmefällen als objektive
Welt verstanden wird und im Regelfall den unthematisierten Hintergrund des Welt-
und Selbstverständnisses darstellt.

Von dieser Öffentlichkeit des Man her wird das Sein alles Seienden vorgängig bestimmt aufgefaßt, ohne daß eine Frage nach dem Sinn von Sein zum Problem werden
könnte. Damit ist nicht gesagt, daß es sich dabei um falsche Bestimmungen handelt,
die durch bessere und der Wirklichkeit genauer entsprechendere ersetzt werden müßten. Das Spezifikum des Daseins im Status des Man ist vielmehr gerade der Glaube
an die Identität der weltlichen Dinge mit ihren vorgegebenen und öffentlichen Bestimmtheiten. Das Dasein nimmt an, die Dinge würden ihre Begriffe von sich aus
mitbringen und es würde deshalb mit aus sich selbst bestimmten Dingen umgehen.
Wir könnten darin die objektivistische Seite der Öffentlichkeit des Man sehen. An
dieser Konstellation ändert sich jedoch auch durch die Annahme einer subjektivistischen Weltsicht nichts, wenn die Bestimmungen der Objekte nach ihrer bloßen Objektivität als Kategorien aus dem Selbstverhältnis des Ich entwickelt werden, oder
wenn darüber hinaus behauptet wird, auch die empirischen Bestimmungen der Objektwelt seien Produkte menschlichen Einfallsreichtums. In beiden Fällen wird eine
vorweg schon bestimmte Ausgangsbasis für die Bestimmungen der Welt angenommen, im einen Fall die Objekte selbst, im anderen Fall die apriorische oder empirische Bestimmtheit des Subjekts. Wenn Heidegger dagegen die »Eigentlichkeit« des
Daseins als Fundament für eine sich selbst verstehende Frage nach dem Sinn von
Sein herausstellt, so ist damit nicht eine andere Bestimmtheit der Welt und des Daseins gemeint, sondern ein Status genuiner Unbestimmtheit, in dem nicht mehr ausschließlich die bestimmten Verhältnisse bestimmter Dinge oder zwischen bestimmten Dingen und sich bestimmt verstehenden Lebewesen zum Thema werden, sondern
in dem nach der Differenz als solcher gefragt werden kann, in der dem Dasein Seiendes als Seiendes begegnen kann, weshalb es eigentlich erst in diesem Verständnis
als »Da« des Seins bezeichnet werden kann.

Diese Differenz, in der ein Verständnis des Sinnes von Sein möglich werden kann,
ist demnach nur gegen die dem Dasein eigene Tendenz zu einem Welt- und Selbstverständnis aus der Öffentlichkeit des Man als Thema zu gewinnen. Heidegger formuliert dies so: "Wenn das Dasein die Welt eigens entdeckt und sich nahebringt,
wenn es ihm selbst sein eigentliches Sein erschließt, dann vollzieht sich dieses Ent-

decken von »Welt« und Erschließen von Dasein immer als Wegräumen der Verdek-
kungen und Verdunkelungen, als Zerbrechen der Verstellungen, mit denen sich das
Dasein gegen es selbst abriegelt" (129). Deshalb stellt das Sich-Verstehen des seinsverstehenden Daseins als seinsverstehendes, und d.h. das Erschließen des eigentlichen Seins des Daseins, immer eine Bewegung weg vom Man dar (129). Eine im
traditionellen Sinne ontologische Interpretation, die das Dasein als innerweltliches
Seiendes auffaßt und dessen Sein als Vorhandenheit, bliebe dagegen von den Vorgaben des Man abhängig, denn das alltägliche Dasein "schöpft die vorontologische
Auslegung seines Seins aus der nächsten Seinsart des Man" (130). Eine traditionelle
ontologische Interpretation des Daseins, die von ihm sagen wollte, was ihm zuzuschreiben ist, nur insofern es »ist«, wäre also aus der Sicht von Heideggers Daseinsanalytik nur eine Radikalisierung dieser vorontologischen Auslegung, also ein radi-
kalisiertes Selbstverständnis aus dem Geiste des Man.

Im Unterschied zu einer solchen Ontologie zielt Heideggers Analytik des Daseins
auf die "Erschlossenheit" als der Weise des Daseins, sein Da zu sein. In dieser Struktur zentriert das In-der-Welt-sein, insofern es untersucht wird als die wesentliche
Form, in der Dasein »geschieht«. Von der Erschlossenheit wird im Zusammenhang
mit der Eigentlichkeit des Daseins noch ausführlich die Rede sein. Hier ist zunächst
nur wichtig, daß Heidegger auch das Verfallen als eine Weise der Erschlossenheit
auffaßt, also als ein Verstehen, in dem das Sein im Verstehen von Sein »da« ist.
Wenn das Dasein "zunächst und zumeist bei der besorgten »Welt«" (175) und sich in
einem Status des "Aufgehen[s] im Miteinandersein" befindet (175), so versteht es
sich darin zwar von dem Seienden her, wie es ihm in seiner Bedeutsamkeit durch das
Man vorgegeben ist. Aber da der ontisch-ontologische Vorrang ein Dasein auszeichnet, das das Sein alles Seienden versteht und damit die Bedingung der Möglichkeit
von Ontologie darstellt, ist mit dieser Struktur doch auch ein Seinsverstehen bezeichnet, obwohl es das der traditionellen Ontologie ist, die von allem, was ist, angeben wollte, was ihm zuzuschreiben ist, nur insofern von ihm gesagt werden kann »es
ist«. Wenn das Dasein sich aus dem von ihm verstandenen Seienden versteht, so
entspricht ein solches Verstehen jedoch insofern nicht der Struktur eines seinsverstehenden Seienden, als darin kein Verständnis für diese Struktur impliziert ist und
deshalb auch nicht für eine philosophische Daseinsanalytik expliziert werden kann.
Ein sich so verstehendes Dasein kann nicht als »Ort« des Begegnens von Seiendem
für Seiendes gedacht werden.

Daß das Verfallen als die alltägliche Seinsweise des Daseins in der Öffentlichkeit
des Man bezeichnet wird, sollte also nicht den Blick darauf verstellen, daß auch mit
den zu diesem Thema gehörenden Ausführungen weiter die Struktur der »Sorge«
Thema ist, in der in SuZ alle Erörterungen zentrieren. Ein Seiendes, das Gegenstand
einer nach dem Sinn von Sein suchenden Analytik des »Da« des Seins werden soll,
muß in sich »begegnishaft« strukturiert sein. Es ist genau diese Struktur, die Heidegger mit Hilfe des Begriffs »Sorge« für das Sein des Daseins auszuarbeiten
unternimmt. Wenn mit der Struktur der »Sorge« also die Struktur des Begegnens von
Seiendem als Seiendes und damit die Struktur des seinsverstehenden Daseins als
eines solchen gedacht wird, so wird die »Sorge« über das »Verfallen« hinaus entwik-

kelt werden müssen, um das Verhältnis des Daseins als Begegnen von Seiendem als Seiendes zum begegnenden Seienden so denken zu können, daß darin ein Verständnis für den Sinn von Sein entdeckt werden kann. Diese Struktur muß zum Ausdruck bringen können, daß es dem Dasein im Verstehen von Seiendem als Seiendes um sein Sein geht und das Dasein sich seinem eigenen Sinn gemäß nicht aus der Bestimmtheit des begegnenden Seienden verstehen kann, obwohl das Dasein sich doch zumeist und zunächst aus dem bestimmten Seienden versteht und sich als Vorhandenes auffaßt.

Das Sein des Daseins muß von einer aus dem Verfallen resultierenden Auffassung des Seins als »Realität« also zwar abgehoben werden, aber in dieser Abhebung muß diese Auffassung nicht als Irrtum aufgehoben werden. Heidegger versucht diesen Zusammenhang zunächst dadurch zu klären, daß Realität als eine Seinsart unter anderen aufgezeigt wird, die "ontologisch in einem bestimmten Fundierungszusammenhang mit Dasein, Welt und Zuhandenheit" steht (201). Realität ist der Begriff für das Sein des innerweltlich vorhandenen Seienden (209). Wenn Dasein als seiendes Seinsverständnis je in einer Welt ist, womit auch innerweltliches Seiendes für es entdeckt ist (203, 206), so ist das Dasein auch das »Da« von Realität, indem es das Sein des nichtdaseinsmäßigen Seienden versteht. Auch dieses Verstehen ist eine Weise des In-der-Welt-seins, also der Grundverfassung des Daseins (211). Wenn das Dasein aber durch Seinsverständnis charakterisiert ist, also über das innerweltliche Seiende in seinem Sein hinaus auch sich als seiendes Seinsverständnis versteht, so kann es selbst nicht durch den Begriff der »Realität« bestimmt werden. Da es aber der »Ort« der Möglichkeit des Begegnens von Seiendem ist, weil es Seinsverstehen ist, so ist es auch der »Ort« des Verstehens von Realität und "alle Seinsmodi des innerweltlich Seienden sind ontologisch in der Weltlichkeit der Welt und damit im Phänomen des In-der-Welt-seins fundiert" (211). Wenn Heidegger das Sein des Daseins also grundsätzlich mit der Struktur der »Sorge« beschreibt, so behauptet er, eine Auffassung des Seienden unter dem Begriff der Realität sei "auf das Phänomen der Sorge zurückverwiesen" (211), und der Begriff der Realität sei in diesem Sinne von der Struktur der »Sorge« abhängig.

Mit der Struktur der »Sorge« für das Sein des Daseins wird das »Da« des Seins darüber hinaus auch gegen eine Auffassung als Subjektivität eines Subjekts abgegrenzt. Die »Sorge«-Struktur ist keine Modifikation des Selbstverhältnisses in der Identität des Ich, wie es in der idealistischen Philosophie zum Ausgangspunkt eines Verständnisses für die Beziehung des Menschen zu seiner Welt genommen wurde. Die Unabhängigkeit der objektiven Welt von der das Objekt nach seinen apriorischen Strukturbestimmungen konstituierenden Subjektivität war darin nur als ein dieser Struktur immanentes »Vergessen« des Konstitutionszusammenhangs aufgefaßt worden. In gewisser Weise ist Heideggers Gedanke zwar parallel, unterscheidet sich aber doch in seinem Fluchtpunkt, von dem her er seine Bedeutung gewinnt. Das Moment des Vergessens findet sich bei Heidegger im Verfallen, in dem das Dasein sich aus der Öffentlichkeit des Man versteht und sich deshalb in einer Welt vorhandener und von sich selbst her bestimmter Objekte lebend glaubt. Darin faßt es sich ebenso wie die Gegenstände seiner Welt als Objekte ohne Bezug zu seinem In-der-Welt-sein auf.

Der erste Unterschied zu der idealistischen Auffassung liegt jedoch darin, daß Heidegger durch die Reflexion auf die subjektive Bestimmtheit der Objektwelt keine entscheidende Änderung in der Situation des »Verfallens« erkennen würde. Es wäre nur die objektive Bestimmung der Gegenstände auf eine Ableitung dieser Objektivität aus einem anderen Gegenstand mit dem Namen »Subjekt« zurückgeführt; die Vergessenheit, die Heidegger zum Thema machen will, wäre aber nicht aufgehoben. Anders als in der idealistischen Philosophie geht es Heidegger nicht um eine Ableitung der apriorischen Bestimmungen der Welt, sondern um eine Reflexion auf die Struktur, in der eine Differenz gedacht werden kann, innerhalb derer eine Bestimmung der objektiven Welt einerseits und der Subjektivität des Subjekts andererseits möglich ist. Die Frage nach dieser Differenz stellt sich sowohl für eine objektivistische Auffassung der begrifflichen Bestimmtheit der Welt, nach der die Objekte selbst für ihre Begriffe sorgen, als auch für die entgegengesetzte subjektivistische Auffassung, nach der das auffassende Bewußtsein die Bestimmtheit seiner Welt durch seine Auffassungsleistung aus sich selbst erzeugt. Das In-der-Welt-sein und seine begriffliche Formulierung in der Seinsstruktur der »Sorge« ist bei Heidegger also nicht als eine Reformulierung des zentralen Gedankens der Subjektphilosophie zu verstehen, und das Dasein ist nicht ein verwandeltes Selbstbewußtsein, in dem die Bedingungen der Möglichkeit der Gegenstände mit den Bedingungen der Möglichkeit des Erkennens der Gegenstände kongruieren.[9]

Der zweite Unterschied zur transzendentalphilosophischen und idealistischen Gedankenwelt ist mit Heideggers Konzeption von Realität bereits angegeben worden. Während in jenen Philosophien der Begriff von Realität die Objektivität einer subjektiv konstituierten Objektwelt angibt, bezeichnet Realität bei Heidegger auf dem Stand von SuZ die Unverfügbarkeit der Differenz, in der ein Verstehen des vom Dasein verstandenen Seienden einerseits und ein Verstehen des seinsverstehenden Seienden andererseits stattfinden kann, für ein wie immer geartetes Seiendes. Realität ist in diesem Sinne nicht eine Bezeichnung für das Sein eines bestimmten Seinsbereiches, sondern weist auf eine Struktur innerhalb des Seinsverständnisses, das eine Auffassung von Seiendem überhaupt und unabhängig von der Subjekt-Objekt-Unterscheidung ermöglicht. Die Abhängigkeit der Begegnung von Seiendem von einem Verständnis des Seins macht das Seiende nicht zu einer Funktion der Verstehensstruktur eines interpretierenden Subjekts. Nach Heideggers Verständnis wäre mit einer solchen Auffassung nur erreicht, daß ein Seiendes in seinem Sein von anderem Seienden abhängig gedacht wird. Damit wäre nicht darauf zu reflektieren, daß Seiendes sich so von anderem Seienden unterscheidet, daß es anderem Seienden »begegnen« kann, das deshalb Dasein genannt wird. Das »gegen« in diesem Begegnen wurde transzendentalphilosophisch und idealistisch als subjektiv konstituierte Objektivität gedacht. Heidegger wendet hier grundsätzlich ein, damit werde gerade nicht auf das »gegen« als ein solches reflektiert, sondern die Subjekt-Objekt-Differenzierung setze dieses »gegen« nur voraus. In dieser Hinsicht sei kein Fortschritt gegenüber der vor-idealistischen und als Realismus zu bezeichnenden Auffassung erreicht, derzufolge das Objekt selbst sein begriffliches Aufgefaßtwerden bestimmt.

---

[9] Kritik der reinen Vernunft, B 197

18

Die für den Gedankengang von SuZ zentrale Struktur der »Sorge« ist damit zunächst durch die Gedankenentwicklung bestimmt, die zu dieser Struktur hinführt und aus der sie sich begründet. Die Struktur der »Sorge« wird in SuZ jedoch auch über sich selbst hinaus bestimmt, obwohl sie darin stets präsent bleibt. Dieser gedankliche Weg nimmt seinen Ausgang von jener Charakterisierung der »Sorge« als Sein des In-der-Welt-seins, nach der in ihr ein Selbstverständnis des seinsverstehenden Daseins als Seiendes in seiner Welt impliziert ist. Wenn in der Fundamentalontologie die "Seinsverfassung des Seienden, zu dessen Sein so etwas wie Seinsverständnis gehört", aufgeklärt werden soll (230), so ist mit der Struktur der »Sorge« das Dasein doch zunächst in seinem »uneigentlichen« Sein und als »Unganzes« in die Vorhabe gestellt (233) und damit noch nicht auf den Sinn seines Seins zu befragen. Im Verfallen ist die "Eigentlichkeit" des Selbstseins verschlossen und abgedrängt (184), das Dasein versteht sein Sein aus dem besorgten Seienden und aus der Vorgabe der Seinsmöglichkeiten durch die Erschlossenheit der Öffentlichkeit und damit aus der Verlorenheit an das Man. Es versteht sich und sein Verständnis von Sein damit aus dem vorgängig bestimmten Seienden in der Welt. Um das Dasein von seinem »Verfallen« zu unterscheiden, entwickelt Heidegger die darüber hinausgehende Frage nach dem Ganzsein des Daseins aber aus der Struktur des Sichvorwegseins in der »Sorge«. Es ist die Frage, wie das Dasein »ganz« sein kann, wenn es ständig sich vorweg ist und erst darin auf sich zukommt. Damit stellt sich die Frage, ob die »Sorge«-Struktur nach ihrer inneren Verfassung geeignet sein kann, das Sein des seinsverstehenden Daseins angemessen zu beschreiben. Die Antwort wird Heidegger letztlich dadurch finden, daß die Frage nach der Ganzheit des Daseins selbst fundamental relativiert wird.

Zunächst aber wird die ontologische Möglichkeit des Ganzseinkönnens im "Sein zum Tode" gesucht, das Heidegger als die "eigenste, unbezügliche, gewisse und als solche unbestimmte, unüberholbare Möglichkeit des Daseins" bezeichnet (258/259). Indem im "Sein zum Tode" alle Gewißheit in einem "Vorlaufen in die Möglichkeit" (262) aufgehoben ist, findet Heidegger darin die ontologische Möglichkeit eines eigentlichen Ganzseinkönnens. Dessen existenzielle Möglichkeit soll darüber hinaus in der Analyse des Phänomens des Gewissens gefunden werden können (267 ff). Wir müssen an dieser Stelle die betreffenden Ausführungen nicht näher untersuchen. Wichtig ist zunächst nur, daß die "Vereinzelung" im "Vorlaufen zum Tode" als "eine Weise des Erschließens des Da für die Existenz" (263) und das "Gewissen-haben-wollen" als "Sich-verstehen im eigensten Seinkönnen" und als "eine Weise der Erschlossenheit des Daseins" aufgefaßt wird (295). Tod und Gewissen werden von Heidegger also nur unter dem Vorzeichen der Suche nach einem Verständnis für die Erschlossenheit des Daseins zum Thema und die Analyse dieser Phänomene faßt sie in dieser Begrenzung auf. Es wird also keineswegs das Bild eines Menschen entworfen, der sich hauptsächlich mit dem Gedanken an den Tod beschäftigt und sich darüber hinaus vor allem von der Stimme seines Gewissens plagen läßt.

Heidegger beansprucht vielmehr, mit Hilfe dieser Analysen die Eigentlichkeit und Ganzheit des Daseins so angeben zu können, daß damit eine Weise der Erschlossenheit gefunden wird, die durch besondere Modi von Befindlichkeit, Verstehen und

Rede konstituiert wird (vgl. 296/297). Damit wiederholt sich eine Grundstruktur des Vorgehens von SuZ. Die Frage nach dem Sinn von Sein wird mit Hilfe einer Radikalisierung des vorontologischen Seinsverständnisses gestellt (vgl. 15). In diesem »eminenten« Modus des Verständnisses, über das das Dasein immer schon verfügt, ohne es eigens herausstellen zu können oder zu müssen, muß das Sein so »da« sein können, daß aufgrund der Strukturen dieses »Da« dem Dasein die Möglichkeit eröffnet wird, sich in seinem »Da« eigentlich verstehen zu können. Dieses eigentliche Selbstverstehen hat deshalb keine tiefenpsychologische Bedeutung, und das Dasein kommt darin nicht der Wahrheit seines Lebens näher. Es handelt sich um ein speziell für die Zwecke der Philosophie und deren Ausarbeitung der Frage nach dem Sinn von Sein herausgestelltes Selbstverstehen als Da des Seins und damit als »Ort« des Begegnens von Seiendem für Seiendes. Sich eigentlich verstehen heißt deshalb vor allem, sich nicht aus dem bestimmten Seienden und als bestimmtes Seiendes verstehen, sondern als Verstehen von Sein, das ohne weltliche Bestimmtheit Seiendes sein läßt. Die philosophisch gesuchte Radikalisierung des Seinsverständnisses kann der Bestimmung eines Sinns von Sein näher kommen, wenn das Dasein als seiendes Seinsverständnis selbst eine solche Möglichkeit vorontologisch zur Verfügung stellt. Darin liegt der argumentative Sinn einer Untersuchung der Phänome des Bewußtseins vom Tod als Begrenzung des Lebens und des Gewissens als Aufruf zu einem eigentlichen Seinkönnen aus dem Inneren des Daseins selbst.

Die eigentliche Erschlossenheit bezeichnet Heidegger schließlich als "Entschlossenheit" (297). Grundsätzlich handelt es sich dabei um die Entwicklung des Seinsverstehens als einer internen Struktur im Selbstverständnis des Daseins. »Entschlossenheit« bedeutet also vor allem nicht, daß dem Dasein eine dezisionistische Handlungsorientierung nahegelegt werden soll. Der Terminus bezeichnet vielmehr nach zwei Hinsichten ein Bestimmen von Seiendem bloß als Seiendes aus der Unbestimmtheit des Seins und seines Verstehens. Zum einen wird damit gewußt, daß das Seiende bestimmt wird, ohne von ihm selbst her eine wahrheitsdifferente und damit vollständige Bestimmtheit mitzubringen; insofern könnte »Entschlossenheit« als subjektive Spontaneität aufgefaßt werden. Andererseits aber ist dieses Bestimmen gerade nicht das Ergebnis einer transzendental-apriorischen Bestimmtheit des Subjekts; und insofern ist »Entschlossenheit« nicht subjektiv-bestimmtes Bestimmen, sondern unbestimmte Selbstbestimmung des Seienden aus seinem Sein, das sich im Seinsverständnis zeigt. Mit der Konzeption der »Entschlossenheit« beansprucht Heidegger nun "die ursprünglichste, weil eigentliche Wahrheit des Daseins gewonnen" zu haben und dem Argumentationszusammenhang von SuZ integrieren zu können (297). Die "Wahrheit" des Daseins stellt sich damit als eine Verstehen von Seiendem in seinem Sein dar, in der das Dasein »ganz« und »eigentlich« ist, indem es sich und seiner Bestimmtheit als ein Seiendes »vorweg« ist.

Die eigentliche Erschlossenheit modifiziert "gleichursprünglich die in ihr fundierte Entdecktheit der »Welt« und die Erschlossenheit des Mitdaseins der Anderen. Die zuhandene »Welt« wird nicht »inhaltlich« eine andere, der Kreis der Anderen wird nicht ausgewechselt, und doch ist das verstehende besorgende Sein zum Zuhandenen und das fürsorgende Mitsein mit den Anderen jetzt aus deren eigenstem Selbstseinkönnen heraus bestimmt" (297/298). Mit dem Phänomen der Entschlossenheit wird im Dasein als dem seienden Seinsverständnis selbst ein "ursprüngliches Sein zum eigensten Seinkönnen des Daseins" (306) gefunden. Damit schließt sich der Argumentationskreis von SuZ. Eine solche Situation war von Anfang an gesucht, um im »Da« des Seins ein Verstehen des Daseins als »Da« des Seins und damit als Verstehen von Sein finden zu können, so daß die Frage nach dem Sinn von Sein zumindest mit der Aussicht auf eine möglichst konsistente Ausarbeitung gestellt werden kann. Mit dieser Situation kommt diese Frage auf "probehaltigen Boden" (301). Heidegger beschreibt den Argumentationskreis von SuZ aus dieser rückschauenden Perspektive schließlich so: "Die ontologische »Wahrheit« der existenzialen Analyse bildet sich aus auf dem Grunde der ursprünglichen existenziellen Wahrheit." (316)

Die Frage nach dem Sinn von Sein kann nur dort in ihr Ziel kommen, wo Seiendes dem Dasein als Seiendes begegnen kann, wo also das Sein so »da« ist, daß es Seiendes als solches sein läßt in seinem bloßen "daß es ist" (vgl. 218), also nicht in subjektivistisch oder objektivistisch zu verstehenden Bestimmungen der Gegenstände in der objektiven Welt. Die ursprüngliche und eigentliche Wahrheit des Sinns von Sein ergibt sich demnach aus der Möglichkeit des Verstehens des Daseins als eines solchen im Verstehen von Sein. Nur in der Einheit eines solchen Verstehens kann "das Verständnis des Seins des Daseins und des Seins überhaupt" gefunden werden (316).

Erst wenn diese Situation erreicht ist, kann Heidegger versuchen, die Frage nach dem "Woraufhin des primären Entwurfs des Verstehens von Sein" (324) einer Antwort näherzubringen. Wenn aus der Interpretation der vorlaufenden Entschlossenheit als eigentlicher Wahrheit der Seinssinn des Daseins zu bestimmen gesucht wird, so ist dieser Sinn nichts anderes als "das sich verstehende Dasein selbst" (325). Es ist dieser Sinn, den Heidegger mit der Interpretation der Zeitlichkeit und ihrer Strukturen und Modifikationen auf einen verständlichen Begriff zu bringen versucht.

Der im Titel des Werkes stehende Zusammenhang von Sein und Zeit bezeichnet nach dem bisher gegebenen Überblick also einen Explikationszusammenhang, in dem die Möglichkeit des Verstehens von Sein und damit des Begegnens von Seiendem bloß als Seiendes für das Dasein durch eine Struktur zum Verständnis gebracht werden soll, die Heidegger als Zeitlichkeit bezeichnet. Nun wird im Titel von SuZ jedoch nicht die Zeitlichkeit, sondern die Zeit genannt und durch das »und« in einen Zusammenhang mit dem Sein gebracht. Dies weist erneut auf eine Besonderheit des Begründungsverfahrens von SuZ, die schon unter dem Titel des »Verfallens« angesprochen wurde. Das Dasein versteht sich auf bestimmte Weise aus dem begegnenden bestimmten Seienden und vergißt darin, daß dies die Eröffnung einer Differenz voraussetzt, mit der die Möglichkeit des Begegnens von Seiendem bloß als Seiendes anfängt. Eine Reflexion auf diese Eröffnung gelingt jedoch nur, wenn das Verfallen in sich eine Bewegtheit aufweist, mit der es von sich aus auf die Erschlossenheit als solche weist. Durch diese Bewegtheit weist das Dasein in seinem »Verfallen« auf seine Eigentlichkeit, von der her sich das Verständnis aus dem Seienden erst als »Verfallen« darstellt. Eine ontische Struktur des Daseins wird darin als Existenzial interpretiert, das auf das Dasein als das reine »Da« des Seins weist. Der entsprechende Zusammenhang gilt nun für das Verhältnis von Zeit und Zeitlichkeit. Zeitlichkeit als die fundamentale Struktur des Seinsverständnisses wird nicht in einer direkten Aufweisung zum Thema, sondern von dem geläufigen Verständnis der Zeit her, so daß Zeitlichkeit in der Bewegungsstruktur der lebensweltlichen Zeit als einer Struktur des »verfallenden« Daseins sichtbar wird, wenn diese Bewegungsstruktur als solche erkannt und damit in ihr die Eigentlichkeit des Daseins sichtbar werden kann. Zeitlichkeit ist insofern nicht der Inbegriff der Zeit, sondern jene Struktur des Verstehens von Sein, die in ihrer »verfallenden« Modifikation zur Auffassung der lebensweltlichen Zeit wird und in dieser nur in deren Bewegungsstruktur sichtbar bleibt.

Ein Verständnis von Sein und damit auf philosophischer Ebene die Aufklärung des Sinnes von Sein ist nur möglich, indem Seiendes als solches im Dasein begegnen kann. Soll also Sein in seinem Sinn bestimmt werden, so muß untersucht werden, wie Seiendes bloß als Seiendes erfahren wird. Deshalb sucht Heidegger in der Fundamentalontologie nach Strukturen, in denen Seiendes sich in seinem An-sich bekunden kann. Dies gilt schon für den Status des »Verfallens«, schon das "umsichtige Entfernen der Alltäglichkeit des Daseins entdeckt das An-sich-sein der »wahren Welt«, des Seienden, bei dem Dasein als existierendes je schon ist" (106); und in der weiteren Nachforschung in die primäre Weise des Begegnens von Seiendem zeigt sich die »Zuhandenheit« als "die ontologisch-kategoriale Bestimmung von Seiendem, wie es »an sich« ist" (71). Diese Strukturen des Begegnenlassens führen auf den Strukturbegriff der »Sorge« als Sein des Daseins und von da weiter zur temporalen Interpretation des Sinnes von Sein. Indem die Fundamentalontologie also das Dasein in seiner Möglichkeit untersucht, Seiendes als Seiendes begegnen zu lassen, analysiert das Dasein sich selbst in der Richtung auf die seiner lebensweltlichen Zeitauffassung zugrunde liegende Zeitlichkeit. Das Sein gewinnt im Dasein seine Verständlichkeit, indem diesem Seiendes als solches begegnet. In diesem Begegnen offenbart sich dem Dasein in seiner Zeit der »abkünftige« Modus jener Zeitlichkeit, die als Struktur der Verständlichkeit von Sein dessen Sinn angibt, nach dem es verstanden werden und in dessen Verstehen Seiendes als solches begegnen kann.

Damit ist in einem ersten Überblick der Argumentationszusammenhang von SuZ umrissen. Um ein Verständnis dessen, was eigentlich Sache von SuZ ist, zu gewinnen, muß dieser Argumentationszusammenhang nunmehr nach den entscheidenden Begriffen und Gedankengängen näher untersucht werden. Auf diesem Weg werden einige der bisher nur angedeuteten Konzepte des Heideggerschen Denkens deutlicher werden. Es werden andere Konzepte dagegen relativ wenig beachtet werden, die in der Rezeptionsgeschichte von SuZ eine große Rolle gespielt haben. Der Weg wird aber nur wenig über den jetzt skizzierten Zusammenhang hinaus führen. Es scheint auch wenig sinnvoll, auf die einzelnen Themen zu viel Gewicht zu legen und sie für sich genommen zu interpretieren. Noch weniger sinnvoll dürfte es sein, einzelne Themen zu isolieren und sie für Aufklärungszwecke jenseits des spezifischen Unternehmens von SuZ einsetzen zu wollen. In einer solchen Abstraktion können viele Teile von SuZ nur einen geringen philosophischen Wert erbringen oder sogar als von eher zweifelhafter philosophischer Dignität erscheinen. Das Urteil kann jedoch anders ausfallen, wenn die gleichen Teile im Zusammenhang der Ausarbeitung des

22

Themas von SuZ betrachtet werden. Dieses Werk verfolgt die einzige Absicht, eine bestimmte und neue Frage in die Philosophie einzuführen, und alle Schritte lassen sich angemessen nur verstehen unter der Perspektive auf diese Frage, die ihnen als ihr Horizont Verständlichkeit verleiht. Am Anfang steht deshalb eine Reflexion auf diese Frage, wie Heidegger sie formuliert hat: als Frage nach dem Sinn von Sein.

2. Das Da des Seins

2.1 Das Sein und das Seiende

Offensichtlich ist das Fragen nach dem Sinn von Sein kein Verhalten, das prinzipiell jedem diskursfähigen Wesen zugeschrieben werden müßte. Es könnte daraus der Einwand entnommen werden, die Aufklärung über die Struktur des Verstehens von Sein gelte auch nur für solche Wesen, denen diese Frage tatsächlich ein Problem darstellt. Dagegen könnte Heidegger mit einer der folgenden Argumentationsformen angehen. Zum einen könnte die Frage nach dem Sinn von Sein als latente Implikation eines jeden Frageverhaltens aufzuweisen versucht werden. Dies könnte dann gelingen, wenn eine solche Aufklärung über die Möglichkeit dieses Verhaltens gesucht wird, die sich nicht mit einem empirischen Verständnisakt zufrieden geben will, sondern die Kette des Fragens nach dem Fragen bis zum Ursprung seiner Möglichkeit weiterverfolgt. Zum anderen kann die Frage nach dem Sinn von Sein dadurch Sinn gewinnen, daß diese Frage als philosophische Frageform ausgearbeitet wird, mit Hilfe derer allein Aufklärung über den Ursprung aller Bestimmtheit und damit auch aller Selbstbestimmtheit des Daseins erreicht werden kann. Die erste Argumentationsform müßte zuletzt auf das Selbstverständnis eines Wesens rekurrieren, das sich seiner Welt mit Hilfe von Fragen verstehend bemächtigt; die zweite Argumentationsform dagegen könnte insofern im Reich des philosophischen Argumentierens bleiben, als sie nicht verpflichtet ist, ihre Gedankenentwicklungen als auch im nicht-philosophischen Bewußtsein in latenter Form bekannt aufzuweisen, wenn dieses Bewußtsein gerade dadurch ausgezeichnet ist, daß es nicht nach dem Ursprung des Bestimmens frägt, sondern nur nach der Richtigkeit der darin gewonnenen Bestimmungen.

Grundsätzlich verwendet Heidegger beide Argumentationen und verbindet sie auf eine für sein Philosophieren charakteristische Weise. Es ist bereits deutlich geworden, daß die Frage nach dem Sinn von Sein ihren Sinn dadurch gewinnen soll, daß jedes Dasein prinzipiell in der Lage sein muß, sie zu stellen, insofern es stets über ein »begriffloses« Verständnis des »ist« und des Seins verfügt. Heidegger erklärt dazu bereits am Beginn von SuZ: "Dieses durchschnittliche und vage Seinsverständnis ist ein Faktum." (5) Was im Zusammenhang der Fundamentalanalyse jedoch der Ausdruck »Faktum« bedeuten kann, sollte nicht von vornherein als bekannt vorausgesetzt werden. Um eine »Tatsache« im Sinne eines innerweltlichen Geschehnisses oder einer »anthropologischen Konstante« kann es sich nur dann handeln, wenn zuvor erklärt wurde, in welchem Sinne ein Verstehen und Sich-verstehen des Daseins aus dem innerweltlichen Seienden fundamentalanalytisch bedeutsam sein kann, wenn dieses Verstehen im Verlauf der Analyse doch gerade eine Form des Selbstverständnisses kennzeichnet, das den Weg zur Frage nach dem Sinn von Sein selbst grundsätzlich verwehrt. Heideggers Unternehmen müßte von vornherein ernste Zweifel an seinem Sinn wecken, wenn die Behauptung von einem Seinsverständnis als einem »Faktum« tatsächlich im Sinne einer Behauptung über die Welt der Tatsachen zu verstehen wäre. Daß Heidegger eine solche Interpretation an vielen Stellen nahelegt, ist nicht zu bestreiten. Wenn jedoch die Möglichkeit einer Interpretation besteht, die die Fundamentalanalyse nicht mit einer solchen Hypothek belastet, dann sollte die Analyse nicht wegen jenes scheinbaren Widerspruchs zu den Akten gelegt werden.

Ein Ansatz dafür findet sich, wenn berücksichtigt wird, daß Heidegger schon am Beginn der Fundamentalanalyse darauf hinweist, eine Aufklärung über dieses Seinsverständnis könne erst retrospektiv erreicht werden: "Die Interpretation des durchschnittlichen Seinsverständnisses gewinnt ihren notwendigen Leitfaden erst mit dem ausgebildeten Begriff des Seins." (6)

Daß die Seinsfrage die "Fundamentalfrage" darstellt und deshalb unter allen Fragen "ausgezeichnet" ist (5), dies soll zunächst aber nachgewiesen werden, indem erörtert wird, was überhaupt zu einer Frage als solcher gehört. Wenn das Fragen als Suchen ein vorgängiges "Geleit" aus dem Gesuchten hat, so steht zu vermuten, daß die Fundamentalität der Seinsfrage sich durch ihre Genesis in einer Struktur der "Vorgängigkeit" in allem Fragen begründet, die alle Möglichkeit eines Fragens und Suchens fundiert. Dann wäre die Seinsfrage die "Fundamentalfrage", weil mit ihr intendiert ist, alles Fragen nach den Grundlagen seiner Möglichkeit aufzuklären. Dann kann die Interpretationshypothese aber lauten, daß die Seinsfrage und das Unternehmen einer Explikation eines vorgängigen Seinsverständnisses auf die Explikation der Möglichkeit eines vorgängigen Verstehens bzw. Verstandenhabens überhaupt abzielt, das die Grundlage alles Fragens darstellt, wofür Heidegger aus noch näher zu untersuchenden Gründen gerade die Untersuchung des vorgängigen Seinsverständnisses als geeignet ansieht. Den allgemeinen Grund für diesen Zusammenhang hatten wir im einleitenden Überblick bereits genannt. Heidegger muß die Frage nach dem Sinn von Sein auf besondere Weise für diese Aufgabe geeignet ansehen, weil sie aufgrund der Unbestimmtheit ihres Gefragten und Erfragten das Fragen nicht in einer neuen Bestimmtheit ins Ziel kommen läßt, sondern es aufgrund ihrer eigenen Struktur gleichsam in sich selbst zurücktreibt.

Das »Sein« als das Gefragte wird zunächst bezeichnet als das, "was Seiendes als Seiendes bestimmt", und damit als das, "woraufhin Seiendes, mag es wie immer erörtert werden, je schon verstanden ist." (6) Aus dieser Angabe des Gefragten läßt sich entnehmen, daß die Frage auf keinen Fall durch eine Antwort ins Ziel kommen kann, die ein Seiendes als Bestimmendes und damit ein bestimmtes Seiendes angibt, denn damit wäre nicht verstanden, wie Seiendes als Seiendes bestimmt werden kann. Deshalb besteht der "erste philosophische Schritt im Verständnis des Seinsproblems" darin, "Seiendes als Seiendes nicht durch Rückführung auf ein anderes Seiendes in seiner Herkunft zu bestimmen, gleich als hätte Sein den Charakter eines möglichen Seienden." (6) Die Aufklärung über alles Fragen nach seiner Möglichkeit stellt demzufolge durch ihr Gefragtes von vornherein auch die Frage, wie von »etwas überhaupt« die Rede sein kann, wie »etwas« zum Thema werden kann ohne Rücksicht darauf, was es ist oder in welcher Bestimmtheit von ihm die Rede sein soll. Wird ein im Verstehen von Sein implizierter Sinn als Voraussetzung alles Fragens und damit aller bestimmten Aussagen darüber, was etwas ist, untersucht, so muß diese Untersuchung mit einer inneren Unbestimmtheit umgehen können, damit sie nicht voraussetzt, was doch erst gesucht ist. Es ist damit schon deutlich, daß Heidegger in seinem

philosophischen Argumentieren ein Bestimmen verwenden können muß, das diese
Unbestimmtheit in sich enthält. Daraus läßt sich in einem ersten Zugang bereits ein
Hinweis darauf entnehmen, warum für Heidegger und seine Leser die philosophische
Sprache schon in SuZ besonders schwierig wird; und diese Schwierigkeit wird sich
auf Heideggers Denkwegen nach SuZ noch verstärken.

Wenn Heidegger die Fundamentalanalyse mit einer Analyse des fragenden Verhaltens in der Frage nach dem Sinn von Sein beginnt, so kommt er zunächst der Pflicht
eines Durchsichtigmachens des eigenen Unternehmens nach. Dieser Ansatz rechtfertigt sich jedoch darüber hinaus daraus, daß im fragenden Verhalten die Differenz zu
dem darin zum Thema werdenden »etwas« eigens zur Sprache gebracht wird. Damit
wird es zwar nicht als »etwas überhaupt« nach der Herkunft seiner Bestimmtheit bloß
als eines Seienden zum Thema, aber es ist in seiner Bestimmtheit fraglich geworden,
und in dieser Fraglichkeit scheint das »etwas« als solches schon in seinem Charakter
als Seiendes auf. Im fragenden Verhalten wird also für einen wenn auch noch so
kleinen Moment eine Differenz hergestellt zwischen dem Seienden in seiner jeweiligen Bestimmtheit, in der es nicht als Seiendes, sondern nur als ein so oder so
Bestimmtes zum Thema wird, und dem Seienden, das seine Bestimmtheit verloren
hat. Wenn es daraufhin untersucht wird, was es denn sei, so geschieht dies unter der
Annahme, daß es überhaupt etwas sei. In diesem winzigen Moment der Bestimmungslosigkeit im Übergang zwischen zwei Bestimmungen wird die Kontinuität nur
durch den Bezug zu einem »etwas überhaupt« aufrechterhalten, das als Platzhalter
fungiert, bis die Frage in einer neuen Bestimmtheit des Gegenstandes in ihr Ziel
gekommen ist, in dem die Fraglichkeit aufhört. Die Möglichkeit der Durchführung
des Frageverhaltens setzt also implizit voraus, daß von »etwas« die Rede ist, obwohl
diese Voraussetzung durch eine neue Bestimmtheit dieses »etwas« unmittelbar wieder verdeckt wird.

Nun untersucht Heidegger das Fragen auch als das Verhalten desjenigen Seienden,
das das fragende Dasein ist. Dem Aufscheinen des Seienden als eines solchen in der
transitorischen Unbestimmtheit des Seienden in seiner Fraglichkeit korrespondiert
hier die Demonstration eines »eigenen Charakters des Seins« durch den Fragenden.
Durch sein Frageverhalten wird das fragende Dasein in einer Struktur der Vorgängigkeit erhellt, indem es darin als ein Wesen erkennbar wird, das sich nicht nur zu
bestimmtem Seienden verhält, sondern das auch eine »Beziehung« zu Seiendem als
solchem in seiner Unbestimmtheit und Bestimmbarkeit unterhalten kann. Dies bedeutet etwas mehr als den Hinweis auf das hermeneutische Prinzip, demzufolge wir
immer schon etwas verstanden haben müssen, wenn wir etwas verstehen wollen.
Wollte die Frage nach der Struktur einer Frage nach dem Sinn von Sein nur das Problem der Hermeneutik untersuchen, so müßte sie einen empirischen und damit in seiner Bestimmtheit feststehenden Verstehensakt auf schon geschehene und ebenso
ihrer empirischen Bestimmtheit fixierte Verstehensakte beziehen und das Geschehen
des Verstehens aus der wechselseitigen Beziehung empirischer Verstehensvorkommnisse zu erhellen suchen. Damit müßte das Sein gerade als Seiendes und als ein Bestimmtes aufgefaßt werden. Die Frage nach dem Sinn von Sein als Frage nach der
ursprünglichen Verständlichkeit des Unbestimmten könnte auf hermeneutischer

Grundlage also nicht untersucht werden, weil diese Frage damit durch einen Bezug auf empirische und damit bestimmte Verstehensvorkommnisse erklärt werden müßte.

Daß alles Fragen den Sinn eines Fragens nach dem Sinn von Sein impliziert, indem es ein Verhalten des Daseins voraussetzt, das darin seinen eigenen Charakter als »Da« des Seins und nicht nur als bestimmtes Seiendes demonstriert, ergibt sich demnach auch daraus, daß das fragende Dasein sich in diesem Verhalten nicht nur in einem Zusammenhang von Manifestationen seiner empirischen Fraglichkeits- und Verstehenssequenzen darstellt. Es erweist sich durch den Bezug auf die transitorische Unbestimmtheit im Prozeß des Fraglichwerdens, in der ihm Seiendes bloß als Seiendes begegnet, auch als ein Wesen, das in einem Zusammenhang lebt, der von einer ursprünglichen Unbestimmtheit zur Genesis von Bestimmtheit führt. Es enthält in sich einen Bezug auf ein ursprüngliches »Unverständnis«, das sich zwar im Übergang von der Fraglichkeit gegebener Bestimmtheiten zu neuen Bestimmtheiten stets aufhebt, das aber nichtsdestoweniger die Möglichkeit eines Fehlens jeder Bestimmtheit impliziert. Diese privative *Un*bestimmtheit steht systematisch am Beginn eines Verständnisses, mit dem Bestimmtheit anfängt, indem sie über die Privation hinaus eine genuine Verstehensrichtung ohne Bestimmtheit darstellt. Die bloße Negation der einen Bestimmtheit und der in diesem Verstehen von Unbestimmtem geschehende Bezug zu Seiendem als Seiendes erschöpft die Struktur dieses Verstehens jedoch nicht. Dies zeigt sich schon darin, daß jede Negation eine bestimmte ist und als bloße Negation nicht zu dem transitorischen Aufscheinen eines unbestimmten Seienden bloß als eines solchen führt, sondern nur zu einer anderen Bestimmung. Das Aufscheinen des Seienden als eines solchen ist also nicht nur als ein Produkt der Negation einer Bestimmtheit zu verstehen, sondern geschieht in einer genuinen Verstehensleistung, die selbst jedoch ebenso unbestimmt ist wie das, was in ihr verstanden wird. Damit zeigt sich das Fragen nicht nur als das »Verhalten« eines daseienden Seienden in seiner Bestimmtheit, sondern im Fragen als solchem meldet sich in diesem Seienden ein Bezug auf eine ursprüngliche Unbestimmtheit. Mit dieser Unbestimmtheit transzendiert es sich selbst als Seiendes und wird als das »Da« des Seins der Grund der Frage nach dem, was Seiendes als Seiendes bestimmt.

Demnach könnte Heideggers Frage nach dem Sinn von Sein auch als eine Radikalisierung der Frage nach der Struktur von Fraglichkeit als solcher verstanden werden. In jeder Frage scheint im Fraglichwerden einer Bestimmtheit das »etwas« als solches auf; und in jeder Frage zeigt sich der Fragende als fähig, sich von der Bestimmtheit des Seienden distanzieren zu können, von dem her er selbst sich als bestimmt versteht. Damit distanziert er sich von seiner eigenen Bestimmtheit und suspendiert die Bestimmtheiten seiner Welt und seiner selbst, so daß ihm die Welt und er selbst im Status des »etwas« ohne weitere Bestimmung erscheint. Fragen nach dem Sinn von Seiendem aber sind von vornherein unterwegs zu einer neuen Bestimmtheit des »etwas«, das darin als solches und in seiner Differenz zu bestimmtem Seienden verschwindet. Die Differenz zwischen bestimmtem Seienden und dem bloßen »etwas« scheint darin nur transitorisch auf, um sogleich wieder in eine neue Bestimmtheit zurückgenommen zu werden. Die Frage nach dem Sinn von Sein soll dieses Aufscheinen des »etwas« in der Fraglichkeit aller Bestimmtheit gedanklich so weit auf Dauer stellen, daß das »etwas« selbst zum Thema werden kann. Seiendes als Seiendes zum Thema nehmen heißt aber, es nach der Herkunft seiner unbestimmten Bestimmtheit bloß als Seiendes explizieren. Dies ist die Aufgabe der Frage nach dem Sinn von Sein, also nach dem Sinn dessen, was Seiendes als Seiendes bestimmt. Sie unterbricht also den Übergang von einer Bestimmtheit zur nächsten, der in jeder Frage nach der Bestimmtheit von Seiendem nur transitorisch geschieht. Sie ist deshalb in dem Sinn »unnatürlich«, als sie das nur zu Zwecken einer Andersbestimmung der Welt erzeugte Aufscheinen des Seienden als solchen eigens zum Thema nimmt und sich einem transitorischen Zustand zuwendet, dessen Funktion aus der »natürlichen« Perspektive in der Ermöglichung einer Andersbestimmung liegt, so daß er aus dieser Perspektive nicht als Gegenstand einer philosophischen Untersuchung erscheinen kann.

Der Sinn der Frage nach dem Sinn von Sein ergibt sich demnach trotz der »Unnatürlichkeit« einer Thematisierung des Seienden als eines Seienden aus der Notwendigkeit, bestimmtes Seiendes von »etwas überhaupt« wenigstens transitorisch unterscheiden zu können, um unsere Tätigkeit des Bestimmens und Andersbestimmens verstehen zu können. Dieses Verstehen bezieht sich deshalb zum einen auf das Verständnis unseres bestimmenden Verhaltens zur Welt, und es bezieht sich zum anderen auf das Verständnis derjenigen Bestimmungsleistungen, in denen wir uns selbst verstehen. Damit sind nicht nur zwei verschiedene Bereiche des Bestimmens gemeint, als würden wir einmal in Bestimmungssequenzen der Welt und einmal in strukturell gleichen Sequenzen in der Bestimmung unserer selbst transitorisch auf »etwas« als solches stoßen. Vielmehr weist jede Bestimmungs- und Umbestimmungsleistung sowohl auf das bloße »etwas« in der im Thema stehenden Bestimmung als auch auf die komplementäre Unbestimmtheit des bestimmenden »Subjekts« zurück. Jede transitorische Differenz in der Bestimmung von bestimmtem Seienden, in der Seiendes als solches verstanden werden muß, weist auf eine entsprechende Differenz zwischen einer Bestimmtheit und einer Unbestimmtheit des bestimmenden Subjekts, in der es sich nur durch seine Beziehung auf Seiendes in seiner Bestimmungslosigkeit, also auf Seiendes als Seiendes, bestimmt. Der transitorischen Unbestimmtheit des Seienden in seiner Um- und Andersbestimmung entspricht eine transitorische Unbestimmtheit des Subjekts in seiner eigenen Um- und Andersbestimmung.

Demnach ist die Frage nach dem Sinn von Sein nicht nur deshalb »unnatürlich«, weil sie einen im bestimmenden Verhalten zur Welt nur transitorisch aufscheinenden Zustand zwischen zwei Bestimmtheitszuständen auf Dauer stellt und die nur vorübergehend im Prozeß des Um- und Andersbestimmens anzutreffende Beziehung auf Seiendes als Seiendes selbst zum Thema philosophischer Forschung macht. Sie ist auch »unnatürlich«, weil sie komplementär dazu den Zustand einer transitorischen Unbestimmtheit des Subjekts in eben diesem Übergang ebenso zum philosophischen Thema macht. Nichtsdestoweniger ergibt sich auch unter diesem Aspekt der Sinn der Frage nach dem Sinn von Sein aus der Vorausgesetztheit der Möglichkeit, bestimmtes Seiendes um- und anders bestimmen zu können. Seiendes vor aller Bestimmtheit nur in seinem Sein verstehen zu können begründet die Möglichkeit für das Subjekt, sich neu und unter anderen Bestimmungen verstehen zu können, indem es transitorische Unbestimmtheitszustände in Kauf nehmen kann, in denen es sich nur auf Seiendes als Seiendes bezieht, ohne daß es diesen »Bezug« als solchen eigens und explizit in sein bewußtes Weltverhältnis aufnehmen müßte.

Heideggers Frage nach dem Sein als dem, was Seiendes als Seiendes bestimmt und woraufhin es je schon verstanden ist, sucht demnach jene Unterbrechungen des bestimmten Verstehens der Welt und unserer selbst zu verstehen, ohne die keine Übergänge von Verstehen zu Verstehen möglich wären. Ohne solche Übergänge aber könnten wir grundsätzlich keine Veränderung denken, weder eine veränderliche Welt noch ein veränderliches Selbst im Selbstverständnis. Unter dieser Perspektive könnten wir auch sagen, Heidegger versuche mit seiner besonderen Frage nach dem Sinn von Sein die Möglichkeit unseres Bewußtseins von Veränderung zu verstehen. Wir könnten sogar noch einen Schritt weitergehen. Wenn Verstehen voraussetzt, daß die Identität zwischen der Sache und ihrem Begriff, in dem sie verstanden wird, aufgelöst ist, so daß die gleiche Sache unter verschiedenen Begriffen verstanden werden kann, so ist der Übergang von einem Verständnis zu einem anderen auch die Möglichkeitsbedingung für die Leistung des Verstehens der Welt und unserer selbst in begrifflicher Rede.

Dies geht letztlich darauf zurück, daß die begrifflich bestimmende Rede darauf angewiesen ist, daß der sprachliche Ausdruck von der Sache unterschieden werden kann. Eine solche Unterscheidung kann jedoch nur vorgenommen werden, wenn die selbe Sache mit verschiedenen sprachlichen Ausdrücken bezeichnet werden kann. Kann von einer Sache nur mit einem einzigen sprachlichen Ausdruck die Rede sein, so fällt die Sache mit ihrer Bezeichnung zusammen. Die einzige Möglichkeit, dem Ausdruck dann noch Bedeutung zuschreiben zu können, bestünde darin, die Sache selbst vorzuzeigen, wenn nach der Bedeutung gefragt wird. Es ist jedoch unmittelbar einsichtig, daß eine solche »deiktische« Verbindung zwischen sprachlichen Ausdrücken und den Gegenständen, auf die sie referieren, äußerstenfalls in einem sehr beschränkten Bereich der Sprache möglich ist, und bei genauerer Betrachtung ist sie auch bei abgrenzbaren Einzeldingen nicht möglich. Um die Sprache mit Bedeutung verwenden zu können, müssen ihre Ausdrücke also in ihrer Bedeutung erklärt werden können, damit ihnen überhaupt Bedeutung zugeschrieben werden kann.[10] In ihrer Bedeutung erklären wir sie, indem wir andere Ausdrücke an ihrer Stelle verwenden, die die gleiche Bedeutung haben sollen, weil wir mit ihnen das gleiche meinen.

Sprachliche Ausdrücke haben also Bedeutung, weil wir sie durch andere sprachliche Ausdrücke ersetzen können, die auf den gleichen Gegenstand referieren. Die Bedingung von Bedeutung liegt also in der Unterscheidung von Gegenstand und sprachlichem Ausdruck, so daß wir auf den Gegenstand mit mehr als einem Ausdruck Bezug nehmen können. Wenn aber sinnvolles sprachliches Bestimmen davon abhängt, daß die Sprache Bedeutung hat, so hängt es offensichtlich auch davon ab, daß ein Übergang von einer sprachlichen Bestimmung zu einer anderen sprachlichen

---

[10] Darauf hat Wittgenstein hingewiesen: "Die Bedeutung des Wortes ist das, was die Erklärung der Bedeutung erklärt." (Philosophische Untersuchungen, Nr. 560)

Bestimmung bei identischem Bezug auf einen Gegenstand möglich ist. In diesem Übergang von einer Bestimmung zu einer anderen ist das, was wir meinen, für den Bruchteil eines Augenblicks ohne Bestimmung. Diese Bestimmungslosigkeit ist nicht mit den Maßen der physikalischen Zeit anzugeben, sondern sie ist der Gedanke einer Identität im Übergang von einer Bestimmung zur anderen, und in dieser Identität wird der gemeinte Gegenstand als der selbe festgehalten, obwohl darin keine Bestimmungen für diese Selbigkeit zur Verfügung stehen.

Demzufolge könnten wir Heideggers Gedanken von einem Seienden, das dem Dasein bloß als Seiendes begegnet, und vom Dasein, dessen Begriff die Möglichkeit eines solchen Geschehens ausdrückt, auch in Beziehung setzen zu den Möglichkeitsbedingungen der Verwendung einer Sprache, die die Welt, auf die sie sich bezieht, mit Hilfe von Bedeutungen bestimmt. Wenn Sein aber den Inbegriff dessen darstellt, das wir verstehen müssen, damit wir Seiendes als Seiendes begegnen lassen können, so gewinnt die Frage nach dem Sein ihre Bedeutung auch unter der Perspektive einer Frage nach der Möglichkeit der Verwendung einer begrifflich bestimmenden Sprache. Wenn der Sinn von Sein nun den Horizont angeben soll, von dem her wir Sein verstehen und damit Seiendes als Seiendes begegnen lassen können, so steht die fundamentale Frage von SuZ auch nach der Bedingung der Möglichkeit, mit sprachlichen Ausdrücken die begegnende Welt begrifflich bestimmt einteilen zu können. Wir können Heideggers Frage nach dem Sinn von Sein als dem Bestimmungsgrund von Seiendem als Seiendes demnach auch als Versuch auffassen, das begriffliche Verstehen der Welt und unserer selbst in seiner Möglichkeitsbedingung nach seiner transitorischen Unterbrechung aller Bestimmtheit im Bezug auf »etwas« bloß als solches zu verstehen.

Die Faktizität des Seinsverständnisses, von der Heidegger ausgehen zu können beansprucht, muß auf dieser Grundlage nun nicht mehr als »Tatsache« eines Verstehens des Begriffes »Sein« aufgefaßt werden. Das Faktum eines solchen Verstehens wäre in der Tat eine sehr zweifelhafte Voraussetzung, wenn damit ein Vorkommnis in den Beziehungen gemeint wäre, die empirische Subjekte zu ihrer empirischen Welt aufnehmen und unterhalten. Die Faktizität des Seinsverständnisses kann nur in der Vorausgesetztheit einer Beziehung auf bloßes »etwas überhaupt« für alles fragende Verhalten, für alle Verstehensleistungen, für alles Begreifen von Veränderung und schließlich für alles Selbstverständnis gesucht werden. Die Faktizität des Seinsverständnisses bedeutet nichts anderes als den impliziten Bezug auf das, was Seiendes als Seiendes bestimmt, in jedem verstehenden Akt. Letztlich ist es das Verständnis dieses Bezugs, das Heidegger als Verstehen von »Sein« bezeichnet. Weil Heidegger in diesem Sinne »Faktizität« für das zu untersuchende Seinsverständnis in Anspruch nehmen kann, deshalb kann die ungewöhnliche Frage nach dem Sinn von Sein sich an jedes Bewußtsein anschließen lassen, das als solches in einer Differenz zu allen seinen begrifflichen Verstehensleistungen steht, die grundsätzlich stets auch anders sein könnten. Auch in der vollkommenen Sicherheit eines zweifelsfreien Begreifens beruht die Gewißheit, es könne nicht anders sein, doch gerade auf dem Wissen, eine andere Bestimmtheit wäre strukturell möglich, auch wenn sie von vonherein mit dem Vorzeichen des Absurden in die Vorstellung eintritt. In dieser Differenz scheint Seiendes bloß als Seiendes auf und in eins damit meldet sich der Horizont, von dem her Seiendes bloß als Seiendes verstanden werden kann. Diesen Horizont des »woraufhin« des Verstehens stellt Heidegger mit der Frage nach dem Sinn von Sein eigens in die Fraglichkeit.

Die Frage nach dem Sinn von Sein steht damit nach einem sehr ungewöhnlichen Bestimmungsgrund. Es soll der Sinn von Sein angegeben werden, das Seiendes als Seiendes bestimmt und woraufhin es also immer schon verstanden ist, indem es bloß als Seiendes und ohne darüber hinausgehende Bestimmung verstanden wird. Der Sinn von Sein soll also bestimmt werden, obwohl das Seiende bloß als Seiendes gerade kein bestimmtes Seiendes ist. Jenes »woraufhin« des Verstandenhabens muß also so gedacht werden, daß es bestimmen kann und in dieser Bestimmungsleistung etwas denkbar wird, das gerade nicht bestimmt ist, sondern als »etwas überhaupt« im geläufigen Verstehen nur transitorisch im Übergang von einer Bestimmtheit zur nächsten als »Platzhalter« des Bestimmbaren aufscheint. Gesucht ist demnach eine Bestimmungsform, die gerade nicht bestimmt in dem Sinn, daß Seiendes mit Bestimmungen ausgestattet wird, sondern den Horizont darstellt, von dem her Seiendes bloß als Seiendes aufgefaßt werden kann, also verstanden werden kann als bestimmungsloses, obzwar bestimmungsfähiges »etwas überhaupt«. Daß das, was Seiendes bloß als solches bestimmt, indem es den Horizont abgibt, von dem her Seiendes als Seiendes verstanden werden kann, nicht selbst als bestimmtes Seiendes zu denken ist, leuchtet unmittelbar ein. Eine grundsätzliche Schwierigkeit für die Untersuchung der Frage nach dem Sein besteht deshalb in der Formulierung von Bestimmtheiten, die geeignet sind, die Differenz zwischen dem Seienden bloß als Seienden und dem »woraufhin« des entsprechenden Verstehens zu erhellen, ohne die genuine Struktur dieser Differenz durch die Depotenzierung des bestimmungslos bestimmenden Seins zu einem bestimmten Seienden zu verfehlen. Letztlich ist es dieses Problem, das Heidegger dazu veranlaßt, in das Zentrum seiner Erörterungen eine Analytik des Daseins als Fundamentalontologie zu stellen, also nicht mit einer Lehre vom Menschen oder einer Explikation des Subjekts zu beginnen, sondern das Dasein als den »Ort« zu analysieren, an dem das Sein »da« ist, an dem das Sein also bestimmtes Sein ist, ohne daß aufgrund dieser Bestimmtheit der mit dem Sinn von Sein bezeichnete Gedanke zurückgenommen werden müßte.

2.2 Das Sein und das Dasein

Es ist deutlich geworden, daß die »ontologische Differenz« zwischen Sein und bestimmtem Seienden eingeführt und als Problem aufgeworfen wird in einem Unternehmen, das letztlich eine Aufklärung über die Möglichkeit eines verstehenden und damit sich von sich und von der Welt distanzierenden Verhältnisses zu sich und zur Welt intendiert. Diese Differenz ist philosophisch bestimmt durch die Aufgabe, ein Verständnis für eine sich selbst zurücknehmende Bestimmungsleistung erbringen zu können, in der Seiendes nur als Seiendes »bestimmt« wird und damit im Bewußtsein eines bloßen »etwas als etwas« zugänglich wird. Deshalb ist die »ontologische Differenz« aufgrund ihres gedanklichen Zusammenhanges durch die Aufgabe situiert, ein

Verständnis für eine Auffassung des sich fragend auf seine Welt beziehenden und sich darin gleichzeitig von ihr differenzierenden Subjekts zu erreichen, in dem es insofern nicht mehr Subjekt ist, als es alle Bestimmtheiten seiner Welt zumindest transitorisch suspendiert hat und ihm darin das Seiende bloß als Seiendes aufscheint.

Der Gedanke und die Problematik der »ontologischen Differenz« sind also zu verstehen aus einer bestimmten Fragerichtung auf das Subjekt des Frageverhaltens und im weiteren Sinne jeder Verstehensleistung.

Mit dieser Fragerichtung aber wird es schwierig, überhaupt noch von Subjekt und Subjektivität zu sprechen. Die Bestimmtheit, die im subjektivistischen Grundverhältnis realisiert wird, reduziert sich in der Frage, aus der der Gedanke der »ontologischen Differenz« entsteht, auf den bloßen Bezug auf »etwas überhaupt«, auf Seiendes als solches - ohne jede weitere Bestimmung. Wenn das Subjekt aber ein Subjekt grundsätzlich nur dadurch ist, daß es seine eigene Bestimmtheit als Bestimmtheit der erfahrbaren Welt ansehen kann, indem es die Bedingungen der Möglichkeit der Erfahrung mit den Bedingungen der Möglichkeit der Gegenstände der Erfahrung identifiziert, so hat es mit dem Gedanken der ontologischen Differenz seine eigene Bestimmtheit so zurückgenommen, daß sie nur als Bezug auf ein »etwas als solches«, d.h. auf Seiendes als Seiendes verbleibt. Unter der Perspektive der Frage nach dem Sein unterscheidet diese Zurücknahme der apriorischen Bestimmtheit der Erfahrbarkeit der Welt die Heideggersche Konzeption des Daseins als des »Da« des Seins von dem transzendentalphilosophischen Gedanken eines Ichs der transzendentalen Apperzeption ebenso wie von dem idealistischen Gedanken der alle apriorische Bestimmtheit der Welt in sich fassenden Identität des Ich.

Wir könnten Heideggers Begriff des Daseins als Konsequenz aus dieser Situation ansehen. Wenn mit dem Titel Sein dasjenige bezeichnet werden soll, das Seiendes bloß als Seiendes bestimmt und ihm keine weitere Bestimmung verleiht, so ist das »Subjekt« dieses Bestimmens unter dem Titel des Daseins auch nur aus seinem Bezug auf Seiendes bloß als Seiendes zu verstehen. Gefragt ist mit der Frage nach dem Sinn von Sein jedoch nach dem, was Seiendes bloß als Seiendes bestimmt. Dies kann kein Seiendes und schon gar kein bestimmtes Seiendes sein, da die Frage sonst an kein Ziel käme. Heidegger bezeichnet dieses Bestimmende als »Sein«. Demnach wird mit dem Ausdruck »Da des Seins« bzw. »Dasein« auf etwas Bezug genommen, das nicht als bestimmtes Seiendes gelten kann, obwohl es doch als ein Seiendes aufzufassen ist. »Da« kann das Sein nur in einem Seienden sein, in dem sich die Möglichkeit, Seiendes als Seiendes zu »bestimmen«, so demonstriert, daß sie in einem philosophischen Begriff zum Ausdruck gebracht werden kann. Dieses Seiende muß sich demnach also nicht durch eine Bestimmungsleistung auszeichnen, sondern durch die Fähigkeit, den transitorischen Status des Bezugs auf »etwas überhaupt« im Übergang von einer Bestimmtheit zu einer anderen ausdrücklich werden zu lassen, ohne diesen Ausdruck durch eine begriffliche Bestimmung auf dem Niveau der Bestimmung des Seienden wieder zu dementieren. Diese Auszeichnung schreibt Heidegger dem Dasein zu, das ein Seiendes ist, in dem das Sein »da« sein kann.

Die zentrale gedankliche Konstellation einer Philosophie der Subjektivität läßt sich in Heideggers Philosophie des Daseins demnach nur dann wiedererkennen, wenn das Subjekt nicht als eine Entität verstanden wird, die ihre eigene Bestimmtheit in einem Akt der »Selbstermächtigung« auf die Welt überträgt, die damit zu einem Konstrukt des Subjekts werden müßte. Der genuine Gedanke des Subjektiven wird durch diese Vorstellung auch keineswegs beschrieben. Subjektivität bezeichnet grundsätzlich die Isomorphie der Verfaßtheit eines Erkennenden mit der Verfaßtheit des Erkannten. Im engeren Sinn besteht das subjektphilosophische Unternehmen jedoch darin, die Verfaßtheit des Erkennenden so weit zu analysieren, daß sich daraus die korrespondierende Verfaßtheit der erkennbaren Welt in einer apriorisch geltenden Bestimmtheit entwickeln läßt. Es wird also eine mit Hilfe rein gedanklicher Mittel analysierbare Verfaßtheit des Erkennenden unterstellt, aus der sich auf deduktivem Wege die apriorische Verfaßtheit der Welt angeben läßt. Bei Kant nahm dies die Gestalt einer Untersuchung der Bedingungen der Identität des Ich in der Mir-Angehörigkeit aller Vorstellungen an, Fichte und der frühe Schelling suchten die apriorischen Strukturen der erkennbaren Welt als Bedingungen der Identität des Ich=Ich zu entwickeln, und Hegel erarbeitete am Modell des Selbstbewußtseins die Bewegung des Begriffs als Selbsterkenntnis des Geistes im Entstehen und Vergehen der begrifflichen Bestimmungen der objektiven Welt.

Mit dem Begriff des Daseins wird der genuine Gedanke einer Philosophie der Subjektivität nun insoweit beibehalten, als dieser Begriff eine Isomorphie bezeichnet zwischen dem Seienden in seiner Auffassung bloß als Seiendes und der Statusbestimmung des Auffassenden als zwar nicht das Seiende bestimmend, aber doch auf es bloß als Seiendes bezogen. Dasein nennt Heidegger das Sein im Status des »Da«, also im Status der genuinen Bestimmtheit dessen, das Seiendes bloß als solches »bestimmt« und deshalb keinen Bezug auf bestimmtes Seiendes enthält. Dieser Status des Daseins entspricht dem Gedanken eines Seienden bloß als Seiendes, wie er als Voraussetzung alles Verstehens von bestimmtem Seienden entwickelt wurde. In dieser Entsprechung kann die subjektphilosophische Grundkonstellation einer Isomorphie zwischen Auffassendem und Aufgefaßtem wiedergefunden werden. Daß darin auch eine Fortführung des subjektphilosophischen Gedankens in seinem engeren Sinn impliziert sei, also nach der Seite der Vorstellung, das Auffassende könne so weit analysiert werden, daß sich aus seiner Verfaßtheit ein apriorisches Wissen über die Welt entnehmen läßt, dies läßt sich mit der Herkunft des Begriffs des Daseins jedoch nur schwer vereinbaren. Eine solche Interpretation ließe sich nur aus der Vorstellung ableiten, weil das, was Seiendes als Seiendes »bestimmt«, im Dasein »da« ist, deshalb müßten in der Daseinsanalyse diese Bestimmungen nur freigelegt werden, so daß sie als Begriffe der Bestimmung des Seienden als Seiendes angegeben werden könnten. Wenn im Dasein das Sein »da« ist, so könnte dieser Vorstellung zufolge ein argumentativer Ansatzpunkt gewonnen sein, der es erlaubt, in einer Analyse des Daseins auf das »Da« des Seins hin eben dieses Sein als das, was Seiendes als Seiendes bestimmt, genauer angeben und durch Begriffe bestimmen zu können.

Gegen eine solche Auffassung spricht jedoch ein guter Grund, der sich aus der genuinen Fragerichtung ergibt, aus der der Gedanke eines Daseins seinen philosophischen Sinn erhält. Was Seiendes nur als Seiendes bestimmt, unterscheidet sich grundsätzlich von dem, was bestimmtes Seiendes zu einem solchen macht. Das Seiende bloß als Seiendes wird als »etwas« ohne jede weitere Bestimmung angesehen. Also kann auch das, was es als Seiendes bestimmt, in seinem »Da« keine Strukturbestimmtheit aufweisen, die es über seinen Bezug auf das bloße Seiende als solches hinaus bestimmen könnte. Eine solche Bestimmtheit könnte nur seinen Bezug auf bestimmtes Seiendes kennzeichnen, nicht aber auf das Seiende bloß als Seiendes. Deshalb kann seine Verfaßtheit, aus deren Isomorphie mit dem »Erkannten« sich die Anwendung des subjektivistischen Grundgedankens rechtfertigt, nur den bestimmungslosen bloßen Bezug auf Seiendes als solches implizieren. Eine Analyse der Bestimmtheit des Daseins könnte also gerade nicht zu Bestimmungen führen, die das »Da« des Seins beschreiben, sondern nur solche, die Strukturen des Zugangs des Daseins zu bestimmtem Seienden kennzeichnen.

Nun werden in der Daseinsanalytik von SuZ aber in der Tat auch solche Strukturen herausgestellt. Aber hier sind zwei Besonderheiten dieser Analytik zu beachten, durch die sie sich von einem transzendentalphilosophischen Unternehmen unterscheidet, das Bedingungen der Möglichkeit der Erfahrbarkeit von Objekten untersucht. Zum einen wird die Erfahrbarkeit von Objekten als abgeleiteter und nicht ursprünglicher Zugang zur Welt herausgestellt. Ursprünglich geschieht ein solches Begegnen dagegen in einem Verweisungszusammenhang des Zuhandenen, der letztlich in der Bedeutsamkeit des Daseins selbst fundiert ist. Das Zuhandene aber ist nicht das Objektive, und seine Bestimmungen lassen sich nicht aus einer Analyse des Daseins entnehmen, sondern werden im besorgenden Umgang mit ihm je neu festgestellt. Diese Feststellung verbleibt im Zusammenhang dieses Umgangs und wird nicht dem Gegenstand als solchem zugeschrieben. Insofern lassen sich aus dem Dasein keine apriorischen Bestimmungen des Zuhandenen ableiten. Zum anderen ist mit der Herausstellung des Zuhandenen als dem, was primär in der Welt begegnet, noch keine Bestimmung des Seins gegeben, also dessen, was Seiendes bloß als Seiendes bestimmt. Diese Bestimmung beginnt erst mit der Struktur der Sorge als Seinsstruktur des Daseins, also der Struktur des »Ortes«, an dem das Sein »da« ist. Insofern ließe sich ein transzendentaler Zusammenhang, sollte er in der Untersuchung des Zuhandenen als des zunächst Begegnenden doch vorhanden sein, nicht auf den Bestimmungszusammenhang zwischen dem Dasein und dem Sein des Seienden bloß als Seiendes anwenden.

Der transzendentalphilosophische Gedanke ist in der Daseinsanalytik deshalb nicht in Bezug auf die Frage nach dem Sinn von Sein und dessen Zusammenhang mit dem Sein des Daseins zu finden. Eine solcher Gedanke läßt sich jedoch in Bezug auf den Zusammenhang zwischen dem Zuhandenem als dem zunächst und primär Begegnenden und dem Objektiven als dem sekundär und durch Abkünftigkeitsstrukturen vermittelt Begegnenden anwenden. Die Objektivität des Objektiven ist auch für Heidegger ein Konstitutionsprodukt aus einer Struktur, die dem Dasein wesentlich ist, obwohl sie auf dem Niveau des »Verfallens« untersucht wird. Hier ist erneut darauf hinzuweisen, daß mit diesem Terminus nur der Status des Daseins bezeichnet wird, in dem es sich aus dem begegnenden Seienden versteht und seine eigenen Bestimmungen daraus entnimmt. In diesem Status kommt es zu einer Auffassung der Welt als einem Agglomerat von Objekten und zu einer Selbstauffassung des Daseins als

Subjekt von Objekten, das deshalb auch ein Objekt heißen kann, weil es durch eine vorgebene und an sich vorhandene Bestimmtheit ebenso gedacht wird wie ein Objekt. In der näheren Struktur dieses Abkünftigkeitszusammenhanges läßt sich auch in der Daseinsanalyse ein transzendentaler Gedankengang auffinden. Dieser Gedankengang betrifft jedoch nicht unmittelbar den Zusammenhang zwischen dem Sein als dem, was Seiendes bloß als solches bestimmt, und dem Dasein als dem »Ort«, an dem Sein »da« ist. Insofern stellt der transzendentalphilosophische Gedanke zwar ein Element innerhalb der Daseinsanalyse dar, er umfaßt jedoch nicht deren Argumentationszusammenhang, der in der Bestimmung eines Sinnes von Sein aus dem seinsverstehenden und nicht aus dem sich zu bestimmtem Seienden verhaltenden Dasein fokussiert.

Hier zeigt sich im Blick auf die Analytik des Daseins die immanente Problematik der Heideggerschen Formulierung am Anfang von SuZ, wonach Sein das Seiende als Seiendes bestimme. Eine solche Formulierung bezeichnet zwar die Aufgabenstellung von SuZ, aber sie kann sie zugleich wieder verdecken. Die Aufgabe einer Bestimmung des Sinnes von Sein fordert letztlich eine Bestimmungsweise, die selbst nicht auf der Grundlage einer vorgegebenen Bestimmtheit geschieht, also eine unbestimmte Bestimmung. Gerade eine »Analytik« des Seins in seinem »Da« soll es erlauben, eine solche unbestimmte Bestimmung so bestimmt anzugeben, daß sie verständlich werden kann. Daß Heidegger sich dieser Problematik bewußt war, läßt sich aus der näheren Angabe ersehen, wie Sein als das, das Seiendes als Seiendes bestimmt, philosophisch aufgewiesen werden soll. Als »Sein« soll dasjenige bezeichnet werden, »woraufhin« Seiendes als Seiendes "je schon verstanden ist" (6). Hier wird das, was Heidegger mit »Sein« zum Ausdruck bringen will, explizit als eine Leistung des Verstehens formuliert. Dieses Verstehen kann offensichtlich nicht zum Ergebnis haben, daß ein Seiendes in seiner Bestimmtheit verstanden wird. Ebensowenig kann die Verstehensleistung als Funktion eines verstehenden Subjekts in seiner eigenen Bestimmtheit als eines Seienden aufgefaßt werden. Demnach muß das mit »Sein« bezeichnete Verstehen sowohl nach der Seite des Verstandenen als auch nach der Seite des Verstehenden ein Verstehen ohne vorgegebene und ableitbare Bestimmtheit darstellen.

Sein als das »woraufhin« des Verstehens von Seiendem bloß als Seiendes soll in seinem Sinn bestimmt werden, indem ein Vorverständnis angegeben wird, das in eine »Richtung« weist, in die schon gedacht werden mußte, damit der Bezug zu Seiendem bloß als Seiendes verstanden werden kann. Die Angabe einer solchen Richtung steht insofern in einer Analogie zu der Isomorphie zwischen der Verfaßtheit des Subjektiven und der Verfaßtheit des Objektiven, die den Nukleus des subjektivistischen Gedankens bildet, als sie als das Andere des Verstehenden bestimmt ist. Aber diese Richtung kann nicht mit Hilfe einer Analyse des Daseins als eines »Subjekts« bzw. des Verstehenden als eines bestimmten Seienden begrifflich bestimmt werden, so daß der aprioristische Aufklärungsanspruch der subjektivistischen Philosophie insoweit zurückgenommen wird. Was Seiendes bloß als Seiendes bestimmt, kann auch in seinem »Da« nicht zu einem bestimmten Seienden werden. Der Analytik des Daseins ist damit eine Aufgabe gestellt, die eine im engeren Sinne

transzendentalphilosophische Interpretation eigentlich ausschließen müßte. Nichtsdestoweniger soll nach dem Sinn dessen, was Seiendes als Seiendes bestimmt, doch
mit Hilfe einer solchen Analytik gesucht werden. Unter den Vorgaben einer solchen
Aufgabenstellung muß eine Analytik des Daseins offensichtlich etwas ganz anderes
leisten können als eine transzendentale Argumentation oder eine idealistische Explikation der Identität des Ich. Auf der Grundlage der bis jetzt erreichten Aufklärung
über den Sinn von Heideggers Frage nach dem Sinn von Sein ist bereits deutlich, daß
mit einer solchen Analytik keinesfalls intendiert sein kann, ein bestimmt vorgege-
benes daseiendes Seiendes in seine Bestimmungsstücke »auseinanderzulegen«.

Vorgegeben kann das Dasein nur insoweit sein, als in ihm das Sein als das, was
Seiendes bloß als Seiendes bestimmt, genannt ist, und das Sein in seinem »Da« untersucht werden soll. So unbestimmt diese Bestimmung des Seins durch das »Da« auch
ist, so ist damit das, was Seiendes bloß als Seiendes bestimmt, doch der Untersuchung als spezifiziertes Thema vorgegeben. Diese eine Bestimmung muß dem, was
Seiendes bloß als Seiendes bestimmt und was folglich nicht selbst bestimmt sein
kann, schon insofern zugeschrieben werden, als es Thema einer Untersuchung wird,
die nach dem Sinn dessen forschen soll, was Seiendes bloß als Seiendes bestimmt.
Damit ist das Sein aber nur bestimmt durch die Struktur eines Verstehens, das es
erlaubt, einen Bezug zu Seiendem bloß als »etwas überhaupt« aufzunehmen. Durch
den Zusatz des »Da« zu dem, was Seiendes als Seiendes bestimmt, wird also im
Grunde nicht mehr bezeichnet als die Mindestbedingung dafür, daß überhaupt eine
Untersuchung stattfinden kann, die nach dem Sinn jenes »woraufhin« forscht, das
zwar Seiendes bloß als Seiendes »bestimmt«, es damit aber soweit bestimmungslos
läßt, daß der alle Bestimmung erst ermöglichende Bezug auf »etwas überhaupt« geschehen kann. Das »Da« im Dasein stellt deshalb die ursprüngliche Möglichkeitsbedingung dafür dar, daß überhaupt erhellt werden kann, mit welchem Sinn der alle
Bestimmtheit ermöglichende Bezug zu Seiendem als Seiendes zu denken ist.

Wenn er auch zunächst nur als eine Möglichkeitsbedingung für die Durchführung
einer Argumentation eingeführt und bestimmt werden kann, so muß der Status des
»Da« des Seins im Verlaufe der Daseinsanalytik doch durch deren Ergebnisse
»eingeholt« werden können. Eine solche »Einholung« ist in der Aufgabe der Daseinsanalyse von vornherein angelegt, insofern es zu der Abzweckung einer solchen
Analyse gehört, einen Sinn für das »woraufhin« des Verstehens von Seiendem als
solchen auszuarbeiten, also dieses Verstehen so zu »situieren«, daß es explizit als
Geschehen einleuchten kann. Diese »Situierung« ist im Grunde identisch mit der
Aufklärung des Seins in seinem »Da«, also in jenem Status, in dem es am Anfang der
Untersuchung eingeführt wurde. In der Aufklärung der Möglichkeitsbedingungen
von Sein als »woraufhin« der bestimmungslosen Bestimmung des Seienden bloß als
Seiendes wird das Sein zumindest durch diese Situierung »bestimmt«. In dieser Situierung findet die Analytik des Daseins ihr Ziel, an derem Anfang das bloße »Da« des
Seins steht. Die Daseinsanalytik kann aufgrund ihrer genuinen Untersuchungsauf-
gabe also nur als Untersuchung ihrer selbst durchgeführt werden. In der Frage nach
dem Sinn von Sein geht es "nicht um eine ableitende Begründung, sondern um aufweisende Grund-Freilegung" (8). Darin zeigt sich der philosophische Status der Da-

seinsanalytik auch als Selbstreflexion des Unternehmens, einen Sinn für das »woraufhin« des Verstehens von Seiendem bloß als Seiendes zu erkunden. Die Daseinsanalytik kann ihrer selbst gesetzten Aufgabe also schon aus internen Gründen nur in der Einheit mit einer Selbstreflexion auf ihre eigenen Grundlagen nachkommen. Damit kommt sie aber auch einer Forderung nach, die an jeden philosophischen Gedankenzusammenhang zu stellen ist. Gerade die Integration einer Reflexion auf die eigenen Bedingungen unterscheidet das philosophische Denken von allen Bemühungen wissenschaftlicher Forschung.

Aus diesen Zusammenhängen läßt sich nun auch der Anspruch besser verstehen, in der Analytik des Daseins gehe es primär um die Ausarbeitung einer Frage. Man könnte auch sagen, es gehe darin um nichts anderes. Dies resultiert nicht in erster Linie daraus, daß es sich um eine besonders komplizierte, schwer verständliche und unserem Verständnis daher nur nach umfangreichen Erläuterungen zugängliche Frage handelt. Es geht vielmehr darauf zurück, daß die Frage nach dem Sinn von Sein aufgrund ihrer genuinen inneren Unbestimmtheit schon zu ihrer expliziten und damit verstandenen und durchsichtigen Formulierbarkeit ihre Beantwortung voraussetzt. Sie erfordert zumindest die Ausarbeitung einer solchen Bestimmtheit, die geeignet ist, jene genuine innere Unbestimmtheit zum Ausdruck bringen zu können. Die Antwort auf die Frage nach dem Sinn des »woraufhin«, auf das hin Seiendes bloß als Seiendes immer schon verstanden ist, kann nur im Ausdruck jener Unbestimmtheit gesucht werden. Die Antwort kann also nur gefunden werden in einer die Unbestimmtheit nicht aufhebenden Bestimmung. Eine solche Bestimmung ist aber im Grunde schon entwickelt, wenn die Ausarbeitung der Frage nach dem Sinn dessen, was Seiendes bloß als Seiendes bestimmt, gelungen ist.

Für die Ausarbeitung einer solchen Frage scheiden damit alle solche Analyseergebnisse von vornherein aus, die ein Seiendes in seiner Bestimmtheit beschreiben, also etwa den Menschen in dem, was von ihm und seinem Wesen gesagt werden kann. Von da her läßt sich auch die fundamentale ontische Auszeichnung des Daseins als eines Seienden, dem es "in seinem Sein um dieses Sein selbst geht" (12), in den Zusammenhang der genuinen Frage nach dem Sinn von Sein einordnen. Wenn das »Da« des Seins nur als »Da« des »woraufhin«, von dem her Seiendes bloß als solches verstanden werden kann, Sinn für die Ausarbeitung jener Frage erhält, also nicht aus seiner Bestimmtheit als Seiendes, so kann mit jener Auszeichnung des Daseins offensichtlich nicht gesagt sein, es gehe dem Menschen um diejenigen Bestimmungen, in denen und durch die er lebt. Es kann nicht einmal gesagt sein, es gehe ihm im lebensweltlichen Sinn um seine Existenz oder um sein Leben. Als bestimmtem Seienden sind ihm solche Bestimmtheiten gewiß unverzichtbar, als bestimmtes Seiendes wird er aber nicht zum Thema der Fundamentalanalyse. In der Fundamentalanalyse gewinnt jene ontische Auszeichnung vielmehr ihre Bedeutung, weil es ihm in seinem Sein um dieses Sein selbst geht. Es geht ihm also als »Da« dessen, was Seiendes als Seiendes bestimmt, um eben dieses »woraufhin«, von dem her Seiendes als solches verstanden werden kann. Insofern wird mit der Behauptung, dem Dasein gehe es in seinem Sein um dieses Sein, zunächst nichts anderes als eine neue Umschreibung des Verstehenden jenes Verstehens gegeben, in dem Seiendes als Seiendes verstanden wird. Nichtsdestoweniger wird mit dem »um« eine Differenz in diesem Verstehenden hervorgehoben. Diese Differenz bezeichnet Heidegger im nächsten Satz als »Seinsverhältnis« und er erläutert sie dann als »Seinsverständnis«, womit an das weiter oben bereits erwähnte »Faktum« angeschlossen wird, daß das Dasein sich in seinem Sein versteht. In diesem Zusammenhang verwendet Heidegger auch den Begriff der »Erschlossenheit«, der nicht nur in SuZ, sondern in mannigfachen terminologischen Verwandlungen auch in seinem späteren Denken die zentrale Fragerichtung seines Denkens bezeichnet. In dem verstehenden Seinsverhältnis ist dem Dasein "mit und durch sein Sein dieses ihm selbst erschlossen" (12). Es ist erschlossen in jenem »um«, mit dem eine erste Differenz in das »Da« des Seins eingeführt wird. Mit der Eröffnung dieser Differenz ist der Weg offen, der zur Ausarbeitung von Bestimmtheiten des Daseins als Bestimmtheiten des Seins führt, in denen das »woraufhin« des Seienden bloß als Seiendes verstanden werden kann. Nun war das »Sein« ja gerade nicht als eine Konzeption eingeführt worden, die Aufklärung über bestimmtes Seiendes erbringen soll, sondern es sollte das benennen, was Seiendes bloß als Seiendes bestimmt. Insofern stellt es zunächst überhaupt nicht einen wie auch immer bestimmten Begriff dar, sondern fungiert nur als »Platzhalter« für die mögliche Antwort auf eine Frage, die selbst noch nicht nach ihrem Sinn bestimmt gelten kann. Wenn im Ausgang von jener Differenz nun von »Seinsbestimmtheiten« die Rede ist, so kann es deshalb nicht um Bestimmtheiten des Daseins gehen, die ihm auf eine ganz besonders wesentliche Weise zukommen und es deswegen nicht nur als Seiendes, sondern sogar noch in seinem Sein tangieren. Als einem bestimmten Seienden kommen sie ihm überhaupt nicht zu, sondern sie umschreiben es als das »Da« des Seins, das Seiendes als Seiendes bestimmt. Es handelt sich um Möglichkeitsbedingungen dafür, daß das, was vorläufig mit »Sein« bezeichnet wurde, tatsächlich in der Ausarbeitung einer Frage zum Thema einer Untersuchung werden kann.

Eine solche Untersuchung wird dann möglich, wenn die ausgearbeitete Frage nach ihrer Struktur und nach ihren Voraussetzungen die Möglichkeit nicht verschließt, daß durch sie ein Verständnis für das Dasein erreicht werden kann, wie es als ein Seiendes in seinem Verständnis von Sein ein solches Verhältnis zu diesem Sein einnimmt, daß ihm darin das Sein »erschlossen« ist. Erschlossen ist das Sein dem Dasein dann, wenn es dem Dasein »um es« geht. Damit ist nicht gemeint, daß ein bestimmtes Seiendes aufgrund seiner Bestimmtheiten ein ausgezeichnetes Interesse am Sein oder an dessen Sinn nehmen müßte. Daß es ihm »um es« geht, führt grundsätzlich darauf zurück, daß das Dasein nicht als bestimmtes Seiendes zum Thema der Daseinsanalytik werden kann, sondern nur als das »Da« des Seins und damit als der »Ort«, an dem das Sein als das, was Seiendes nur als solches bestimmt, zum Verständnis kommt. Es geht ihm um das Sein, weil es nur in diesem Verständnisbezug ein »Da« gewinnt und damit als Dasein existiert. Es existiert nur, wenn und indem ihm Sein »erschlossen« ist und darin einen Bezug zu dem hat, das Seiendes bloß als Seiendes bestimmt. Unter dem Aspekt dieses Bezuges im Dasein wird jener »Platzhalter« für das Ziel der Frage, den Heidegger als Sein bezeichnet, nun »Existenz« genannt. Existenz ist das

Sein, zu dem das Dasein sich immer irgendwie verhält, weil das Dasein das Verständnis dessen ist, das Seiendes bloß als Seiendes bestimmt. Existenz ist demnach das Sein, wie es unter dem Vorzeichen seines Verstandenseins aufgefaßt wird. Der Bezug des Daseins zum Sein kann deshalb »Existieren« heißen, und in diesem Bezug versteht das Dasein sich »existenziell«. Es versteht sich darin als »es selbst«, insofern es sich nicht als bestimmtes Seiendes versteht, sondern als den »Ort«, an dem dasjenige, das Seiendes bloß als Seiendes bestimmt, »da« ist. Zunächst ist darin nicht impliziert, daß sich das Dasein als ein bestimmtes Seiendes auf diese Weise besser oder richtiger versteht. Es ist auch nicht gesagt, daß es damit eine tiefere Einsicht in sein »Selbst« gewonnen hat. Dies ist schon deshalb zweifelhaft, weil es sich in seinem existenziellen Selbstverständnis überhaupt nicht als bestimmtes Seiendes versteht, sondern als Verständnis des »woraufhin«, von dem her Seiendes bloß als Seiendes bestimmt ist. Es versteht sich unter einer Perspektive, aus der Seiendes nicht als bestimmtes Seiendes erscheint, sondern nur als Seiendes als solches. Den Zusammenhang der Strukturen, die die so zu verstehende Existenz konstituieren, also das Sein, wie es in seiner Bezüglichkeit auf das Dasein ist, und die damit das Dasein in seinem »Da« konstituieren, nennt Heidegger nun »Existenzialität«. Zu verstehen, was »Existenzialität« ausmacht, ist die Aufgabe einer »existenzialen« Analytik des Daseins, in der es also darum geht, solche Phänomene zu entdecken, die verstehen lassen, wie dasjenige, das Seiendes bloß als Seiendes bestimmt, »da« sein kann, also wie es verständlich sein kann ausschließlich als das »woraufhin«, von dem her Seiendes bloß als solches verständlich wird.

Würde die existenziale Analytik nun die Eigenschaften eines Seienden untersuchen, das für einen sich für den Sinn von Sein interessierenden Philosophen in Bestimmungen zugänglich ist, mit deren Hilfe er das Dasein als ein ausgezeichnetes Seiendes beschreiben kann, so wäre die Existenzialität in ihrem genuinen Sinn bereits dementiert. Die Frage nach dem Sinn desjenigen, das Seiendes bloß als Seiendes bestimmt, wäre von vornherein zurückgenommen. Daraus ergibt sich zunächst, daß die Existenzialität vom Philosophen so aufgenommen werden muß, wie sie für dasjenige Seiende ist, das allein fähig ist, einen Bezug nicht zu der Bestimmtheit von bestimmtem Seienden, sondern zu Seiendem bloß als Seiendes zu unterhalten, also für das Dasein selbst. Es muß also zunächst gelingen, das Dasein nicht als Seiendes, sondern nur als »Da« des Seins aufzufassen, also als den »Ort«, an dem Sein als das, was Seiendes bloß als Seiendes bestimmt, »da« sein kann. Das Sein muß darin aus seiner Situierung in diesem »Da« nach seinem Sinn verständlich werden können, indem eine Konstellation aufgefunden wird, in der das »Da« des Seins so in einem Bezug zu Seiendem steht, daß es philosophisch zum Thema werden kann, ohne daß Seiendes an die Stelle von Sein gesetzt wird und ohne daß das Sein durch seine »Ortlosigkeit« jeden verständlichen Sinn verliert.

Demnach kann die Existenzialität des Dasein nur mit Hilfe der Interpretation eines ausgezeichneten Selbstverhältnisses zum Thema des philosophischen Denkens werden. Unter der Perspektive der Existenzialität kann sich das Dasein aber selbst nicht als bestimmt im Sinne eines bestimmten Seienden verstehen, und es kann sich ebensowenig als das verstehen, das die Bestimmtheit von bestimmtem Seienden aus sich produziert. In seinem existenziellen Verständnis kann es sich also nicht als Subjekt auffassen, das der Welt ihre Bestimmungen vorgibt. Aus diesem Status eines existenziellen Selbstverständnisses fällt erneut Licht auf den Sinn von Heideggers Kritik einer subjektivistischen Philosophie. Diese Kritik führt letztlich schon auf die zentrale Frage in Heideggers Philosophie zurück, die nicht nach einer philosophischen Rechtfertigung und Begründung unserer bestimmten Welterkenntnis frägt, sondern nach einer Aufklärung über dasjenige sucht, das Seiendes bloß als Seiendes bestimmt. Allerdings ist diese Frage wiederum motiviert durch die Suche nach Voraussetzungen für die Möglichkeit alles Verstehens und Bestimmens, insofern der transitorische Bezug auf Seiendes bloß als Seiendes die Voraussetzung ist, um von einer Bestimmung zu einer anderen übergehen zu können und um eine Differenz zwischen den Bestimmungen und dem Bestimmten zu denken, die alles Bestimmen ermöglicht.

Auch wenn das Dasein sich in seinem existenziellen Verständnis weder als bestimmtes noch als bestimmendes Seiendes auffassen kann, so bleibt ihm doch eine Differenz integriert, die für den Denkzusammenhang von SuZ von tragender Bedeutung ist. Wenn das Dasein sich als den »Ort« versteht, an dem das, was Seiendes bloß als Seiendes bestimmt, in sein »Da« kommt, so muß es sich doch ebenso als ein Seiendes auffassen. Es muß ein Selbstverständnis gewinnen können, in dem es sich zu sich im Status eines Seienden bloß als eines solchen verhält. »Da« kann das Sein ja nur dort sein, wo es das Seiende zu einem solchen bestimmt, also in einem Seienden bloß als einem Seienden. Das Denken der Existenzialität führt also aufgrund seiner internen Anforderungen zu dem Gedanken eines Selbstverhältnisses, in dem der Zusammenhang jener Strukturen, in denen das Sein als das, das Seiendes bloß als solches bestimmt, »da« sein kann, seinen eigenen Ausdruck findet. Die existenziale Analytik des Daseins wird demnach das Selbstverhältnis nach der Dimension untersuchen müssen, in der das Dasein sich zu sich selbst als zu seinem Sein verhält, also in der Dimension, in der es nur als »Da« dessen, das Seiendes bloß als Seiendes bestimmt, sich zu eben diesem »Da« verhält, also nicht als bestimmtes Seiendes zu sich als bestimmtem Seienden.

Wenn nach Heideggers Konzeption des Daseins gerade in einem solchen Selbstverhältnis der Ansatz für eine Explikation des Sinnes von Sein gefunden werden kann, so hat damit der Gedanke deutlichere Gestalt angenommen, daß das Sein nur dort auf seinen Sinn befragt werden kann, wo es erschlossen ist. Mit dem Gedanken der Erschlossenheit findet der Ansatz von SuZ, einen Sinn von Sein dort zu suchen, wo es »da« ist, eine erste Verdeutlichung. Das Sein ist »da«, wo es erschlossen ist, seine Erschlossenheit aber ist gleichbedeutend mit einer Erschlossenheit des Daseins für es selbst. Damit ist ein wichtiges Ergebnis gefunden, das geeignet ist, die Vorgehensweise der Fundamentalanalyse zu erhellen. Sie ist fundamental in einem Sinn, der sich auf eine ursprüngliche Gestalt des Selbstverhältnisses bezieht. Das Selbstverhältnis wird darin nicht als empirisches Selbstbewußtsein untersucht, es wird aber auch nicht als reines Selbstbewußtsein Gegenstand einer Explikation, die zu apriorischen Bestimmungen der Welterfahrung führen könnte. Es wird zum Thema nur unter dem Aspekt seiner Erschlossenheit. Nach den bisherigen Ausführungen versteht es in seiner Erschlossenheit Sein, also die Bestimmung von Seiendem bloß als Seiendes. Damit wird beansprucht, den Ursprung der internen Differenz eines Selbstverhältnisses, in der es sich so von sich unterscheidet, daß es sich auf sich beziehen kann, in einem Verständnis von Seiendem bloß als Seiendes finden zu können, in der das Sein erschlossen ist und deshalb seinen Ausdruck in einem Sinn finden kann. Wir werden uns deshalb nun auf die Konzeption der Erschlossenheit zu konzentrieren haben, um Heideggers Unternehmen besser verstehen zu können.

3. Die Erschlossenheit des Seins

3.1 Dasein und In-der-Welt-sein

In welcher Verwandlung der transzendentalphilosophische und idealistische Grundgedanke des bewußten Selbstverhältnisses aufgrund der besonderen Fragestellung nach dem Sinn dessen, das Seiendes bloß als Seiendes bestimmt, in der Fundamentalanalyse des »Da« des Seins aufgenommen wird, zeigt sich am besten aus der die Daseinsanalytik leitenden Frage nach dem »Wer« des In-der-Welt-seins. Damit wird grundsätzlich die Frage nach einer Spezifikation des »Da« des Seins aufgeworfen als des »woraufhin«, von dem her Seiendes bloß als Seiendes zu verstehen ist. Die Frage nach dem »Wer« des In-der-Welt-seins stellt in dieser Verwandlung die Frage nach dem Sein des Subjekts, indem sie nach einer Bestimmung darüber sucht, »wer« so »in der Welt« ist, daß er nicht als Objekt in dieser Welt gedacht werden kann. In dieser Konstellation tritt nun das ursprüngliche Problem auf, daß mit dem Namen Sein dasjenige bezeichnet wird, was Seiendes bloß als Seiendes bestimmt, weshalb Sein kein Seiendes sein kann, obwohl die Frage nach dem Sinn von Sein doch nur durch die Angabe einer Bestimmtheit an ihr Ziel kommt. Die Frage nach dem »Wer« des In-der-Welt-seins ist deshalb der Versuch, die Struktur des In-der-Welt-seins, die Thema der gesamten Fundamentalanalyse ist, so zu explizieren, daß darin das, was Seiendes bloß als Seiendes bestimmt, eine solche Bestimmtheit erhält, die einerseits ausreicht, um eine bestimmte Antwort auf die Frage nach dem Sinn von Sein geben zu können, und die andererseits durch diese Bestimmtheit nicht das dementiert, was in der Frage steht. Die Untersuchung der Frage nach dem Wer des In-der-Welt-seins entscheidet damit auch darüber, ob jene Frage sich als philosophisch sinnvoll ausweisen kann und tatsächlich die "Fundamentalfrage der Philosophie überhaupt" (27) darstellt.

Am Anfang der Frage nach der Erschlossenheit steht also das In-der-Welt-sein als die Struktur, die dem »Da« des Seins notwendig zugeschrieben werden muß, wenn das Sein überhaupt zum Thema einer philosophischen Untersuchung werden können soll. Wenn es selbst auch kein Seiendes sein kann, so muß es doch thematisch bestimmt werden können durch eine Relation zu Seiendem, in der es eine »Situierung« in einer Konstellation annimmt, so daß es eine abgeleitete Bestimmtheit durch seinen »Ort« in dieser Konstellation erhält. Eine solche »Situierung« entwickelt Heidegger mit der Konzeption des In-der-Welt-seins als der fundamentalen Struktur des Daseins. Fundamental kann diese Struktur heißen, weil damit auch die Bedingungen eines Philosophierens über dasjenige, das Seiendes bloß als Seiendes bestimmt, angegeben sind. Wenn das Dasein aber als In-der-Welt-sein charakterisiert wird, so stellt sich unmittelbar die Frage nach dem »Wer«, und indem die Struktur des In-der-Welt-seins für die Eignung des Daseins, ein Gegenstand philosophischer Erörterungen zu sein, eine fundamentale Bedeutung besitzt, ist diese Frage mit der Thematisierung des Daseins als des »Da« des Seins bereits vorgegeben. Als In-der-Welt-sein ist das Dasein bereits in eine Konstellation gestellt, die ihm durch seine Situierung zu Seiendem jene Bestimmtheit verschaffen soll, in der es und mit ihm der Bestimmungsgrund von Seiendem bloß als Seiendes zu einem philosophischen Thema werden kann.

Mit der Frage nach dem »Wer« des In-der-Welt-seins bzw. des Daseins wird demnach explizit nach den Auszeichnungen einer solchen Konstellation und Situierung gefragt, in der das Sein so »da« sein kann, daß es ein philosophiefähiges Thema wird, ohne daß es dadurch als »Da« desjenigen, das Seiendes als Seiendes bestimmt und sich deshalb nicht nur von allem bestimmten Seienden, sondern überhaupt von Seiendem unterscheidet, dementiert werden müßte. Wenn die Situierung des Daseins als In-der-Welt-sein aber durch »Relationen« zu Seiendem in seiner Bestimmtheit gedacht werden muß, weil anders dem »Da« des Seins keine Thematisierbarkeit als philosophischer Gegenstand zukommt, so scheint das Sein, das Seiendes bloß als solches bestimmt, durch diese Relationalität doch selbst zu einem bestimmten Seienden werden zu müssen. Das Problem der Frage nach dem »Wer« des In-der-Welt-seins läßt sich deshalb auch so formulieren: wie ist eine »Situierung« des »Da« des Seins durch seine Relationalität zu bestimmtem Seienden so zu denken, daß das Dasein trotz dieser Relationalität nicht selbst als bestimmtes Seiendes aufgefaßt werden muß.

Für die Auflösung dieser Problematik setzt Heidegger nun den transzendental-philosophischen und idealistischen Grundgedanken ohne dessen Potenz zur Begründung bzw. Entwicklung apriorischer Bestimmungen der erfahrbaren Welt ein. Die zu erörternde Verwandlung dieses Gedankens wird dementsprechend eben diese Problemlage reflektieren. Der Gedanke einer Situierung des »Da« des Seins als In-der-Welt-sein wird einen Zusammenhang von Selbstverhältnis und nicht empirisch bestimmtem Verhältnis zu Seiendem bloß als solchem heranziehen müssen, der ursprünglich in dem Gedanken eines bewußten Selbstverhältnisses nicht explizit enthalten war, obwohl dieser Zusammenhang seinen Sinn auch durch seine ursprüngliche Bedeutsamkeit für das Selbstverhältnis erweisen muß. Dem »Da« des Seins muß diese Beziehung zur Welt eines In-der-Welt-seins ja aufgrund seines eigenen Sinns zukommen und nicht als eine Eigenschaft, die ihm als Seiendem als eine Bestimmung unter anderen nach dem Muster eines Substanz-Akzidenz-Verhältnisses zuzuschreiben wäre. Würde diese Beziehung eine Bestimmung unter anderen ausmachen, so wäre die Rede von einem bestimmten Seienden und nicht vom »Da« des Seins.

Auch wenn Heideggers Denkzusammenhang nicht dem idealistischen Modell des bewußten Selbstverhältnisses entspricht, so kann er es doch verwenden, um den Gedanken der Erschlossenheit entwickeln zu können. Dafür bietet dieses Modell selbst einige Ansatzpunkte. Die apriorischen Bestimmungen des Weltverhältnisses sind diesem Modell zufolge nichts anderes als die Explikationen seines reinen Selbstverhältnisses, und dieses Selbstverhältnis bestimmt sich nur durch die apriorischen Bestimmungen der Welt, die aus ihm expliziert werden können. Seine Relationalität ist also seine Explikation, die ihm so auch keine zusätzliche Bestimmtheit hinzufügt. Damit ist ein gedankliches Modell vorgegeben, in dem es möglich scheint, das Bezogene in vollständiger Identität mit seinen Beziehungen zu denken. Diese Identität soll nach dem idealistischen Anspruch nicht auf eine Bestimmtheit des Ich zurückgehen, sondern soll aus der reinen und bestimmungslosen Identität in der Struktur Ich =Ich hervorgehen, ohne daß zusätzliche Bestimmtheiten zur Entwicklung dieser Identität wirksam werden müßten. Das reine und bestimmungslose Selbstverhältnis des Selbstbewußtseins stellt damit den Ansatz für einen Gedanken bereit, der die Auffassung des Daseins als eines bestimmten Seienden vermeidet und doch eine »Situierung« als »Da« des Seins im In-der-Welt-sein zu denken erlaubt, die allein dem Sein als dem »woraufhin« eines Verständnisses des Seienden bloß als eines Seienden die philosophische Thematisierungsfähigkeit verschafft. Die Identität des bewußten Selbstverhältnisses gibt damit ein Modell vor für die Vereinigung der Bestimmungslosigkeit dessen, das erst Seiendes als Seiendes bestimmt, mit der Möglichkeit, das Sein in der Bezüglichkeit des »Da« des Seins auf Seiendes in der Welt philosophisch denken zu können.

Daß Heidegger jedoch seinen Versuch, das »Da« des Seins zum philosophischen Thema zu machen durch seine Bezüglichkeit auf Seiendes in der Welt im In-der-Welt-sein, nicht als Unternehmen einer Deduktion apriorischer Bestimmtheiten aus dem bewußten Selbstverhältnis durchführen kann, leuchtet unmittelbar ein, wenn die Differenz der mit der Frage nach dem Sinn von Sein angestrebten Aufklärung zu dem idealistischen Philosophieprojekt berücksichtigt wird. Die Frage nach dem Sinn von Sein als Frage nach dem, das Seiendes bloß als Seiendes bestimmt, ist nicht die Frage nach apriorischen Bestimmungen des bestimmten Seienden. Wenn Heidegger den idealistischen Gedanken für sein Unternehmen heranziehen will, so unterscheidet sich die Verwendungsweise dieses Gedankens deshalb entscheidend von der im idealistischen Denken selbst intendierten Abzweckung. In diesem Gedankenzusammenhang sollte die Welt in ihrer apriorischen Verfassung durch die Explikation des bestimmungslosen bewußten Selbstverhältnisses verständlich werden, während für Heidegger gerade nicht die Bestimmtheit des Seienden in der Frage steht, sondern die Verständlichkeit des »woraufhin«, von dem her das Seiende bloß als solches und unabhängig von aller Bestimmtheit verstanden werden kann. Zu diesem Zweck muß dieses »woraufhin« so in der Situierung eines »Da« verstanden werden können, daß es durch die Bezüglichkeit zu bestimmtem Seienden eine Verstehbarkeit erreicht, in der es begrifflich bestimmt zum philosophischen Thema werden kann.

Einerseits ist diese Verstehbarkeit der Grund, warum der idealistische Zusammenhang zwischen der bestimmungslosen Identität des bewußten Selbstverhältnisses und der apriorischen Bestimmtheit der erfahrbaren Welt für Heidegger bedeutsam werden muß. Er nimmt den idealistischen Gedanken also auf, um den Zusammenhang zwischen dem bestimmungslosem »Da« des Seins und der eben diese Bestimmungslosigkeit zur Verständlichkeit bringenden und in jener Bestimmungslosigkeit implizierten Bestimmtheit von Seiendem herstellen zu können. Er kann diesen Gedanken aber nicht so verwenden, wie er durch die idealistische Intention einer apriorischen Verständlichkeit der Welt in ihren objektiven Bestimmungen geprägt ist. Er muß die deduktive Verbindung zwischen dem bestimmungslosen Selbstverhältnis und der Bestimmtheit der von ihm erfahrbaren Welt aus dem idealistischen Grundverhältnis ausschließen und doch die Explikation des Selbstverhältnisses durch weltliche Bestimmungen, die es zu einem philosophischen Thema machen, bewahren können. Die Frage nach dem Sein setzt im Vergleich zu den idealistischen Unternehmungen jedoch eine Stufe früher ein und frägt weiter zurück nach dem, was Seiendes bloß als solches bestimmt, und nicht nach der subjektiven und apriorischen Bestimmtheit von bestimmtem Seienden.

Im Denkzusammenhang von SuZ kann die Verwendung des Modells des bewußten Selbstverhältnisses jedoch auch verstanden werden als eine Kritik des positiven Beweisangebots des transzendentalphilosophischen und idealistischen Unternehmens. Diese Kritik fokussiert in dem Gedanken, das idealistisch gedachte Selbstverhältnis sei nicht geeignet, die Verständlichkeit der Welt apriorisch einleuchten zu lassen, weil es selbst nicht so von der Welt unterschieden ist, daß es ihre Strukturen rein aus sich selbst entwickeln könnte. Wenn das Subjekt aber selbst Teil der Welt ist, so wird die subjektivistische Philosophie zu einer Theorie der Bestimmung eines Teils der Welt durch einen anderen Teil derselben Welt. Die apriorische Bestimmtheit der erfahrbaren Welt durch das reine Selbstverhältnis des identischen Selbstbewußtseins wird auf diese Weise zu einem prinzipiell aposteriorischen Bestimmungsverhältnis innerhalb der Welt, die der Intention nach erst durch das nicht-weltliche Selbstverhältnis verständlich werden sollte.

Wenn das reine Selbstverhältnis apriorische Bestimmungen der erfahrbaren Welt impliziert, die nur durch ein rein vernünftige Mittel einsetzendes Deduktionsverfahren expliziert werden müssen, um das, was das Selbstverhältnis ist, in weltlichen Bestimmungen zum Ausdruck bringen zu können, so wird das reine Selbstverhältnis offensichtlich verständlich nur aus eben diesen weltlichen Bestimmungen, die es zu der Bestimmung bringen, die es unausdrücklich immer schon in sich birgt. Damit erscheint das reine Selbstverhältnis aber nun als bestimmt von der Welt des bestimmten Seienden her, da es nur durch die Explikation seiner komplementären objektiven Welt seine Bestimmtheit findet. Nach Heidegger wird das Subjekt-Objekt-Verhältnis also zu einer selbst weltlichen Beziehung weltlicher Gegenstände, womit die intendierte Aufklärung verfehlt wird. Die Kritik zentriert also in dem Gedanken, das idealistisch gedachte Selbstverhältnis weise nicht jene Unbestimmtheit auf, die es geeignet erscheinen ließe, zur Aufklärung aller Bestimmtheit eingesetzt werden zu können. In der Anwendung auf die Frage nach dem Sinn von Sein bezeichnet Heidegger diese Konstellation grundsätzlich als »Verfallen«.

Erst jenseits dieser Auffassung des Selbstbewußtseinsmodells beginnt Heideggers Entwicklung eines Gedankens, der das »Da« dessen, das Seiendes als Seiendes bestimmt, nicht aus einer am bestimmten Seienden in der Welt orientierten oder zumindest auf es hingeordneten Bestimmtheit zu denken versucht, sondern aus einer »Selbstbestimmtheit«, die sich aus der Orientierung an einer Bestimmungsleistung für die erfahrbare Welt löst und als reine Selbstbestimmtheit nur in einem negativen Verhältnis zur Bestimmtheit der Welt steht. Heidegger arbeitet die Frage nach dem »Wer« des Daseins als In-der-Welt-sein aus, um das sein Unternehmen leitende Problem mit dem Sinn und dem Verständnis dessen, das Seiendes bloß als Seiendes bestimmt, in eine Form bringen zu können, in der es aus dem Zusammenhang solcher Bestimmungen traktabel wird, die seinen Status nicht dementieren. Wenn er das »Da« des Seins über das In-der-Welt-sein des Daseins schließlich im Status der »Eigentlichkeit« zu denken unternimmt, in dem es so »da« ist, daß es sich als »Da« dessen, das Seiendes als Seiendes bestimmt, gerade nicht in der Orientierung an bestimmtem Seienden und damit selbst als bestimmtes Seiendes versteht, so wird damit offenbar der Anspruch erhoben, eine Weise der Bezugnahme auf das Sein in seinem »Da« gefunden zu haben, in der es nicht zu einem bestimmten Seienden in der Welt werden muß. Diese Bezugnahme entspricht dann der gestellten Frage, wenn das Dasein damit seinen Status als »Da« dessen, das Seiendes bloß als Seiendes bestimmt, nicht dementiert, und wenn es damit auch nicht ohne Situierbarkeit »ortlos« und deshalb unfähig zur philosophischen Thematisierung wird.

Die Problematik, auf die Heideggers Untersuchung des In-der-Welt-seins und darin an zentraler Stelle die Frage nach dem »Wer« reagiert, ist also letztlich die Unbestimmtheit des Seins im Sinne eines weltlichen Seienden. Daß die Frage nach dem Sinn von Sein jedoch die »universalste und leerste« (39) sein muß, läßt sich leicht verstehen, wenn ihre Intention festgehalten wird. Sie frägt nach dem, was Seiendes bloß als Seiendes bestimmt, also nach dem »woraufhin«, von dem her wir Seiendes bloß als solches verstehen können, also vor jeder Bestimmung. Sie frägt also nach einem Geschehen, in dem jene intentionale Differenz erst eröffnet wird, in der wir Bewußtsein, Selbstbewußtsein und die Unterscheidung des ersteren von letzterem verstehen können. Soweit stimmt Heidegger durchaus mit Hegel überein, der den Anfang machen wollte mit "dem rein Einfachen, hiemit dem Allgemeinsten und Leersten".[11] Hegel nannte dies "Seyn, reines Seyn, - ohne alle weitere Bestimmung"[12], weshalb es sich um ein "leeres Wort"[13] und das "leere Anschauen" und das "leere Denken"[14] handelt. Auch für Hegel war Sein nicht der Name für einen »gemachten« Anfang, sondern eine Bezeichnung des Anfangs als eines solchen, also des Anfangs des Verstehens überhaupt. In Heideggers Denken wird dieser Gedanke transformiert aufgenommen und mit dem Titel Sein der Anfang aller Intentionalität bezeichnet, in der sich jene Differenz eröffnet, in der überhaupt etwas zu meinen ist, weil Wort und Gegenstand nicht mehr zusammenfallen, indem der Gegenstand stets durch mehr als ein Wort zu benennen ist, und damit erst als Gegenstand vom Wort zu unterscheiden ist.

Bei Hegel und bei Heidegger wird mit dem Ausdruck Sein also ein Anfang des Verstehens genannt, und dieser Anfang wird gesucht in einem unbestimmten Verstehen vor dem, was sich bestimmt sagen läßt. Heidegger untersucht diese Frage nach einem Anfang mit Hilfe der Frage nach dem Sinn von Sein als dem, das Seiendes bloß als Seiendes bestimmt, also dem »woraufhin«, von dem her die Differenz eröffnet wird, in der Verstehen erst möglich wird. Hegel dagegen versuchte diese Differenz durch die Selbstexplikation von »Sein« als dem »leeren Wort« verständlich zu machen in einer im Prinzip unendlichen Bewegung von Begriffen im Entstehen und Vergehen ihrer Bestimmtheit. Diese Selbstbewegung sollte dem Problem Rechnung

---

[11] G.W.F. Hegel, Wissenschaft der Logik. Erster Teil: Die objektive Logik. Erster Band: Die Lehre vom Sein (1832), hrsg. v. F. Hogemann u. W. Jaeschke (Gesammelte Werke, hrsg. v.d. Rheinisch-Westfälischen Akademie der Wissenschaften, Bd. 21), Hamburg 1985, S. 18
[12] ebd. S. 68
[13] ebd. S. 65
[14] ebd. S. 69

46

tragen, daß ein »woraufhin« des Verstehens doch in bestimmten Begriffen expliziert werden muß, wenn es selbst philosophisch verständlich werden soll. Die Bestimmtheit dieser Begriffe negiert diesem Gedankengang zufolge dann die Unbestimmtheit des zu Verstehenden nicht, wenn sich diese Bestimmtheit durch eine »Selbstbewegung« des Anfangs im »leeren Wort« Sein aus diesem selbst entwickelt, so daß mit dem bestimmungslosen Anfang schon die Bewegung hin zu seiner Explikation in bestimmten Begriffen gegeben ist, die sich dann ausweisen können durch ihr Entstehen in der Selbstexplikation des bestimmungslosen Anfangs.

Dieses Problem der Explikation des bestimmungslosen Anfangs in bestimmten Begriffen versucht Heidegger in dem Unternehmen einer Daseinsanalyse zu bewältigen. Warum ihm Hegels Gedankengang hier nicht genügt, können wir mit einer Reflexion auf die Tatsache zu verstehen suchen, daß auch die Selbstexplikation des »leeren Worts« Sein in bestimmten Begriffen nur in einem verstehenden Bewußtsein stattfinden kann. Dieses Bewußtsein muß darin die Leistung des Verstehens vollbringen, nach der mit dem Anfang im »leeren Wort« Sein gefragt ist. Heidegger versucht diese Leistung selbst noch aus dem Sein und seinem Sinn zu verstehen, der im »woraufhin« alles Verstehens präsent ist. Wenn nach dem Sinn dessen gefragt wird, das Seiendes bloß als solches bestimmt, so unternimmt Heidegger aus dieser Perspektive eine Reflexion auf den Anfang in der Philosophie, indem die Bedingungen des Verstehens des Anfangs selbst in die Frage nach dem Verstehen des Anfangs aufgenommen werden. Diese Selbstreflexion soll durchgeführt werden durch das Vordringen zu dem Sinn von Sein "auf dem Wege einer speziellen Interpretation eines bestimmten Seienden, des Daseins, darin der Horizont für Verständnis und mögliche Auslegung von Sein gewonnen werden soll." (39) Wenn gerade dies durch die »vorbereitende Fundamentalanalyse des Daseins« geschehen soll, und diese Fundamentanalyse das In-der-Welt-sein zum Thema hat, so erschließt sich der Sinn des Heideggerschen Unternehmens nun deutlicher am Leitfaden der Problematik, wie mit Hilfe des Gedankens des In-der-Welt-seins und seines »Wer« eine Bestimmtheit des Verstehens von Sein gefunden werden kann, die das Verstehen von Sein doch zunächst zu verweigern scheint, wenn darin nicht ein bestimmtes Seiendes, sondern das Seiende bloß als Seiendes verstanden werden soll.

Die Fundamentalanalyse des Daseins versucht mit der Konzeption des In-der-Welt-seins also mit dem Problem umzugehen, eine in sich widersprüchlich erscheinende Lage verständlich machen zu müssen. Dem »Da« des Seins soll durch die Frage nach dem In-der-Welt-sein und seinem »Wer« eine Bestimmtheit integriert werden, die es erlaubt, darin ein »woraufhin« des Verstehens von Sein zu entdecken, obwohl das Dasein als »Da« des Seins doch nur ausgezeichnet ist als »Ort« des Verstehens von Sein, nicht aber in einer Bestimmtheit, die dieses Verstehen von Sein in irgendeiner Bestimmtheit aufzufassen erlauben könnte. Wäre also das In-der-Welt-sein nicht als "Fundamentalstruktur" (41) des Daseins aufzuweisen, so könnte die Frage nach dem Sinn von Sein nicht durch eine Analytik des Daseins beantwortet werden. Das »Da« des Seins selbst ist nichts anderes als die Bestimmtheitsform des Sinnes von Sein als solche, ohne daß damit eine Bestimmtheit angegeben werden könnte. Hier kann Heideggers Unternehmen noch einmal in der Parallele zu Hegel gesehen werden. In beiden Gedankenzusammenhängen stellt der bloße Übergang vom Sein zum Dasein noch keine explikationsfähige Bestimmung von Sein dar. Daß das Sein als das, was Seiendes bloß als solches bestimmt, im Dasein »da« ist, gibt dem »woraufhin« des Sinnes von Sein noch keine Bestimmtheit, die diesen Sinn zu einem philosophisch zu untersuchenden Gegenstand machen würde.

Das In-der-Welt-sein ist demnach das experimentum crucis, das über das Verstehen von Sein aus dem Horizont einer Bestimmtheit entscheidet, die den genuinen Charakter von Sein als dem, das Seiendes als solches bestimmt, nicht dementiert und doch in philosophisch zugänglichen Begriffen ausweisbar ist. »In-der-Welt-sein« meint also nichts anderes als das »Da« des Seins in solchen Bestimmungen, die dieses »Da« philosophisch einleuchtend ausweisen, und die damit das Unbestimmte in Bestimmtheiten zum Ausdruck kommen lassen. Es muß sich um solche Bestimmungen handeln, die den Anfang der Differenz, die allem Verstehen und allem sprachlichen Ausdruck zugrundeliegt, so zum Ausdruck bringen können, daß darin nicht das Anfängliche dieser Differenz zurückgenommen wird. Insofern kann das In-der-Welt-sein aber noch einmal als Äquivalent für das sich-auf-sich-beziehende Verhältnis von Subjekt und Objekt in der idealistischen Argumentation verstanden werden, derzufolge das bewußte Verhältnis zu sich die Differenz eines Verhältnisses apriorischer Verständlichkeit zu einer objektiven Welt impliziert, weshalb es als Selbstverhältnis ebenso das Subjekt von Objekten darstellt. Das In-der-Welt-sein entspricht insofern dem gedanklichen Zusammenhang nach dem Selbstbewußtsein als Subjekt einer Objektwelt, insofern das bestimmungslose Selbstbewußtsein darin zu einer Bestimmtheit findet, die aus ihm selbst entsteht und damit nur seine eigene Explikation darstellt, obwohl es sich darin aus der Unbestimmtheit seines Selbstverhältnisses in die Bestimmtheit eines Verhältnisses zur objektiven Welt transformiert, eine Transformation, die den Status einer Explikation behält.

Im Unterschied zum idealistischen Gedankengang kann Heidegger jedoch das In-der-Welt-sein mitsamt seiner In-sich-Differenzierung nicht aus dem Dasein deduzieren, da das »Da« des Seins den »Ort« der Unbestimmtheit des Seins als des Bestimmenden des Seienden bloß als Seienden darstellt und nicht einen Bestimmtheit implizierenden unbestimmten Selbstbezug. Zwar wird das Dasein erst als In-der-Welt-sein zum »Ort« der Möglichkeit, Sinn für das Sein in einer philosophisch angebbaren Bestimmtheit zu gewinnen, aber vom »Da« des Seins führt kein gedanklicher Weg zum In-der-Welt-sein als bewußtes Selbstverhältnis, sondern nur zum In-der-Welt-sein als dem »Ort« des Seins in der Differenz von Verstehendem und Verstandenem. Deshalb kommt dem In-der-Welt-sein auch keine argumentative Funktion für die Entwicklung von Bestimmtheiten der Welt zu, sondern nur ein Status, aus dem das »woraufhin« des Verstehens von Sein selbst noch philosophisch verstanden werden kann.

Daraus ergibt sich für die Untersuchung des In-der-Welt-seins und damit für die Fundamentalanalyse ein Problem, dessen Auflösung den Fortgang zur Bestimmung eines Sinnes von Sein aus dem Horizont der Zeitlichkeit erlauben wird. Das Problem des Übergangs vom »Da« des Seins zum In-der-Welt-sein ist die Auffassung des In-der-Welt-seins selbst in einer Begrifflichkeit, die den Verstehenshorizont von Sein zum Verständnis bringen kann. Offensichtlich können dafür keine Bestimmungen herangezogen werden, die bestimmtem Seienden zukommen, also dem Seienden, das in der »Welt« begegnet. Ebensowenig können Bestimmungen verwendet werden, die das Dasein als weltliches Seiendes charakterisieren. Mit der »Fundamentalstruktur« des In-der-Welt-seins muß Heidegger also beanspruchen, diese Probleme auflösen zu können. Diese Probleme stellen sich demnach als neue Formulierungen des Grundproblemes eines den Status der Unbestimmtheit zum Ausdruck bringenden Übergangs von Unbestimmtheit zu Bestimmtheit und damit der darin implizierten retrograden Beziehung des Verstehens dar. Das Dasein muß als In-der-Welt-sein eine Situation zum Ausdruck bringen können, in der die Unbestimmtheit des Seins bzw. des Verstehens von Sein so zur Bestimmtheit eines »woraufhin« des Verstehens kommt, daß es in dieser Bestimmtheit möglich wird, die Unbestimmtheit des Seins in ihrem Bezug auf die einzige Bedeutung von Sein, nämlich Seiendes bloß als solches zu bestimmen und damit die intentionale Differenz in ihrem ermöglichenden Grund als Bezug bloß zu »etwas überhaupt« denkbar zu machen, für das Gelingen eines philosophisch ausweisbaren und einleuchtenden Verständnisses begrifflich zu bestimmen.

Der Gedanke des In-der-Welt-seins besitzt demnach im Denkzusammenhang von »Sein und Zeit« eine wohlbestimmte argumentative Funktion und stellt keine durch das Dasein als Seiendes gegebene und deshalb in eine Beschreibung des Daseins notwendig aufzunehmende Wesensbestimmung dar. Nichtsdestoweniger kann sich diese Fundamentalstruktur des Daseins doch nicht in dem Sinne durch ihre Funktion für das Gelingen des Denkprojekts von SuZ ausweisen, daß sie sich durch das Erreichen eines feststehenden Ergebnisses des argumentativen Ganges rechtfertigen würde. Die im Heideggerschen Sinn phänomenologische »Methode« verlangt sehr wohl die Begründung des In-der-Welt-seins durch das Sich-an-ihm-selbst-zeigen der »Sachen selbst«. An dieser Stelle zeigt sich jedoch bereits, daß die »Methode« dem »Gegenstand« von SuZ keineswegs äußerlich ist, sondern nur die Seite des letzteren darstellt, durch die er der philosophischen Untersuchung zugänglich wird. Es muß sich um einen Zugang handeln, den er aus sich selbst eröffnet, so daß sich der »Gegenstand« nicht von ihm unterscheiden kann. Eine Methode, die diesem Gegenstand äußerlich bleiben müßte, würde das philosophische Denken von vornherein dementieren und es durch die Differenz von Methode und Gegenstand in eine wissenschaftliche Disziplin transformieren. Es wäre also nicht mehr vom Sein und seinem Sinn die Rede, sondern von bestimmtem Seienden.

Auf dem Weg der Erhellung der Fragestellung, die Heideggers Unternehmen auf genuine Weise bestimmt, hat sich nun die zentrale Bedeutung des Zusammenhangs zwischen dem Dasein als In-der-Welt-sein und seiner Erschlossenheit gezeigt. Heidegger entwickelt mit diesem Zusammenhang eine Argumentationsform, die den transzendentalphilosophischen und idealistischen Grundgedanken in einer solchen Gestalt einsetzt, daß daraus nicht mehr die gleichen Konsequenzen gezogen werden können. Diese Verwandlung hat sich als notwendige Folge der Frage nach dem Sinn von Sein erwiesen und die spezifische Struktur dieser Frage gleichzeitig weiter verdeutlicht. Sie hat aber auch die spezifischen Schwierigkeiten der Ausarbeitung der

Frage schärfer heraustreten lassen. Nichtsdestoweniger ist der Zusammenhang von In-der-Welt-sein und Erschlossenheit sowohl für die Bearbeitung des Themas als auch für die Ausweisung der Methode der Bearbeitung von entscheidender Bedeutung. Er wird deshalb im folgenden näher untersucht, indem die Fragestellung von SuZ neu mit Hilfe der mit dem Theorem der Erschlossenheit entwickelten Terminologie bestimmt wird.

3.2 In-der-Welt-sein und Erschlossenheit

Heidegger hat die zentrale Fragestellung, die er in SuZ verfolgte, in § 28 unter der Perspektive der Frage nach der Erschlossenheit in komprimierter Form zum Ausdruck gebracht. Er expliziert damit eine Problematik, die die gedankliche Entwicklung von SuZ insgesamt prägt. Alle einzelnen Untersuchungen des Werkes lassen sich deshalb nur angemessen verstehen, wenn sie aus dem Horizont dieses Zusammenhangs aufgefaßt werden. Dieser Horizont ist darüber hinaus die Grundlage für ein Verständnis des weiteren Denkwegs, der Heidegger scheinbar weit über SuZ hinaus führte. In den entscheidenden Passagen dieses Textes führt Heidegger folgendes aus:

"Das Seiende, das wesenhaft durch das In-der-Welt-sein konstituiert wird, ist selbst je sein »Da«. ..... Dieses Seiende trägt in seinem eigensten Sein den Charakter der Unverschlossenheit. Der Ausdruck »Da« meint diese wesenhafte Erschlossenheit. Durch sie ist dieses Seiende (das Dasein) in eins mit dem Da-sein von Welt für es selbst »da«.

Die ontisch bildliche Rede vom lumen naturale im Menschen meint nichts anderes als die existenzial-ontologische Struktur dieses Seienden, daß es ist in der Weise, sein Da zu sein. Es ist »erleuchtet«, besagt: an ihm selbst als In-der-Welt-sein gelichtet, nicht durch ein anderes Seiendes, sondern so, daß es selbst die Lichtung ist. Nur einem existenzial so gelichteten Seienden wird Vorhandenes im Licht zugänglich, im Dunkel verborgen. Das Dasein bringt sein Da von Hause aus mit, seiner entbehrend ist es nicht nur faktisch nicht, sondern überhaupt nicht das Seiende dieses Wesens. Das Dasein ist seine Erschlossenheit.

Die Konstitution dieses Seins soll herausgestellt werden. Sofern aber das Wesen dieses Seienden die Existenz ist, besagt der existenziale Satz »das Dasein ist seine Erschlossenheit« zugleich: das Sein, darum es diesem Seienden in seinem Sein geht, ist, sein »Da« zu sein. ....." (132/133)

Hier sind vor allem drei Aspekte von Interesse:

(1) Das Dasein ist das als »Erschlossenheit« zu verstehende Da des Seins. Von Sein und dessen Sinn kann nur in diesem Verständnis die Rede sein, und nur aus dem Horizont der Erschlossenheit kann es Thema der Untersuchung werden. Wenn vom Dasein gesagt wird, es ist, so bedeutet dies also folgendes: es ist in der Weise, sein Da zu sein; es ist in der Weise, die Erschlossenheit zu sein; es ist in der Weise, die »Lichtung« zu sein.

(2) Aufgrund der Erschlossenheit und damit aufgrund seines »Da« ist das Dasein auch für es selbst »da«, also für es selbst erschlossen und »gelichtet«. Indem es so für es selbst »da« ist, ist ihm eine Welt erschlossen und Seiendes zugänglich.

(3) Das »Zu-Sein« der Existenzialität, in der es dem Dasein um sein Sein geht, bedeutet primär, daß es dem Dasein in seinem Sein darum geht, das »Da« des Seins zu sein; demnach geht es ihm primär um die Erschlossenheit und um die »Lichtung«.

Wir können damit zunächst an die vorangegangenen Ausführungen über die »Kehre« in der Verwendung des Gedankens eines bewußten Selbstverhältnisses anschließen, die Heideggers Position von transzendentalphilosophischen ebenso wie von idealistischen Gedankengängen unterscheidet. Nach dem »Da« des Seins im Dasein, wie es für sich selbst »da« ist, wird gefragt, indem die »Erschlossenheit« zum Thema wird, aufgrund derer das Dasein für es selbst »da« sein kann. Nun wird vom Dasein gesagt, es sei seine Erschlossenheit. Also wird unter dem Titel des Daseins die Erschlossenheit als eine Struktur zum Thema, unter deren Voraussetzung von einem bewußten Selbstverhältnis die Rede sein kann. Mit der Rede vom Dasein, das für sich selbst »da« ist, wird jedoch nicht danach gefragt, wie wir die Struktur des bewußten Selbstverhältnisses zu denken haben, wenn wir sie in einem konsistenten und widerspruchsfreien Gedankengang verstehen wollen. In der Frage steht vielmehr, was wir als immer schon mitgedacht annehmen müssen, um das bewußte Selbstverhältnis in dem Sinne besser verstehen zu können, daß wir eine Einsicht in die Möglichkeitsbedingungen des Geschehens gewinnen, in dem ein Selbst sich von sich unterscheidet und sich mit sich identifizierend auf sich bezieht. Mit dem Begriff der Erschlossenheit wird zum Ausdruck gebracht, daß das Dasein durch sich selbst und aus sich selbst »gelichtet« ist. Das bewußte Selbstverhältnis wird in SuZ also zum Thema, indem nach der »Konstitution« der Erschlossenheit als einer solchen und damit nach der »Konstitution« des »Da« des Seins gefragt wird. Heideggers Denken über das bewußte Selbstverhältnis wird also durch den Zusammenhang zwischen dem Selbstverhältnis und dem Dasein als dessen Verständlichkeitsgrund bestimmt. Die Struktur des Daseins ist jedoch nur dadurch angebbar, daß es »gelichtet« und damit die Erschlossenheit ist. Die Strukturexplikation des Daseins führt aufgrund dieses Zusammenhangs zu einer Explikation einer im bewußten Selbstverhältnis als dessen Ermöglichungsgrund mitgedachten Struktur.

Der Beginn dieser Explikation findet sich dort, wo vom Dasein gesagt wird, es sei für sich selbst »da« nur "in eins mit dem Da-sein von Welt" (132). Indem es für sich selbst »da« und erschlossen ist, ist auch Welt »da« und erschlossen. Der Aufklärungsanspruch über das »Da« des Seins wird also unmittelbar mit einem komplementären verbunden, der sich auf das »Da« der Welt richtet. Damit wird jedoch primär nicht nach einem angemessenen Begreifen der Struktur des menschlichen Weltverhältnisses gefragt, sondern das menschliche Weltverhältnis wird aufzuklären versucht, indem eine Einsicht in diejenigen Möglichkeitsbedingungen angestrebt wird, die wir denken müssen, um das Geschehen verstehen zu können, in dem Mensch und Welt so voneinander geschieden werden, daß sie ein Verhältnis eingehen können, in dem der Mensch sich auf die Welt als auf die seine beziehen kann. Aus dieser Perspektive können wir den Ausgangspunkt der Untersuchungen von SuZ in der Analytik des

Daseins also darin sehen, daß das Dasein, wie es für es selbst ist, mit dem »Da-sein« von Welt, wie sie für es ist, in einer Einheit zusammengedacht wird, die im »In-der-Welt-sein« zum Ausdruck gebracht wird. Das »In-der-Welt-sein« ist deshalb im Grunde das einzige Thema der »vorbereitenden Fundamentalanalyse des Daseins«, also des ganzen ersten Abschnitts von SuZ. Das »Ergebnis« dieser Analyse ist ein Strukturbegriff, mit dessen Hilfe das Sein des Daseins so formuliert wird, daß damit erhellt werden kann, was in der Einheit des Daseins, wie es für es selbst ist und wie die Welt für es ist, so mitgedacht wird, daß darin die Möglichkeitsbedingung des Selbstverhältnisses und des Verhältnisses zur Welt verständlich werden kann.

Der Anfang mit dem Dasein als In-der-Welt-sein stellt jedoch selbst bereits ein Stück der Ausarbeitung jener Möglichkeitsbedingungen dar, wenn dieser Gedanke in sich einen Ansatz bietet, die Erschlossenheit dieses Verhältnisses zu explizieren. Dieser Gedanke leitet die Untersuchungen der Daseinsanalytik, die sich deshalb ebenso als Explikation des In-der-Welt-seins verstehen lassen, insofern es die Fundamentalstruktur der Erschlossenheit des Daseins in seinem Selbstverhältnis und der Erschlossenheit seiner Welt darstellt. Der Ansatz beim In-der-Welt-sein rechtfertigt sich also zunächst durch die Möglichkeit, mit dem In-der-Welt-sein einen Gedanken formulieren zu können, der das bewußte Selbstverhältnis und sein Verhältnis zur Welt zum Ausdruck bringt, wenn es unter der Perspektive seiner Erschlossenheit gedacht wird. Wenn dies gelingt, so kann sich das In-der-Welt-sein als Ansatz und gleichzeitig als Explikandum für die Ausarbeitung des unter der Perspektive seiner Erschlossenheit im bewußten Selbstverhältnis Mitgedachten legitimieren. Heidegger war zumindest auch von diesem Gedanken geleitet, als er das In-der-Welt-sein als die Fundamentalstruktur des Daseins zur Grundlage aller Explikationen der Daseinsanalytik nahm.

Darüber hinaus rechtfertigt sich der Ansatz beim In-der-Welt-sein durch die Möglichkeit, damit ein rekursives Verfahren einsetzen zu können. Auch unter dieser Perspektive wird das In-der-Welt-sein zunächst als ein Ausdruck aufgefaßt, der die Struktur eines bewußten Selbstverhältnisses insoweit angemessen angibt, als es aus der Perspektive der Frage nach seiner Erschlossenheit betrachtet wird. Gelingt es nun, mit Hilfe dieses Strukturausdrucks gerade solche Gedanken zu entwickeln, die geeignet sind, die Erschlossenheit als das im bewußten Selbstverhältnis und seinem Verhältnis zur Welt Mitgedachte so zu verdeutlichen, daß sie als Möglichkeitsbedingung dieser Verhältnisse verständlich wird, so kann der auf diese Weise entwickelte Gedankenbestand seinen Ausgangspunkt rückläufig legitimieren. Wenn darüber hinaus der Nachweis gelingt, daß dieser Gedankenbestand nur aus dem Strukturausdruck des In-der-Welt-seins entwickelt werden kann und aus keinen anderen gedanklichen Voraussetzungen, so gewinnt der zunächst nur vorläufig plausibel erscheinende Ausgang beim In-der-Welt-sein als Ausdruck für das Selbstverhältnis, wie es aus der Perspektive eines Denkens seiner Erschlossenheit gedacht wird, damit eine eigene Begründung.

Auch diese Begründungsform durch die aufklärende Potenz des Ergebnisses der Explikation des In-der-Welt-seins macht Heidegger für die Inanspruchnahme dieses Strukturausdrucks geltend. Dies wird vor allem vom Abschluß der Fundamentalanalyse des Daseins in der Formulierung des Sinnes des Seins als »Woraufhin« eines primären Entwurfs her deutlich, wenn dieser Sinn aus der »Sorge«-Struktur des Seins des Daseins entwickelt wird, die wiederum eine explizierende Formalisierung des In-der-Welt-seins darstellt. Wenn jener Sinn, wie er dann in der Konzeption der Zeitlichkeit die Untersuchungen von SuZ beschließt, tatsächlich geeignet ist, das im bewußten Selbstverhältnis und seinem Verhältnis zur Welt unter der Perspektive eines Denkens seiner Erschlossenheit Mitgedachte im Sinne eines möglichkeitsbedingenden Gedankenzusammenhangs zu erhellen, und wenn jener Sinn nur aus dem Dasein als In-der-Welt-sein entwickelt werden konnte, so kann rückgreifend auch der das Dasein in seiner Erschlossenheit zum Ausdruck bringende Begriff des In-der-Welt-seins als angemessener Ausgang für die Suche nach dem unter der Perspektive der Erschlossenheit in allem Selbstverhältnis Mitgedachten gelten.

Diese Rekursivität des Vorgehens von SuZ geht letztlich nicht auf argumentationsstrategische Entscheidungen zurück, sondern auf die Bedingungen, die der in SuZ behandelte philosophische Gegenstand für seine Untersuchung vorgibt. Dies zeigt sich bereits an dem Problem, daß die einzige Möglichkeit, das konsequent gedachte bewußte Selbstverhältnis angemessen zum Gegenstand philosophischer Untersuchungen nehmen zu können, in der Ausbildung seiner Selbstbeziehung zu einer Selbstuntersuchung besteht. In den idealistischen Konzeptionen war bei Fichte und Schelling dieser Methodenbegriff in dem Gedanken der Absolutheit des bewußten Selbstbezugs präsent, der als Anfang einer apriorischen Ausarbeitung der Begriffe unseres Weltverhältnisses gelten konnte, weil in ihm Sein und Denken in einer unauflöslichen Einheit bestehen. Wenn die Identität des Ich=Ich zum Ausdruck bringt, daß das Selbstbewußtsein existiert, indem es sich denkt, so können jene Begriffe nur als seine Selbstexplikation begründet werden, so daß sie an jener Einheit von Denken und Sein partizipieren. In Hegels Konzeption einer Phänomenologie des Geistes steht dieser Methodenbegriff als "Selbstbewegung des Begriffes" im Zentrum des Vorgehens,[15] das dem fürsichseienden Ich in seiner "Reflexion in sich selbst"[16] nur das "eigne Leben des Begriffs" zeigt.[17] Das Modell des Selbstbewußtseins rechtfertigt sich auch hier nicht durch seine philosophische Analysierbarkeit als Begriff oder unmittelbare Gewißheit, sondern durch die Fähigkeit, einen Prozeß der Selbstexplikation in Gang zu setzen, der bestimmte Begriffe erzeugt und wieder in sich zurücknimmt, bis er selbst als absoluter Geist begriffen werden kann.

Heidegger bringt einen analogen Methodenbegriff zum Ausdruck, wenn er zu Beginn der Fundamentalanalyse darauf hinweist, in den vorbereitenden Erörterungen, in denen das »Da« des Seins als Existenzialität und Jemeinigkeit eingeführt wurde, seien schon Seinscharaktere zur Abhebung gebracht worden, "die für die weitere Untersuchung ein sicheres Licht bieten sollen, die aber selbst zugleich in dieser Untersuchung ihre strukturale Konkretion erhalten." (52) Wegen der strukturellen Analogie des Ansatzes von SuZ mit dem transzendentalphilosophischen und idealistischen Grundgedanken kann das rekursive Vorgehen von SuZ deshalb auch von

---

[15] Phänomenologie des Geistes, Vorrede, Gesammelte Werke Bd. 9, S. 48
[16] Phänomenologie des Geistes, Vorrede, Gesammelte Werke Bd. 9, S. 19
[17] Phänomenologie des Geistes, Gesammelte Werke Bd. 9, S. 38

den fundamentalen Strukturen des In-der-Welt-seins her auf die selbstbewußt-seinsphilosophische Problemlage bezogen werden. Die Explikationen des »existie-renden« und »jemeinigen« In-der-Welt-seins rechtfertigen sich demnach dann als Aufklärung über dasjenige, das in dem unter dem Aspekt seiner Erschlossenheit gedachten bewußten Selbstverhältnis mitgedacht wird, wenn die Ergebnisse, sofern sie sich nur aus diesen und keinen anderen Explikationen entwickeln lassen, geeignet sind, das bewußte Selbstverhältnis in seiner Erschlossenheit so verständlich werden zu lassen, daß es durch diese Explikationen nicht zu einem Gegenstand wird, sondern gerade in dieser Explikabilität doch in der Interiorität des Selbstverhältnisses und seiner Erschlossenheit bleibt.

Diese Vorgehensweise auf der Suche nach einer Ausarbeitung der Frage nach dem Sinn von Sein gewinnt nun dann ihre besondere Bedeutung, wenn gerade durch den Gedanken der Erschlossenheit des In-der-Welt-seins eine Strukturierung für jenen Sinn gefunden werden soll. Wenn unter dem Titel der Erschlossenheit in explikativer Weise jenes Geschehen auf Begriffe gebracht werden soll, in dem das Dasein eine Beziehung zu sich selbst und zu seiner Welt gewinnt, in welcher ihm Seiendes als solches und damit ein Sinn von Sein zugänglich wird, so muß dieses Geschehen in jeder philosophischen Untersuchung vorausgesetzt werden, die die Begegnisweise von Seiendem bloß als Seiendes in einem sinnhaften Seinsverständnis zum Thema nimmt. Dies betrifft dann aber ebenso und ganz besonders die in einer solchen Un-tersuchung fundamentale Reflexion auf die Struktur der Erschlossenheit als solche. Das Denken der Erschlossenheit als solcher muß das Geschehen der Erschlossenheit aber nicht nur voraussetzen, sondern es auch explizieren, weshalb jenes Denken notwendig in der Form einer Einholung seiner ursprünglichen Voraussetzungen durchgeführt werden muß. Die Erschlossenheit des Daseins explizieren kann deshalb nichts anderes heißen, als die Selbstexplikation des Daseins als »Ort« der Begegnung von Seiendem als solchen und damit des »Da« des Seins zur Darstellung zu bringen.

Dieses Vorgehen entspricht aber nur dann dem in SuZ intendierten Denken, wenn es die Differenz zwischen dem idealistischen Gedanken des bewußten Selbstverhält-nisses und der genuinen Struktur der Frage nach dem Sinn von Sein bewahren kann. Zunächst kann weiter behauptet werden, mit Heideggers Konzeption des In-der-Welt-seins werde der aus dem idealistischen Denken stammende Gedanke des be-wußten Selbstverhältnisses als des »Subjekts«, aus dem sich die Erfahrbarkeit der Welt erhellen läßt, unter einer bestimmten Perspektive fortgedacht. Daß die Frage nach dem Sinn von Sein in SuZ grundsätzlich auch die Frage nach dem Sein des »Subjekts« ist, das als bewußtes Selbstverhältnis verstanden wird, dies läßt sich nicht nur philosophiehistorisch aus den Gedankenzusammenhängen zeigen, mit denen Heidegger sich kritisch gegen Husserl und Kant wandte. Es erweist sich auch aus der Struktur des Frage-Antwort-Zusammenhanges von SuZ. Die Frage steht nach dem Sinn des Seins des Daseins, und sie findet ihre Auflösung, indem sich aus der Ant-wort ablesen läßt, daß tatsächlich nach dem Sein des bewußten Selbstverhältnisses gefragt worden war. Wenn das Sein des Daseins also in einem Strukturbegriff ange-geben wird, so sind darin die wesentlichen Elemente des Gedankens eines bewußten Selbstverhältnisses bewahrt, wie es sich unter der Perspektive seiner Erschlossenheit darstellt. Dies zeigt sich daran, daß Sich-vorweg-sein, In-der-Welt-sein und Sein bei weltlich Seiendem als Elemente der Struktur des Seins des Daseins die Grundstruktur des Selbstverhältnisses enthalten, indem sie eine interne Differenz angeben und nicht ein Verhältnis zwischen Gegenständen in der Welt. Ebenso entspricht das »Woraufhin des primären Entwurfs«, von dem her Sein verstanden werden kann, als »Entwurf« und als jenes Woraufhin, aus dem das Sein des Daseins verstanden werden kann, der Differenz einer Struktur des Sich-zu-sich-verhaltens, wie es die Erschlossenheit eines bewußten Selbstverhältnisses charakterisiert.

Wenn das Dasein »da« und damit erschlossen ist, indem sein Verhältnis zu sich selbst ein Verhältnis zu sich in seinem Sein ist, so ist dies jedoch ebenso unter Zuhilfenahme von Gedanken der klassischen Ontologie so zu verstehen, daß damit eine Auffassung ausgeschlossen werden soll, derzufolge das Dasein als Seiendes dadurch ausgezeichnet sei, daß es sich als Seiendes zu sich als Seiendem verhält. Ein Verhältnis zu sich in seinem Sein ist unter dieser Perspektive ein Verhältnis zu sich als Inbegriff dessen, was dem mit einem Satzsubjekt Bezeichneten zugesprochen werden kann, bloß insofern es ist, ohne daß tatsächlich eine solche Zuschreibung stattfinden müßte. Damit kann von der Möglichkeit eines Verhaltens zu sich als Möglichkeit eines Verstehens von Sein gesprochen werden, ohne daß dies die Behauptung einschließen würde, darin müßte zugleich Seiendes als bestimmtes Seiendes verstanden werden. Heidegger drückt die Besonderheit des Selbstverhältnisses aus dieser genuinen Perspektive seines Denkens dementsprechend so aus: zu der Seinsverfassung des Daseins, in der zum Ausdruck kommt, daß es ihm in seinem Sein um dieses Sein selbst geht, gehört, daß das Dasein "in seinem Sein zu seinem Sein ein Seinsverhältnis hat." (12)

Der Begriff »Seinsverhältnis« bezeichnet in diesem Zusammenhang das Verhältnis, das das Dasein zu seinem Sein hat. Es verhält sich darin nicht als Seiendes zu einem Gegenstand, der auch als nur gedanklich bestimmter zu einem Seienden werden müßte, es verhält sich vielmehr in der Weise des Seins zu sich in seinem eigenen Sein. Ein Verhältnis, das sich durch Sein bestimmt, läßt sich nun negativ weit leichter erläutern als positiv angeben. Es kann sich generell nicht um ein Verhältnis handeln, das in irgendeiner Weise davon abhängig ist, daß bereits Seiendes in seinem Sein bestimmt worden ist, so daß dieses Verhältnis nun Seiendes in Anspruch nehmen könnte, um selbst bestimmt zu werden. Dies schließt von vornherein ein erkennendes Verhältnis aus dem Kreis der Möglichkeiten aus. Es schließt darüber hinaus aber im Grunde jedes Verhältnis aus, das eine Bestimmtheit gleich welcher Art impliziert. Ein Verhältnis frei von jeder Bestimmtheit scheint nun als Verhältnis nur schwierig zu denken zu sein, insofern ein Verhältnis zwei Relata auseinanderhält und gleichzeitig verbindet und diese Struktur in sich zusammenzufallen scheint, wenn sie nicht ein Minimum an Bestimmtheit impliziert. Andererseits ist die Bestimmungslosigkeit der Struktur eines bewußten Selbstverhältnisses unter der Perspektive der Erschlossenheit seines Seins gerade die Voraussetzung dafür, daß der Gedanke des Selbstbewußtseins nicht in den Status des weltlich und subjektiv Bestimmten zurückfällt und von ihm her das Bestimmende bestimmt wird. Eine solche Situation bezeichnet Heidegger als »Verfallen«, worunter nun ein Verständnis jener Erschlossenheit unter dem Aspekt einer Auffassung als bestimmtes Seiendes und als fähig nur zur Erschließung von bestimmtem Seienden verstanden werden kann.

Heideggers Beschreibung des In-der-Welt-seins als Grundstruktur des Verhältnisses des Daseins zu seinem Sein reproduziert insofern die grundsätzliche Problematik eines konsequenten Denkens des bewußten Selbstverhältnisses unter der Perspektive seiner Erschlossenheit. Diese Perspektive kann jedoch nur mit Hilfe eines Gedankens eingenommen werden, der weit über die transzendentalphilosophische und idealistische Konzeption eines bewußten Selbstverhältnisses hinausgeht. Diesen Gedanken bezieht Heidegger aus seiner Frage nach dem Seinsverhältnis eines Daseins, dessen Verhältnis zu sich nur insoweit Thema wird, als in diesem Verhältnis sich Strukturen der Möglichkeit eines Verständnisses für eine Situation auffinden lassen, in der das Dasein sich nur zu Seiendem als einem solchen verhält, also nicht zu bestimmtem Seienden. Der Gedanke einer solchen Perspektive auf das Selbstverhältnis entsteht also aus der Auffassung des Daseins als des »Ortes« des »Da« des Seins, in dem dieses als »woraufhin« eines Verständnisses von Seiendem bloß als Seiendes eine eigene Verständlichkeit gewinnen kann, die als Sinn von Sein einer begrifflichen Formulierbarkeit zugänglich wird. Darin enthält der Gedanke des Daseins eine Analogie zu der Problematik des Gedankens eines bewußten Selbstverhältnisses, er unterscheidet sich von dem letzteren aber auf fundamentale Weise durch die Auflösung. Die innere Unbestimmtheit der Selbstbewußtseinsstruktur wird im idealistischen Denken zu einer begrifflichen Bestimmtheit entwickelt, indem das Selbstbewußtsein durch die apriorischen Begriffe seines Weltverhältnisses expliziert wird. Eine solche Explikation scheidet dann aus, wenn das Selbstbewußtsein nur unter der Perspektive seiner Erschlossenheit betrachtet wird. Die Erschlossenheit kann nur strukturell verstanden werden, indem die Begegnisweisen von Seiendem bloß als Seiendes verstanden werden und dieses Verständnis in einem Sinn von Sein zum Ausdruck kommen kann.

Dieser Gedankengang kann fortgesetzt werden, indem eine weitere Charakteristik des idealistischen Denkens in seiner Verwandlung bei Heidegger untersucht wird. Auch daraus wird verständlich werden, warum und inwiefern gerade ein Verständnis von Sein geeignet sein kann, um die Problematik eines Selbstbewußtseins unter der Perspektive seiner Erschlossenheit erhellen zu können. Die Frage nach dem systematischen Sinn einer Frage nach dem Sinn von Sein war eingangs durch den Hinweis beantwortet worden, daß der Gedanke des Seins gerade wegen seiner unbestimmten Sinnhaftigkeit als geeignetes Konzept für eine Untersuchung über das ursprüngliche Verstehen dienen könne. Jenes ursprüngliche Verstehen, das mit der Explikation eines Sinnes von Sein zum Verständnis gebracht werden soll, wurde nun als das Geschehen der Erschlossenheit aufgefaßt, in dem jene Differenz geschieht, in der das bewußte Selbstverhältnis sich von sich unterscheiden und sich auf sich identifizierend beziehen kann. Deshalb sollte der Frage nach dem Sinn von Sein auch eine erhellende Bedeutung für eine Seite des Gedankens eines Selbstbewußtseins zukommen, von der bisher nur am Rande die Rede war. Das Selbstbewußtsein ist nicht nur Struktur, sondern auch Selbstverhältnis und darin Ich. Daraus resultieren jene Schwierigkeiten mit seiner Explikation, die seinen Status als einen Gegenstand betreffen, der nicht nur für den explizierenden Philosophen ist, sondern der angemessen nur im Status eines Für-sich-seins verstanden wird. Wenn die Frage nach dem Sinn von Sein das Selbstbewußtsein unter der Perspektive seiner Erschlossenheit erhellen kann, so muß in diese Perspektive auch das Selbstbewußtsein als Ich eingeschlossen werden können. Damit muß Heidegger einen Zusammenhang zwischen dem Ich und dem Dasein als »Ort« des Seinsverständnisses herstellen können, also zwischen dem Ich und dem Sinn von Sein, von dem her Seiendes bloß als solches aufgefaßt werden kann. Die Erörterung dieses Zusammenhanges wird über die Struktur der »Jemeinigkeit« hinaus eine Grundlage für das Verständnis der Transformation der Erschlossenheit in die »eigentliche Erschlossenheit« als der eigentlichen Wahrheit bieten, die Heidegger als »Entschlossenheit« bezeichnet.

3.3 Erschlossenheit und Jemeinigkeit

Heidegger nimmt auch dort Bezug auf die fundamentale Struktur des bewußten Selbstverhältnisses, wo das Seiende, dessen Analyse zur Aufgabe stehen soll, so charakterisiert wird: "Das Seiende, dessen Analyse zur Aufgabe steht, sind wir je selbst. Das Sein dieses Seienden ist je meines. Im Sein dieses Seienden verhält sich dieses selbst zu seinem Sein. Als Seiendes dieses Seins ist es seinem eigenen Sein überantwortet. Das Sein ist es, darum es diesem Seienden je selbst geht." (41/42) Wenn Heidegger den »Ort«, an dem das »woraufhin« der Begegnung von Seiendem als Seiendes geschieht, durch die Strukturen von Existenzialität und Jemeinigkeit beschreibt, so bezieht sich diese Analyse zum einen auf das im Zentrum des idealistischen Denkens stehende Sich-zu-sich-Verhalten, zum anderen wird darin jedoch auch schon der Anfang von Heideggers Fortdenken der Struktur eines Selbstbewußtseins deutlich. Dies beginnt damit, daß vom Dasein gesagt wird, es verhalte sich in erster Linie zu seinem Sein und nicht zu sich, obwohl es sich doch ebenso zu sich verhält, wenn es sich zu seinem Sein verhält. Das Verhältnis zu sich wird demnach im Zusammenhang der Frage nach dem Sinn von Sein nicht in der gleichen Weise zum Thema, wie dies in der idealistischen Philosophie des Selbstbewußtseins und in der transzendentalphilosophischen Inanspruchnahme der Mir-Zugehörigkeit aller Vorstellungen der Fall war. Heideggers genuiner Gedanke unterscheidet sich davon generell durch die Behauptung, daß das Dasein sich zu sich als zu seinem Sein verhält. Auch deshalb spricht Heidegger nicht vom Selbstbewußtsein, sondern vom Dasein.

Mit dem »Zu-Sein« der Existenzialität will Heidegger primär jedoch auch nicht zum Ausdruck bringen, daß das Dasein sich um sein Leben und um sein Wohlergehen sorgt. Die Rede ist vielmehr davon, daß es nur das »Da« des Seins ist, indem es sich in seinem Sein versteht und sich darin zu sich verhält. Im idealistischen Denken dagegen war das Selbstverhältnis ein Identitätsverhältnis von der Struktur Ich=Ich, und dieses Verhältnis konnte unmittelbar als Denken Sein beanspruchen und deshalb als Ausgangspunkt für Deduktionen dienen, die ein mit dem Sein übereinstimmendes Denken zu explizieren intendierten. Das Dasein dagegen ist »für sich«, indem es ihm um sein Sein geht, und insofern befindet es sich in einer Differenz zu diesem Sein. Sowohl das idealistische als auch das fundamentalontologische Denken ziehen also den Gedanken des Seins heran, um das bewußte Selbstverhältnis zu beschreiben. Während das erstere jedoch eine Identität von Denken und Sein sieht, die zu philosophischen Zwecken und für die Entwicklung apriorischer Kenntnisse ausgebeutet werden kann, analysiert Heidegger das Dasein als seinem innersten Wesen nach strukturiert durch eine Differenz zu dem Sein, dessen »Da« das Dasein ist. Das »Sein-zu« bringt zum Ausdruck, daß es dem Dasein um sein Sein geht, mit dem es nicht identisch ist, obwohl in ihm das Sein »da« ist. Damit erscheint das Dasein in seinem Selbstverhältnis als ein Gedanke, der philosophisch weit schwieriger zu bestimmen ist als das zentrale Thema des idealistischen Denkens. Seine Existenzialität unterscheidet das Dasein nicht nur von Gegenständen in der Welt wie etwa den anthropologisch bestimmbaren Exemplaren einer Spezies »Mensch«, sondern auch von begrifflich bestimmten philosophischen »Gegenständen«, aus denen aufgrund bestimmter innerer Strukturen auf deduktive Weise apriorische Erkenntnisse abgeleitet werden können.

Der »formale Begriff« von Existenz besagt also nur: "Dasein ist Seiendes, das sich in seinem Sein verstehend zu diesem Sein verhält." (52/53) Für den Gedankengang von SuZ ist es nun entscheidend, daß unter »Seinsverständnis« nicht eine Eigenschaft eines wie immer ausgezeichneten Seienden zu verstehen ist. Der »Gegenstand«, der in der Daseinsanalytik untersucht werden soll, kann im Grunde nur beschrieben werden als "seiend in der Weise eines Verstehens von Sein" (12), also gerade nicht als Gegenstand. Das Dasein als ein Seiendes aufzufassen unter dem Titel »Mensch« oder unter ähnlichen Bestimmungen, dies käme etwa dem Fehler gleich, den Kant unter dem Titel einer transzendentalen Dialektik abzuwehren bemüht war: das »Ich, als denkend«, mit einem »Ich, das denkt«, gleichzusetzen heißt die transzendentale Deduktion mit einer rationalen Lehre von der Seele als einer Substanz zu verwechseln, also das in allen Bestimmungen der Welt nur als Verschwindendes anwesende Ich der transzendentalen Apperzeption, das Objektivität verständlich macht, als ein Objekt aufzufassen, dessen Verständlichkeit nach seiner Objektivität damit gerade dementiert wird.[18] Entsprechend hieße das Dasein als Seiendes aufzufassen, es in einem Status zum Thema zu machen, der die Aufklärungsabsicht von SuZ radikal zunichte machen müßte, denn dasjenige, woraus die Zugänglichkeit von Seiendem bloß als Seiendes in der Erschlossenheit erhellt werden soll, kann selbst unter dieser Perspektive nicht als bestimmtes Seiendes aufgefaßt werden. Würde es nach solchen Bestimmungen verstanden, so richtete sich die Perspektive auf einen Status, in dem die Struktur der Erschlossenheit als solcher gerade nicht erscheinen könnte.

Das Dasein ist also Seiendes nur unter der Perspektive seines Verstehens von Sein und damit als »Da« des Seins. Indem es Sein versteht, ist es mit Sein aber auch nicht identisch, und indem in ihm das Sein »da« ist, also in einer Struktur verstanden werden kann, in der ein Sinn von Sein liegt, unterscheidet es sich von Sein. Pointiert könnte also gesagt werden: das Dasein ist weder Seiendes noch Sein, und doch ist es Seiendes und ist in ihm das Sein »da«. Aus ihrem Zusammenhang mit diesem merkwürdigen Status sind nun die beiden »Seinscharaktere« zu verstehen, die am Anfang

---

[18] Kritik der reinen Vernunft, B 399 ff

von SuZ "für die weitere Untersuchung ein sicheres Licht bieten sollen" (52), also die Existenzialität und die Jemeinigkeit des Daseins. Es ist bereits deutlich geworden, daß darin nur dann eine Fortführung des Gedankens eines bewußten Selbstverhältnisses gefunden werden kann, wenn dafür keine Bestimmtheit in Anspruch genommen wird, die den genuinen Gedanken eines Daseins von vornherein dementieren würde, daß dafür jedoch auch nicht auf ein bestimmungsloses reines Sein ohne weitere Bestimmung rekurriert werden kann, wie Hegel dies am Anfang seiner »Wissenschaft der Logik« unternahm. Gerade mit dieser schwierigen Lage begründet Heidegger zu Beginn von SuZ die Wahl des Terminus Dasein: "weil die Wesensbestimmung dieses Seienden nicht durch Angabe eines sachhaltigen Was vollzogen werden kann, sein Wesen vielmehr darin liegt, daß es je sein Sein als seiniges zu sein hat, ist der Titel Dasein als reiner Seinsausdruck zur Bezeichnung dieses Seienden gewählt." (12).

Als »Seinsbestimmung« wird mit der »Jemeinigkeit« des Daseins demnach unter der Perspektive des Verstehens von Sein ein Existenzial zum Ausdruck gebracht, das einerseits dem »Ich bin es« als Aspekt der philosophischen Thematisierbarkeit des bewußten Selbstverhältnisses entspricht, das andererseits aber durch jene Perspektive nicht in den Zusammenhang einer Aufklärung der apriorischen Bestimmtheit der Welt gestellt wird, sondern seine philosophische Dignität nur dadurch erhält, daß mit seiner Hilfe ein besseres Verständnis für die Struktur jenes »Ortes« gewonnen werden kann, an dem ein Sinn von Sein zum Verständnis kommt, weshalb er als Dasein bezeichnet wird. Das Dasein bin "je ich selbst" (53), und das Sein, darum es diesem Seienden in seinem Sein geht, ist "je meines". Gerade deshalb aber ist es "nie ontologisch zu fassen als Fall und Exemplar einer Gattung von Seiendem als Vorhandenem" (42). Die Struktur der »Jemeinigkeit« kommt dem Dasein also deshalb zu, weil es "sich in seinem Sein verstehend zu diesem Sein verhält" (53), weshalb »dieses Sein« eben »sein Sein« ist und nicht mit Bestimmungen ausgestattet auftritt, die ihm unabhängig von dem »je ich« des Daseins zugesprochen werden könnten. Müßte ihm die »Jemeinigkeit« dagegen nicht zukommen, so würde es sich zu »einem Sein« verhalten und es ginge es ihm in seinem Sein um ein solches Sein, das auf allgemeine Weise bestimmt werden könnte. Damit verhielte es sich grundsätzlich zu diesem Sein wie zu einem Gegenstand in der Welt, der für alle gleich und unabhängig vom Dasein bestimmt werden könnte.

Das Existenzial der Jemeinigkeit bringt also zunächst zum Ausdruck, daß das Dasein nicht der »Ort« ist, an dem das Sein sich nach seinen allgemeinen Strukturen offenbart als ein für jedermann in gleicher Weise zugänglicher Gegenstand. Würde die Erschlossenheit so aufgefaßt, so müßte das Dasein sich in seinem Verhältnis zu sich selbst in seinem Sein zu sich verhalten wie zu einem in der Weise eines Gegenstandes bestimmten Seienden. In einem solchen Selbstverhältnis würde es sich zu sich nicht als zu dem »Ort« verhalten, an dem das »woraufhin« des Verständnisses von Seiendem bloß als Seiendes in einem Sinn von Sein verstanden werden kann. Damit wäre die Unterscheidung des Daseins von weltlichem Seienden dementiert, um die es in den Untersuchungen von SuZ gerade geht. Wenn das Dasein also »Zu-Sein« ist und das Sein, zu dem es sich verhält, gegenständlich bestimmt wäre, so wäre es selbst gegenständlich bestimmt. Das Selbstverhältnis würde damit letztlich als Relation eines weltlichen Gegenstandes zu einem anderen weltlichen Gegenstand aufgefaßt, der von einem Beobachter als identisch mit dem ersteren angesehen wird. Eine solche Relation kann aber nicht mit einem Verhältnis »zu sich« gleichgesetzt werden, da das »sich« die in einem bewußten Selbstverhältnis implizierte Exklusivität dieses Verhältnisses zum Ausdruck bringt. Wenn das Dasein also dadurch »konstituiert« wird, daß es sich zu sich verhält, indem es sich zu seinem Sein verhält und nicht zu sich als einem bestimmten Seienden, so kommt ihm in seinem innersten Wesen die »Jemeinigkeit« zu. Heidegger drückt dies so aus: "Das Seiende, dem es in seinem Sein um dieses selbst geht, verhält sich zu seinem Sein als seiner eigensten Möglichkeit." (42)

Wird das Dasein also durch »Jemeinigkeit« ausgezeichnet, so wird von ihm gesagt, es verhalte sich zu sich, indem es sich zu seinem Sein verhält. Deshalb wird ihm mit »Jemeinigkeit« auch die »Existenzialität« zugesprochen. Wäre das Sein, darum es dem Dasein in seinem Sein geht, nicht »je meines«, so könnte nicht die Rede davon sein, daß es dem Dasein um sein Sein geht. Von »Jemeinigkeit« kann nur gesprochen werden, wenn dieses Seiende sich unter der Perspektive auf sein Verstehen von Sein auf eine solche Weise aller Gegenständlichkeit und aller Betrachtung und Begreifbarkeit »von außen« entzieht, daß es in dem Sinne als »Individuum« aufgefaßt wird, daß es »unterhalb« aller Begrifflichkeit ist. Dies ist es in einem radikalen Sinne nur dann, wenn sein Sein nicht als Vorhandensein in Begriffe zu fassen und damit allgemein zugänglich ist, sondern sich darin erschöpft, daß es je »zu sich« und damit Zu-Sein ist. Die Bestimmtheit seines Seins kann dann Existenzialität genannt werden, womit zum Ausdruck gebracht wird, daß es in seinem Sein gerade jede Bestimmtheit in sich negiert. »Je meines« kann das Dasein in dem hier gemeinten radikalen Sinn nur sein, wenn es nicht für andere und damit kein Allgemeines ist, sondern sein Sein in der Bestimmtheit, die ihm zugeschrieben werden kann, wenn ein Sinn von Sein ausgedrückt wird, nur in einem Status des Für-sich bleibt. Ein solches Für-sich kann weder sich noch seiner Welt eine Bestimmtheit verleihen, da eine solche auf deduktive Weise aus seiner eigenen Bestimmtheit abgeleitet werden müßte, die ihm unter der Perspektive des Verstehens von Sein nicht zukommen kann.

Daraus ergibt sich eine wichtige Konsequenz, die den Gedanken der Jemeinigkeit in eine argumentative Verbindung mit dem im folgenden näher zu untersuchenden Gedanken der Eigentlichkeit bringt. Wenn das Sein des Daseins »je meines« ist, so wird es damit nicht von dem Sein anderer abgegrenzt. Das »je meines« bedeutet also nicht, das eigene Sein sei »anders« als das der anderen. In diesem Sinne kann von Individualität aufgrund der genuinen Untersuchungsrichtung in SuZ nicht die Rede sein. Eine solche Unterscheidung müßte auf Bestimmtheiten rekurrieren, die dem Dasein als dem »Ort« des Verstehens von Seiendem bloß als Seiendes nicht zukommen können. Es wäre bestimmt in einem Verhältnis zu anderen, in dem es »anders als jene« ist. Würde es sich also durch eine Negation als »je meines« in seinem Zu-Sein bestimmen, so wäre es selbst ebenso ein bestimmes Seiendes wie jene, von denen es sich durch die Negation abgrenzt und dadurch bestimmt. Das »je meine« Dasein ist aber auch nicht Individuum, indem es sich in seiner Einzigartigkeit von anderen und ebenso einzigartigen Individuen abgrenzen könnte. Schon indem es sich als einzig in seiner Art verstehen würde, müßte es sich gegen andere einzige Arten abgrenzen und bestimmen. Seine Jemeinigkeit wäre damit nur auf der Folie einer Allgemeinheit mit Sinn zu erfüllen, die den genuinen Sinn von Jemeinigkeit dementieren würde, wie er sich aus dem Zusammenhang der Frage nach einem Sinn von Sein ergeben hat. Jemeinigkeit ist nicht die Auszeichnung eines unter anderen Individuen vorkommenden Individuums, sondern die Struktur des »Ortes«, an dem das Sein, das Seiendes bloß als solches verstehen läßt, »da« ist und als Dasein zu einem verstehbaren Sinn kommt.

Daraus ergibt sich eine erste Vorzeichnung für Heideggers Konzeption der »Eigentlichkeit«, mit der ebensowenig wie mit der Jemeinigkeit ein Selbst im Eigenbesitz des Daseins gemeint sein kann. Grundsätzlich stellt der Gedanke der »Eigentlichkeit« als der »Wahrheit« des Daseins ein Element innerhalb des Zusammenhangs der Explikation der Erschlossenheit dar, mit dem darauf verwiesen wird, daß ein Sinn von Sein nur in der Interiorität des Daseins gefunden werden kann, ohne daß diese Interiorität die Bestimmtheit eines sich gegen andere abgrenzenden Individuums bedeuten könnte. Heidegger nimmt damit das Problem auf, daß das bewußte Selbstverhältnis unter der Perspektive seines Verstehens von Sein in seinem Zu-Sein in der Konsequenz zu einem bloßen In-sich-sein wird, das im Unterschied zu der entsprechenden idealistischen Konzeption keinen Weg zu seiner philosophischen Aufklärung über aus ihm deduzierbare apriorische Bestimmungen der Welt eröffnet. Andererseits kann das bewußte Selbstverhältnis unter der Perspektive des Verstehens von Sein auch dann nicht in seiner Erschlossenheit verständlich werden, wenn der Gedanke der Erschlossenheit in der Interiorität des Selbstverhältnisses keine Explikation in der Struktur eines Sinnes von Sein finden kann.

»Eigentlichkeit« bezeichnet nun grundsätzlich den Status des Daseins, in dem es in der »Welt« ist und sich in seinem In-der-Welt-sein in ein Verhältnis zu deren Erschlossenheit als solcher gesetzt hat, also nicht nur zu erschlossenem Seienden in der Welt. Insofern kann »Eigentlichkeit« auch als der Status verstanden werden, in dem das bewußte Selbstverhältnis sich aus der Perspektive seiner Erschlossenheit als solcher versteht. Ein Sich-Verstehen aus dem »Man« bedeutet ein Sich-Verstehen aus dem Erschlossenen, das in seiner Bestimmtheit von der »Öffentlichkeit« vorgegeben wird und aufgrund dieser Bestimmtheit die Erschlossenheit als solche verdeckt. »Eigentlichkeit« ist also der Status des bewußten Selbstverhältnisses unter der Perspektive des Verstehens von Seiendem als solchem und damit von Sein in seinem Sinn, wenn es sich zu sich in seinem Sein verhält und damit den Bezug zur Erschlossenheit als solcher in sein Selbstverhältnis integriert hat. Dieser Verzicht darauf, sich als bestimmtes Seiendes zu verstehen, ist ein Selbstverhältnis aus offenen Möglichkeiten und führt deshalb zurück auf das Zu-Sein. Wir haben oben den Zusammenhang zwischen Zu-Sein und Jemeinigkeit als der beiden Seinscharaktere entwickelt, die Heidegger zu Beginn der Untersuchungen der Daseinsanalytik als einen Ansatz benutzt, der im Verlaufe der Analytik rechtfertigend eingeholt werden muß. Die Jemeinigkeit als die andere Seite des Erschlossenheitsstatus des Daseins erhellt nun

weiter den für den Gedanken des bewußten Selbstverhältnisses unter der Perspektive
seiner Erschlossenheit zentralen Begriff der »Eigentlichkeit«.

Die »Jemeinigkeit« des »Da« des Seins und damit der Erschlossenheit ist derjenige
ursprüngliche Seinscharakter des Daseins, dessen Beziehung zur »Eigentlichkeit«
besonders augenscheinlich ist. Heidegger führt diesen Zusammenhang so aus: "Die
beiden Seinsmodi der Eigentlichkeit und Uneigentlichkeit - diese Ausdrücke sind im
strengen Wortsinn terminologisch gewählt - gründen darin, daß Dasein überhaupt
durch Jemeinigkeit bestimmt ist." (43/43) Jemeinigkeit ist also die Bedingung der
Möglichkeit von Eigentlichkeit und Uneigentlichkeit (53). Nichtsdestoweniger ist die
»Eigentlichkeit« des Daseins aber nur aus dem Zusammenhang der Struktur zu ver-
stehen, in der das bewußte Selbstverhältnis unter der Perspektive seiner Erschlossen-
heit verstanden werden kann. Deshalb ist Jemeinigkeit ebenso wie Existenz als Zu-
Sein nur auf dem Grunde des In-der-Welt-seins zu verstehen. Nun sollte die mit dem
Ziel der Erhellung der Erschlossenheit des Daseins als fundamental bezeichnete
Struktur des In-der-Welt-seins nach drei Aspekten untersucht werden: nach der
»Weltlichkeit« der darin angesprochenen »Welt« des Daseins; nach dem »Wer« des
In-der-Welt-seins und nach dem »In-Sein« als einem solchen. Es erscheint zunächst
einleuchtend, daß das Thema der »Eigentlichkeit« im Zusammenhang mit der Frage
nach dem »Wer« behandelt werden muß. Die Frage nach dem »Wer« des In-der-Welt-
seins formuliert eine der zentralen Schwierigkeiten einer Untersuchung der Erschlossenheit im Ausgang von der Fundamentalstruktur des In-der-Welt-seins, insofern
damit nach einer Differenz gefragt wird, in der das Dasein sich von seiner Welt unterscheidet.

Der Gedanke der »Eigentlichkeit« läßt sich demnach bis in die argumentativen Anfänge des Projektes von SuZ zurückverfolgen, also bis auf die Seinscharaktere, die
geeignet sein sollen, für die weitere Untersuchung "ein sicheres Licht" (52) zu gewähren, also die Erschlossenheit des Daseins so zu konzipieren, daß in der Explikation dieser Seinscharaktere Ergebnisse erzielt werden, die die Erschlossenheit bzw.
die Lichtung als solche verständlich zu machen in der Lage sind, und die den Anfang
gerade bei jenen Seinscharakteren rechtfertigen, weil sie auf keine andere Weise
abgeleitet werden können. Die Einheit der Seinscharaktere der Jemeinigkeit und der
Existenzialität ist aus der Notwendigkeit zu verstehen, das »Da« des Seins nicht als
Seiendes zu verstehen. Gelänge dies nicht, so wäre der Gedanke der Erschlossenheit
als solcher nicht zu denken. Das Dasein ist nie "zu fassen als Fall und Exemplar einer
Gattung von Seiendem als Vorhandenem." (42) In der Frage nach der Erschlossenheit wird die Konzeption der »Eigentlichkeit« primär über den Seinscharakter der
Jemeinigkeit erreicht. Heidegger bezeichnet die Jemeinigkeit "als Bedingung der
Möglichkeit von Eigentlichkeit und Uneigentlichkeit". (53) Indem aber die Jemeinigkeit nur die andere Seite der Betrachtung des »existierenden« Daseins in seinem
Zu-Sein darstellt, so steht der Gedanke der »Eigentlichkeit« bereits über den Seinscharakter des Zu-Seins der Existenz in einem Zusammenhang mit der Erschlossenheit des »Da« des Seins, in dem ein Sinn von Sein als »woraufhin« des Verstehens
von Seiendem bloß als Seiendes offenbar werden kann.

Nun beginnt das Denken der Erschlossenheit als solcher damit, daß das Erschlossene nicht nur in seiner Bestimmtheit als ein Seiendes aufgefaßt wird, sondern daß diese Bestimmtheiten als Möglichkeiten von ihrer Identität mit dem Seienden als solchem unterschieden werden, so daß darin die Erschlossenheit als solche aufscheinen kann. Diese Seite der Existenz beschreibt Heidegger nun so, daß darin in einem ersten Zugang bereits der argumentative Sinn der Konzeption der Eigentlichkeit als der »Wahrheit« und der »Entschlossenheit« als der »eigentlichen Wahrheit« des Daseins aufscheint. Bereits am Anfang von SuZ heißt es: "Das Dasein versteht sich selbst immer aus seiner Existenz, einer Möglichkeit seiner selbst, es selbst oder nicht es selbst zu sein. Diese Möglichkeiten hat das Dasein entweder selbst gewählt, oder es ist in sie hineingeraten oder je schon darin aufgewachsen. Die Existenz wird in der Weise des Ergreifens oder Versäumens nur vom jeweiligen Dasein selbst entschieden." (12) Das Zu-Sein, in dem das Dasein sich zu sich in seinem Sein verhält, ist demnach ein Verhalten zu sich und seiner Welt in der Struktur der Möglichkeit. In dieser Struktur verhält das Dasein sich zu dem Erschlossenen, indem es sein Verständnis in der Differenz hält zwischen dem Erschlossenen selbst und einem Horizont von Möglichkeiten. Darin kann es sich »selbst« wählen oder verfehlen, ohne daß dieses »Selbst« eine begriffliche Bestimmtheit aufweisen könnte, mit deren Hilfe sich das Dasein als Individuum von anderen bestimmten Individuen unterscheiden und sich gegen sie definieren könnte. Erschlossen ist es also nicht, indem es eine bestimmte Wahl trifft, sondern indem es sich in seiner Welt in einem Horizont von Möglichkeiten befindet.

Der Gedanke der »Eigentlichkeit« als des Grundverhältnisses des Selbstbewußtseins unter der Perspektive der Erschlossenheit und damit des Verstehens von Sein in seinem Sinn läß sich in seiner argumentativen Bedeutung in SuZ also nur aus dem Zusammenhang einer komplizierten Konstellation aufklären, die das Zu-Sein der Existenzialität als Verhältnis zu sich und zugleich als Verhältnis zum je eigenen Sein mit dem In-der-Welt-sein einerseits und der Jemeinigkeit andererseits verbindet. Das Zu-Sein als Sichverhalten zum eigenen Sein könnte demnach als das in SuZ fundamentale Selbstverhältnis verstanden werden, auf dem die Eigentlichkeit gründet. Mit Eigentlichkeit wird jedoch das Selbstverhältnis auch nach einer besonderen Perspektive bezeichnet, die von ausgezeichneter Bedeutung für die Aufklärung jener Perspektive auf die Erschlossenheit und das Verstehen von Sein in seinem Sinn ist. Von einem Selbstverhältnis ist nach der Konzeption von SuZ demnach nur in dieser Doppelstruktur zu sprechen, wenn die Perspektive auf das »woraufhin« eines Verstehens von Seiendem bloß als Seiendes und damit auf den Sinn von Sein beachtet wird. In dieser Doppelstruktur stellt sich in Bezug auf die Struktur eines Selbstverhältnisses die Frage nach seiner eigenen Ermöglichung als Frage nach der Dimensionalität der Dimension, innerhalb derer erst ein »sich« als »Verhältnis« möglich ist, in dem Selbst und Selbst ein Verhältnis von Differenz und Identität auseinandertreten können. Im Gedankengang von SuZ ist diese Frage in der Frage nach dem »Da« des Seins impliziert, also in der Frage nach der Erschlossenheit und der Lichtung. Das »Da« des Seins, die Erschlossenheit und die Lichtung bezeichnen damit auch den Horizont der Frage nach jener Dimension, in der Selbst und Selbst in Differenz und Identität so auseinandertreten können, daß darin das Selbst sich von der Welt trennt, so daß ihm Seiendes begegnen kann.

4. Die Eigentlichkeit des Daseins

4.1 Das Sein und die Eigentlichkeit

Wenn unter dem Titel »Eigentlichkeit« das Dasein gedacht wird, wie es sich »zu eigen« ist, so wird damit nicht ein Status gesucht, in dem das Dasein die Verfügungsgewalt über sich besitzt und Herr seiner selbst ist. Es geht auch nicht um eine psychische Verfassung des Menschen, in der er autark und von fremden Einflüssen aus seiner Herkunft und seiner sozialen Welt unabhängig leben würde. Schon gar nicht darf dabei an das Streben nach Selbstverwirklichung gedacht werden, weder im psychologischen Sinne, noch als ein Sich-finden in allen weltlichen Bestimmungen. Das »eigen« ist grundsätzlich nicht im Sinne eines Sich-Besitzens zu verstehen. Aber mit dem Titel Eigentlichkeit wird auch nicht eine Bestimmtheit zum Thema, die jeder Allgemeinheit entbehrt und den Einzelnen als solchen bestimmt, so daß er sich ohne Bezug auf gemeinsame Begriffe von allen anderen unterscheiden und damit auf »private« Weise bestimmt sein könnte. Im »eigentlichen« Sinne »zu eigen« ist sich das Dasein vielmehr gerade dann, wenn es sich nicht durch seine Bestimmtheit von allen anderen unterscheidet, sondern durch seine Bestimmungslosigkeit. Insofern bestimmt es sich darin auch nicht aus der Welt und nicht durch seine Unterscheidung von der Welt, durch die es letztlich doch von der Welt bestimmt bliebe. Dies läßt sich nur dann verstehen, wenn berücksichtigt wird, daß hier nicht eine Aussage über den Menschen als Exemplar einer Spezies getroffen wird, sondern eine Struktur des Daseins gesucht wird, in der das Verständnis des Seins zu einem Sinn gebracht werden kann. Der Status der Eigentlichkeit ist eine Auszeichnung des »Da« des Seins, also des Daseins, insofern es nicht ein bestimmtes Seiendes ist, sondern der »Ort«, an dem Seiendes bloß als solches zum Verständnis kommt.

Wie der Gedanke der Eigentlichkeit den gedanklichen Ansatz des Denkens von SuZ bestimmt, dies läßt sich zunächst aus der Interpretation eines bestimmten Aspekts des Sophistes-Zitats entnehmen, das Heidegger seinem Werk vorangestellt hat. Heidegger folgt hier zunächst einer möglichen Übersetzung von ποτε als »eigentlich« und wiederholt diesen Ausdruck und identifiziert sich mit ihm, wenn er das platonische Problem als Frage formuliert: "Haben wir heute eine Antwort auf die Frage nach dem, was wir mit dem Wort »seiend« eigentlich meinen?" (1). Mit dem, was wir mit seiend eigentlich meinen, ist die Heideggersche Fragerichtung nach wichtigen Hinsichten bezeichnet, wenn wir nicht nur »seiend«, sondern auch »eigentlich« als philosophische Termini verstehen. Dazu sind wir durch Heideggers Hinweis berechtigt, demzufolge die Daseinsanalytik die Aufgabe hat, das eigentliche Sein des Daseins gegen dessen »verfallendes« Selbstverständnis aus dem weltlichen Seienden und damit als ein weltliches und bestimmtes Seiendes herauszuarbeiten. Auf die Bedeutung von »eigentlich«, wie sie sich aus dem Denkzusammenhang von Heideggers Untersuchungen ergibt, sind wir schon deshalb beschränkt, weil die umgangssprachliche Bedeutung von »eigentlich« auszuschließen ist, da sie die Frage von SuZ in die Richtung einer Aufklärung über die »richtige« Bedeutung des Wortes »seiend« lenken würde. Aus den vorangegangenen Erläuterungen ist deutlich geworden, daß die Frage danach auf keinen Fall stehen kann. Heidegger bearbeitet also nicht die Frage, was wir mit »seiend« meinen, sondern er will untersuchen, was wir mit seiend »eigentlich« meinen. Eine der wichtigsten Voraussetzungen für ein angemessenes Verständnis der Aufgabe und der Bedeutung des Projektes von SuZ ist deshalb ein Bewußtsein von der Veränderung, die die Frage nach dem, was wir mit »seiend« meinen, dadurch erfährt, daß sie spezifiziert wird als Frage nach dem, was wir damit »eigentlich« meinen.

Aus diesen Hinweisen auf die philosophisch tragende Bedeutung des Begriffes der Eigentlichkeit läßt sich entnehmen, daß mit diesem Gedanken das mit dem Ausdruck »seiend« Gemeinte mit dem »Eigenen« und damit der »Eigenheit« des Daseins so in eine Verbindung gesetzt wird, daß die Struktur, aus deren Horizont wir Seiendes bloß als solches verstehen können, in einem inneren Zusammenhang mit der Struktur des »Eigenseins« steht. Dieser Zusammenhang wird aber wechselseitig gelten müssen, so daß die Struktur, aus der wir Seiendes als Seiendes verstehen können, auch für den Sinn bestimmend sein wird, in dem wir von der »Eigenheit« des Daseins sprechen können. Es wurde bereits darauf hingewiesen, daß Heidegger auch mit dem Ausdruck »Eigentlichkeit« die Verbindung zu dem idealistischen Grundverhältnis der bewußten Selbstbeziehung aufrechterhält, wenn auch in der für das idealistische Denken ungewohnten Perspektive auf die Erschlossenheit, in der das Sein so »da« ist, daß es im Dasein Sinn erhält. Damit enthält die Frage, was wir mit »seiend« eigentlich meinen, auch die Frage nach einer Beziehung zwischen dem Fortdenken des Selbstverhältnisses und dem Sinn von Sein. Dieses Fortdenken des Selbstverhältnisses könnte demnach gerade darin seine Bedeutung haben, daß ein Gedanke entwickelt wird, demzufolge wir nur im Stand der »Eigenheit« aus dem Sein einen Sinn entnehmen können, so daß die Struktur dessen, was Seiendes bloß als Seiendes zugänglich macht, nur mit Hilfe des Gedankens der »Eigentlichkeit« aufgeklärt werden kann. In Zusammenhang mit den Ausführungen über den Vorbegriff der Phänomenologie drückt Heidegger sich genau in diesem Sinne aus: "Der λόγος der Phänomenologie des Daseins hat den Charakter des ἑρμηνεύειν, durch das dem zum Dasein selbst gehörigen Seinsverständnis der eigentliche Sinn von Sein und die Grundstrukturen seines eigenen Seins kundgegeben werden." (37)

Die Frage nach dem Sein und wie es in seinem »Da« Sinn gewinnt, frägt also auf eine grundsätzlich andere Weise als Fragen von einer vermeintlich gleichen ontologischen Struktur. Nach dem Sein und seinem Sinn, der angeben soll, was wir eigentlich damit meinen, wird geforscht mit Hilfe einer Frage, die nach dem Dasein sucht, insofern wir es ausgezeichnet sehen können durch die Struktur des »eigen«, die wir zunächst »Eigenheit« nennen können, und deren allgemeine Bestimmung Heidegger nach der Ausarbeitung ihrer näheren Auszeichnungen, die wir auch als die Bedingungen der Möglichkeit ihrer Denkbarkeit und Ausweisbarkeit auffassen können, als »Eigentlichkeit« bezeichnet. Dabei sind stets die beiden Richtungen dieser Untersuchung zu beachten, obwohl sie in der Einheit der leitenden Frage verbleiben. Daß nach der »Eigenheit« des Daseins gerade mit einer Frage nach dem Sinn von Sein und seinem »Da« gefragt wird, und daß der Sinn des Seins und seines »Da« sich gerade mit der Frage nach der »Eigenheit« des Daseins verbunden erweist, dies zeigt

66

auch, daß Heidegger in der Struktur von »Eigenheit« ein ganz besonderes Problem erkannte, das nur mit Hilfe der allgemeinsten und umfassendsten Frage, also der nach dem Sein und dessen »Da«, einer Antwort näher gebracht werden kann. Dies kann jedoch nur deshalb deutlich werden, weil Heidegger in dem Verständnis von Seiendem als Seiendes und damit in dem Sinn von Sein ein ganz besonderes Problem erkannte, das nur mit Hilfe einer Frage nach einer auf eine radikale Weise nicht allgemeinen und nicht umfassenden Struktur zur Auflösung gebracht werden kann. Diese Frage spezifiziert Heidegger durch eine Untersuchung dessen, was das »Eigene« und seine »Eigenheit« ausmacht.

Vor dem Hintergrund dieses fundamentalen Zusammenhangs von Sein und »Eigenheit« zeigt sich der Gedankengang von SuZ als ein Unternehmen mit anderem Anfang und anderer Abzweckung als es die unreflektiert verstandene Frage nach einem Sinn von Sein als Frage nach der Begriffsbedeutung vermuten lassen würde. Wenn Heidegger im Zusammenhang der Untersuchung der formalen Struktur der Frage nach dem Sein darauf hinweist, im »Gefragten« liege als das »eigentlich Intendierte« das Erfragte, und das Fragen habe als Verhalten des Fragers als eines Seienden einen »eigenen Charakter des Seins« (5), weshalb das Sein als das Gefragte eine »eigene Aufweisungsart« fordere und der Sinn von Sein als das Erfragte eine »eigene Begrifflichkeit« verlange (6), so behauptet er damit nicht, diese Aufgabe unterscheide sich von anderen und sei in diesem Sinne eine eigene, sondern es wird diese Aufgabe mit dem Problem von »Eigenheit« als solcher verbunden. Schon an diesem Anfang von SuZ wird also beansprucht, die Aufgabe erfordere zuvor und vor allem, das Problem eines angemessenen Begriffes von »Eigenheit« zu lösen, und sie sei durch den bloßen Hinweis auf eine bloße Andersartigkeit der gedanklichen Hilfsmittel für einen angemessenen Umgang mit ihr nicht so bestimmt, daß sie bearbeitet werden könnte. Sie erfordere vielmehr von sich aus Gedanken, die auf angemessene Weise mit dem Konzept der »Eigenheit« umgehen können. Wir können die Fluchtlinie dieses Zusammenhangs in Heideggers Worten so zusammenfassen: "Die wesenhafte Betroffenheit des Fragens von seinem Gefragten gehört zum eigensten Sinn der Seinsfrage."(8)

Wie der ontologische Vorrang des Daseins in der Ausarbeitung der Seinsfrage, so ist auch der ontische Vorrang in der Frage nach dem Sinn von Sein als der Struktur jenes »Ortes«, an dem Seiendes als Seiendes verstanden werden kann, geleitet durch den Richtungssinn einer Ausweisung in den »eigentlich aufweisenden Analysen« (12). Nach den bisherigen Ausführungen können wir davon ausgehen, daß Heidegger damit nicht auf redundante Weise darauf hinweisen will, solche Analysen müßten »eigentliche« sein, damit sie sich von solchen unterscheiden können, die »eigentlich« gar keine Analysen sind, sondern nur prätendieren, es zu sein. Aus der Bedeutung des Konzeptes der »Eigentlichkeit« für das gesamte Unternehmen von SuZ läßt sich entnehmen, daß es sich deshalb um eigentlich aufweisende Analysen handeln muß, weil nur Analysen, die ihre Ausweisung aus der »Eigenheit« des Daseins beziehen können, die als »Eigentlichkeit« in einem expliziten gedanklichen Status formuliert wird, solche gedanklichen Zusammenhänge erbringen können, die einen Vorrang des Daseins unter allem Seienden erweisen. Nun sieht Heidegger die ontische Auszeichnung des Daseins darin, daß es ontologisch ist (12). Auch im Hinblick auf die innere ontologische Bezüglichkeit des Daseins verbindet sich deshalb die Fragestellung nach dem Sein und seinem Sinn mit derjenigen nach der Eigentlichkeit des Daseins und damit mit dem Fortdenken des Selbstverhältnisses unter der Perspektive der Frage nach der Erschlossenheit, also der Begegnung von Seiendem bloß als solchem, bzw. nach der Dimensionalität der Dimension, in der Selbst und Selbst so auseinandertreten können, daß ein Verhältnis von Identität und Differenz gedacht werden kann.

Wenn die »ontologische Analytik des Daseins« nun die Aufgabe hat, den »Horizont« für eine Interpretation des Sinnes von Sein überhaupt freizulegen (15), so steht sie vor der Aufgabe, die »Eigenheit« des Selbstverhältnisses unter der Perspektive seiner Erschlossenheit im Status der »Eigentlichkeit« zu explizieren. In diesem Status soll die Erschlossenheit als solche über die Struktur des »Da« des Seins der philosophischen Analyse zugänglich werden, so daß das »woraufhin« der Begegnung von Seiendem als Seiendes im Sinn von Sein zum Ausdruck kommen kann. Die Eigentlichkeit des Daseins eignet sich dafür jedoch nicht, weil sie sich als bessere von einer schlechteren Beschreibung dessen, was das Dasein wirklich ist, unterscheidet. Es geht hier also nicht um das Verhältnis zwischen einer Beschreibung, die ihrem Gegenstand weniger gut angepaßt ist, zu einer solchen, der die Anmessung besser gelingt. Wenn behauptet wird, zum eigensten Sein des Daseins gehöre es, ein Verständnis eben dieses Seins zu haben (15), wird damit nicht zum Ausdruck gebracht, daß ein Seinsverständnis in den innersten Kern des Wesens des Daseins als eines bestimmten Seienden gehöre, das deshalb auf diese Weise am tiefgründigsten beschrieben werden könne. Der Zusammenhang von eigenstem Sein und Seinsverständnis weist vielmehr gerade darauf hin, daß das Dasein überhaupt nicht wie ein Gegenstand in der Welt beschrieben werden kann, dem »Seinsverständnis« als ein Attribut zukäme, wenn auch als eines von besonderer Dignität.

Wenn das Verständnis von Sein in einem inneren Zusammenhang mit dem eigensten Sein des Daseins steht, so ist es genau und nur das Verständnis von Sein, mit Hilfe dessen das »Eigensein« des Daseins beschrieben werden kann. Das Dasein ist auch in seinem »Sich-zu-eigen-sein« in einem strukturellen Sinn, von dem alle psychologischen Konnotationen ferngehalten werden müssen, nicht ein Gegenstand, der »Eigenheiten« hat. Als »Da« des Seins kann ihm nur ein »Eigensein« zukommen, das ihm ein »Eigenes« von seinem Verständnis des Seins her gibt, also von dem »woraufhin« her, von dem aus ihm Seiendes bloß als Seiendes begegnen kann. Daraus wird deutlich, wie der Sinn von Sein mit diesem einem Dasein möglichen Eigenen in Zusammenhang steht. Mit diesem Sinn soll auch das Eigene des Daseins zum Ausdruck kommen können, weil dieser Sinn die Struktur des Begegnens von Seiendem bloß als Seiendes zum Verständnis bringt und weil nur darin im Denkzusammenhang der Fundamentalontologie von einem Eigenen des Daseins die Rede sein kann, also nicht von einem Eigenen der Exemplare einer Spezies Mensch als Art von bestimmtem Seienden.

Heidegger nimmt das »Eigensein« des Daseins nun nicht unmittelbar zum Thema, sondern sucht über ausgedehnte Analysen die Möglichkeit des Daseins, zu einem

68

Status der »Eigentlichkeit« zu gelangen, aufzuweisen. Auch dies zeigt, daß es nicht um die Zuschreibung von Eigenschaften an einen weltlichen Gegenstand geht. Es muß vielmehr eigens nach einer Situation gesucht werden, in der die Möglichkeit besteht, vom Dasein nicht so zu sprechen wie von einem bestimmten Seienden in der Welt. In dieser Situation muß berücksichtigt werden können, daß das Dasein auch als »Eigensein« als ein Selbstverhältnis existiert, in dem es sich zu seinem Sein verhält, indem es Sein versteht und durch dieses Verständnis Seiendes als Seiendes begegnen lassen kann. Ein solches Selbstverständnis kann jedoch dann nicht unter der Perspektive seiner Erschlossenheit im Verstehen von Sein auf eine adäquate Weise zum philosophischen Thema werden, wenn es in der philosophischen Untersuchung aus seinem Verhältnis zu sich in seinem Sein und in seinem Seinsverständnis heraustritt und selbst zu einem Gegenstand im Sinne eines bestimmten Seienden wird. Die Fundamentalontologie muß also durch ihr eigenes Vorgehen sicherstellen können, daß sie das in ihr zum Thema werdende Dasein durch ihre Analysen nicht so von sich unterscheidet, daß gerade die Struktur nicht mehr zum Thema werden kann, um derentwillen die Fundamentalanalyse vorgenommen wird. Das Dasein muß für die philosophische Untersuchung also so zugänglich werden können, daß es sich selbst als »Da« des Seins in seinem Verständnis des »woraufhin« des Begegnens von Seiendem als Seiendes darstellen kann.

Andererseits kann aber auch nicht die "nächste vor-ontologische Seinsauslegung seiner selbst als angemessener Leitfaden übernommen werden". (15) Es war bereits davon die Rede, daß das Sich-verstehen des Daseins von der ihm begegnenden Welt des bestimmten Seienden her zu den Strukturelementen des Daseins gehört, aus denen sich die Möglichkeit einer Analyse des Daseins unter der Perspektive seiner Erschlossenheit ergibt, also unter der Perspektive, daß in ihm das Sein »da« ist und deshalb Seiendes als Seiendes begegnen kann. Diese positive Bedeutung des »Verfallens« darf durch den negativ besetzten Terminus nicht übersehen werden. Nichtsdestoweniger verhindert diese Struktur des Daseins, daß sein Selbstverständnis als ein bestimmtes Seiendes für die Fundamentalontologie ausreichen könnte. Dazu müßte kontrafaktisch unterstellt werden, daß "dieses Seinsverständnis einer thematisch ontologischen Besinnung auf die eigenste Seinsverfassung entspringen müßte." (15) Die Situation einer Frage nach der Eigentlichkeit des Daseins wird also insbesondere dadurch kompliziert, weil das Dasein sich zwar einerseits das nächste ist, und "wir sind es sogar je selbst", weil das Dasein sich aber andererseits "gerade deshalb ... ontologisch das Fernste" ist (15).

Heidegger nimmt damit eines der schwierigsten Probleme auf, mit denen es eine jede Philosophie zu tun bekommt, die eine Struktur von der Art eines Für-sich-seins ins Zentrum ihres Denkens stellt. Diese Schwierigkeit stellt sich für Heidegger jedoch wesentlicher radikaler als für eine Philosophie, die die Identität des Ich=Ich expliziert, indem sie aus dieser Identität bestimmte Begriffe unseres apriorischen Weltverständnisses deduziert. Mit Hilfe solcher Begriffe kann Heidegger das Selbstverhältnis nicht zu verstehen suchen, da es ihm um dessen Erschlossenheit als solche geht, die sich im Begegnen von Seiendem als Seiendes und nicht als bestimmtes und in bestimmten Begriffen zu verstehendes Seiendes manifestiert. Für das Selbstverhältnis ist sein Sein einerseits das eigenste und nächste, insofern es für sich ist, was es ist. Von dieser Seite gesehen verfügt es über seine eigene Bestimmtheit und kann von außerhalb seiner vollkommenen Selbstreferenz nicht mit Hilfe bestimmter Begriffe in seinem besonderen Charakter eines Für-sich-seins aufgefaßt werden. Wird es also auf bestimmte Weise zu einem philosophischen Thema, so wird es dies nicht als Für-sich-sein. Andererseits aber bleibt es auch dann für sich selbst unverständlich, wenn es mit der begrifflichen Bestimmtheit dieses Verständnisses in seiner Selbstheit verharrt und sein Verständnis nur in sich selbst bestimmt. Es könnte damit die Differenz zwischen sich und sich nicht aufrechterhalten, die von der Möglichkeit einer Identifizierung von sich und sich vorausgesetzt wird. Im Denkzusammenhang von Heideggers Fundamentalontologie würde dies bedeuten, daß seine Erschlossenheit als solche dementiert wird und ihm Seiendes nicht als Seiendes begegnen kann. Ohne dieses bestimmte Verständnis in der Differenz des Selbstverständnisses käme das Sein nicht zu seinem »Da« und es wäre nicht in einem Sinn zu verstehen.

Zum philosophischen Thema kann das Dasein und damit der in ihm verstandene Sinn von Sein also nur werden, wenn das Dasein sich selbst immer schon »irgendwie« verstanden hat. Dieses Selbstverständnis gehört zu seinem eigensten Sein, in dem es sich "je schon in einer gewissen Ausgelegtheit seines Seins" hält und bestimmt (15). Die Selbstverständigung des bewußten Selbstverhältnisses geschieht demnach in einem Seinsverständnis, das als Bestimmung des Für-sich-seins zu seinem eigensten Sein gehört. Indem Heidegger hier von einem Seinsverständnis spricht, weist er zunächst darauf hin, daß diese Relation mit Hilfe der Struktur des »eigensten Seins« in der Eigentlichkeit des Daseins gedacht werden soll. Er weist jedoch auch darauf hin, daß dieses »je schon« gegebene Seinsverständnis nicht einer "thematisch ontologischen Besinnung auf die eigenste Seinsverfassung" entspringt (15). Damit wird nicht behauptet, daß die »thematische ontologische Besinnung« zu einem anderen und besseren bestimmten Seinsverständnis und damit zu einer anderen und besseren Bestimmung des Für-sich-seins unter der Perspektive seiner Erschlossenheit führen müsse. Die »thematisch ontologische Besinnung«, worunter wir jetzt die Untersuchungen von SuZ verstehen können, kann schon deshalb nicht zu einer »besseren« Bestimmung des Seinsverständnisses des für-sich-seienden Daseins führen, weil sie nur als Besinnung auf die eigenste Seinsverfassung des Daseins stattfinden kann, zu dessen eigenstem Sein es gehört, über ein Verständnis von Sein zu verfügen.

Was die »thematische ontologische Besinnung« dem Selbstverständnis des Für-sich-seins im »Eigensein« seiner Erschlossenheit hinzufügen kann, ist also keine andere und bessere Bestimmung des Selbstverhältnisses eines Daseins. Die gesuchte Aufklärung kann also nur den Status des Selbstverständnisses des Für-sich-seins in seiner Erschlossenheit betreffen. Auf Begriffe gebracht werden kann nicht die bestimmte Weise des Selbstverständnisses des Daseins, sondern das »daß« eines solchen Selbstverständnisses. Diese Aufklärung muß ein Bewußtsein über den merkwürdigen Status der Begriffe einschließen, mit denen das Dasein sich selbst versteht, insofern diese Begriffe einerseits notwendig sind, um die innere Differenz des sich von sich aufrechterhalten zu können, obwohl sie andererseits durch ihre Bestimmtheit den genuinen Status des Selbstverhältnisses im Dasein dementieren müssen. Mit dem Thema der Eigentlichkeit findet also auch eine Reflexion auf die innere Natur solcher Bestimmtheiten statt, mit denen sich ein für-sich-seiendes Dasein verstehen können muß, wenn es nach seiner Erschlossenheit und damit nach dem »Da« des Seins in ihm untersucht werden soll. Eine solche Aufklärung beansprucht Heidegger durch eine Besinnung auf die eigenste Verfassung des Seins des Daseins gewinnen zu können.

Die Frage nach dem Sinn von Sein soll demnach auch geeignet sein, das Selbstverständnis des für-sich-seienden Daseins durch eine solche Statusangabe korrigieren zu können, die zwar inhaltlich an diesem Selbstverständnis nichts ändert, die es aber durch die Integration eines Bewußtseins über den Status dieses Verständnisses unter der Perspektive seiner Erschlossenheit transformiert. Dies kann gelingen, wenn eine solche Besinnung einleuchten lassen kann, daß gerade auf diese Weise die »eigenste Seinsverfassung« im »eigensten Sein« auf einem reflektierten Niveau zum Ausdruck kommt. Dieses höhere Reflexionsniveau besteht zunächst also in der Aufklärung darüber, daß das Dasein die Bestimmung seines für-sich-seienden Eigenseins, in der es erst »faktisch« für sich sein kann, stets aus der »Welt« nimmt. Um ein Verhältnis zu sich selbst einnehmen zu können, in dem es in seinem eigenen Sein ist und Seiendes als solches begegnen lassen kann, muß das Dasein in sich einen Bezug zu Bestimmtheiten aufnehmen können, die es als unabhängig von sich selbst bestimmt ansehen und damit einem Bereich jenseits seines Selbstverhältnisses zuordnen muß, der damit ebenso auf es bezogen wie von ihm unterschieden ist. Das Dasein versteht das eigene Sein und damit seine »Eigenheit« zunächst aus dem Seienden in der Welt, so daß es sich zu der Bestimmtheit von Seiendem "wesenhaft ständig und zunächst verhält" (15). Deshalb gehört die "ontologische Rückstrahlung des Weltverständnisses auf die Daseinsauslegung" (16) in das eigene Seinsverständnis des Daseins. Durch die »Heraushebung« des Seins des Daseins muß das Dasein aber von sich selbst her eine Möglichkeit bieten, sich so aufzufassen, wie es für sich in seiner Erschlossenheit sein kann, ohne daß damit sein Selbstverhältnis aus dem Seienden in der Welt und damit im Sinne eines bestimmten Seienden aufgefaßt werden muß. Der Auflösung dieser Schwierigkeit nähert sich Heidegger, indem er die Struktur der »Eigenheit« des für-sich-seienden Daseins in explizitem Sinne in dessen »Eigentlichkeit« als Begriff einer nicht von der Bestimmtheit des nicht-daseinsmäßigen Seienden determinierten »Eigenheit« im für-sich-seienden Selbstverhältnis des Daseins unter der Perspektive seiner Erschlossenheit auszudrücken versucht.

Demzufolge muß der Thematik der Eigentlichkeit auch eine wohldefinierte Bedeutung im Argumentationszusammenhang von SuZ zukommen. Die Analytik des Daseins findet in der Untersuchung des In-der-Welt-seins zwar bereits die fundamentale Struktur jener Differenz im »Da« des Seins, die Heidegger als »Sorge« bezeichnet und als Sinn des Seins des Daseins. Damit ist eine Struktur gefunden, in der jenes »woraufhin« des Horizontes, aus dem Seiendes bloß als Seiendes dem Dasein begegnen kann, in der Bestimmtheit eines Sinnes zum Ausdruck kommt. Dieser Sinn gibt eine Struktur an, die aus jener Differenz entwickelt wurde, in der das Dasein sich aus dem Seienden versteht und darin sich von sich unterscheidet. Aus dieser Differenz ergibt sich die Möglichkeit, den Horizont der Begegnung von Seiendem als Seiendes mit Hilfe eines Sinnes anzugeben, der das »Da« des Seins bestimmt, ohne es auf dem Niveau der Auffassung von bestimmtem Seienden zu verstehen. Aber aus der Herkunft dieses Seinssinnes aus dem sich aus seiner Welt und damit von bestimmtem Seienden her verstehenden Dasein resultiert auch ein Mangel dieses Ausdrucks einer Bestimmtheit des »woraufhin«, aus dem her Seiendes als Seiendes verstanden werden kann. Aufgrund dieser Herkunft kann damit nur eine Seite der Bewegungsstruktur des In-der-Welt-seins verstanden werden, nämlich jene, nach der das Dasein sich aus dem Seienden in der Welt verstehen muß, um sich überhaupt auf bestimmte Weise verstehen zu können. Wird das Dasein aufgefaßt als sich nur aus der Welt verstehend, so ist der mit dem Ausdruck seines Seinssinnes erhobene Anspruch, es in der Differenz der Bewegungsstruktur seines Selbstverständnisses nach seinem Sein bestimmen zu können, nicht vollständig eingelöst.

Indem mit der Frage nach der Eigentlichkeit des Daseins nun ein Verständnis seiner »Eigenheit« gesucht wird, so wird das Ergebnis der Fundamentalanalytik, also der Seinsinn des Daseins als »Sorge«, nicht dementiert. Er zeigt sich ohne die Untersuchung einer möglichen Eigentlichkeit des Daseins jedoch als unvollständig. Wenn die Unvollständigkeit dieser Struktur aber darin liegt, daß das Dasein darin nur nach seinem Selbstverständnis aus dem auf bestimmte Weise begegnendem Seienden verstanden wird, so ist der Status der Thematik der Eigentlichkeit im Denk- und Argumenationszusammenhang von SuZ dadurch bestimmt, daß Selbstverständnisweisen des Daseins gefunden werden müssen, in denen es sich nicht aus dem in seiner Welt begegnenden Seienden versteht, sondern ohne Bestimmung und »aus sich selbst«. Damit wird die andere Seite der Differenz zum Thema, in der das Dasein sich als »woraufhin« der Begegnung von Seiendem als Seiendes und damit als »Da« des Seins erweisen kann. Indem eine Differenz aber nur als zweistellige Relation verständlich werden kann, kommt damit der Sinn des Seins des Daseins in der Sorgestruktur erst zu seinem vollständigen Ausdruck. Insofern ändert sich die Sorgestruktur jedoch nicht. Sie wird mit der Untersuchung einer möglichen Eigentlichkeit des Daseins nur zu der Verständlichkeit gebracht, die in ihr bereits zuvor angelegt war, ohne daß dieser Anspruch eingelöst werden konnte.

Wenn die Analyse der Eigentlichkeit des Daseins schließlich zu einem neuen Ausdruck für das Sein des Daseins führt, so wird die Struktur der »Sorge« damit also nicht zurückgenommen. Diese Entwicklung im Denkweg von SuZ führt bei genauer Betrachtung auch nicht vom Sinn des Seins des Daseins zum Sinn des Seins. Der Sinn des Seins ist nur die Form, in der das »Da« des Seins zum Ausdruck kommen kann, und insofern nicht vom Sinn des Seins des Daseins unterschieden. Wenn dennoch die Rede davon sein kann, daß in der Analytik des Daseins und damit der Interpretation des für-sich-seienden Daseins nur das Sein dieses Seienden gewonnen werde, nicht aber der Sinn dieses Seins, weshalb die Analytik »vorläufig« bleibt und nur den "Horizont für die ursprünglichste Seinsauslegung" angibt, so ist dies aus der unvollständigen Angabe der Seinsstruktur des Daseins in der »Sorge« zu verstehen. Die »Wiederholung« dieser »vorbereitenden« Analytik des Daseins soll "auf der höheren und eigentlichen ontologischen Basis" stattfinden (17). Ein Verständnis des Ausdrucks »eigentlich« in dieser Formulierung im Sinne einer nun erst »wirklichen« und ihren Begriff ganz erfüllenden ontologischen Basis würde dem argumentativen Zusammenhang von SuZ nicht entsprechen. Es müßte behauptet werden, die Analytik des Daseins, die doch das Sein des Daseins bestimmen soll, wäre überhaupt nicht mit dem Sein befaßt oder doch nur auf eine »uneigentliche« Weise.

Dies ist auch insofern falsch, als auch die Fundamentalanalytik mit der »Eigenheit« des für-sich-seienden Daseins in seiner »Eigentlichkeit« befaßt ist, ebenso wie die »wiederholende« Analyse sich noch mit dem Dasein in seinem »verfallenden« Sich-verstehen aus dem begegnenden bestimmten Seienden beschäftigt. Ohne die Vorwegnahme einer möglichen Eigentlichkeit des Daseins bliebe in der Struktur der »Sorge« nicht jene Differenz erhalten, die es ermöglicht, einen Sinn von Sein im »Da« des Seins in der Form einer Bestimmtheit zu verstehen, die nicht die Bestimmtheit von bestimmtem Seienden reproduziert. Wenn das Dasein in der »Sorge« in der Differenz zu sich steht, so impliziert diese Struktur eine Verwiesenheit auf das Dasein in seiner möglichen Eigentlichkeit. Diese Verwiesenheit wird in der »Wiederholung« der Analytik explizit eingeholt. Als Wiederholung kann sie aber nur stattfinden, weil in der Fundamentalanalytik die Seinsstruktur des Daseins mit Hilfe einer Implikation ausgearbeitet wurde, die in der Untersuchung des Daseins auf eine mögliche Eigentlichkeit eingeholt werden muß. Wäre diese Untersuchung jedoch nicht mehr mit dem Dasein in der Struktur jener Differenz beschäftigt, die sich aus dem Sich-verstehen aus dem begegnenden Seienden ergibt, so könnte sie nicht hoffen, das »woraufhin«, aus dem Seiendes als solches begegnen kann, in der bestimmten Struktur eines Sinnes von Sein zum Ausdruck bringen zu können. Wäre das Dasein nur als »eigenes« und damit nur nach seiner Eigentlichkeit beschreibbar, so würde es sich entweder als von sich selbst her bestimmungs- und begrifflos jeder philosophischen Aufklärung entziehen, oder es würde in einer nur dem analysierenden Philosophen zugehörigen Betrachtung »von außen« als Verhältnis zu sich und damit in seiner Jemeinigkeit und Existenzialität dementiert. Damit wäre nur ein bestimmtes Seiendes auffaßbar und nicht das »Da« des Seins, aus dem das »woraufhin« der Begegnung von Seiendem als Seiendes seinen ermöglichenden Sinn gewinnt.

Auf der »eigentlichen« ontologischen Basis kann demnach eine »Wiederholung« der Analytik des Daseins, die nicht nur das Sein, sondern auch den Sinn des Seins des Daseins zum Verständnis bringen soll, nur so stattfinden, daß sie auf der gedanklichen Grundlage der in der Fundamentalanalytik durchgeführten Interpretation der Seinsstruktur des Daseins ein Verständnis der »Eigentlichkeit« der explizit aufgefaßten »Eigenheit« des für-sich-seienden Daseins gewinnt. Eine Weiterführung vom Sein des Daseins zum Sinn dieses Seins liegt darin nur insofern, als der Sorgestruktur explizit eine Seite integriert wird, die bei ihrer ersten Formulierung nur vorausgesetzt werden mußte. Mit dem Sinn des Seins des Daseins soll der Horizont angegeben werden, von dem her Sein verstanden werden kann, und Sinn ist das, "worin sich die Verstehbarkeit von etwas hält, ohne daß es selbst ausdrücklich und thematisch in den Blick kommt. Sinn bedeutet das Woraufhin des primären Entwurfs, aus dem her etwas als das, was es ist, in seiner Möglichkeit begriffen werden kann." (324) Wenn mit der Eigentlichkeit des für-sich-seienden Daseins dessen »Eigenheit« explizit wird, so wird damit die Bestimmung des Seins dieses Seienden fortgeführt. Wenn diese Frage nun weitergeführt wird, bis sie in der Struktur der »Zeitlichkeit« zu einer Antwort gelangt, so wird weiter nach jenem »Woraufhin eines primären Entwurfs« gesucht, von dem her die als Eigentlichkeit explizit gemachte »Eigenheit« des für-sich-seienden Daseins in ihrer Einheit mit dem »verfallend« sich aus dem begegnenden bestimmtem Seienden verstehenden Dasein zum Verständnis kommen kann. Erst von dieser Einheit her kann eine Struktur der Eigentlichkeit denkbar und verständlich werden, von der her das Für-sich-sein des Daseins in seiner Jemeinigkeit und Existenzialität nach seiner vollständigen Struktur gedacht werden kann.

Wenn Heidegger die Untersuchung eines Zusammenhanges von Sein und Zeit mit der Frage nach dem beginnt, was wir mit seiend eigentlich meinen, so enthält diese Formulierung in nuce bereits den Zusammenhang zwischen der Frage nach dem Sein in seinem verständlichen Sinn und dem Fortdenken des bewußten Selbstverhältnisses unter der Perspektive seiner Erschlossenheit, in dem Seiendes als solches begegnen kann. Dieser Zusammenhang wird über den Gedanken des Seins als eines bedeutungslosen Begriffes hergestellt, der ohne Bedeutung Sinn hat. Die Fähigkeit eines solchen bedeutungs- und bestimmungslosen Verstehens über das Verstehen von bestimmtem Seienden unter dem Vorzeichen seiner Bestimmtheit hinaus ist die Leistung, die das »Eigensein« das Daseins charakterisiert. Das Thema der Eigentlichkeit ist im Denkzusammenhang von SuZ demnach so situiert, daß es aus dem Beitrag verstanden werden muß, den es zur Aufklärung der inneren Differenz des bewußten Selbstverhältnisses unter der Perspektive seiner Erschlossenheit erbringen kann. Eigentlichkeit heißt deshalb gerade nicht das sich verschließende Beharren auf dem eigenen Selbst. Weil das Dasein in seiner Eigentlichkeit nur die andere Seite des »verfallenden« Sich-verstehens aus dem bestimmten Seienden darstellt, deshalb zeigt sich im bewußten Selbstverhältnis unter der Perspektive seiner Erschlossenheit keine Macht zur Bestimmung der äußeren und der inneren Welt aus dem autarken Grund der eigenen Innerlichkeit.

Im bewußten Selbstverhältnis öffnet sich unter der Perspektive auf seine Erschlossenheit vielmehr durch seine innere Bezogenheit auf das »woraufhin« eines Verstehens von Seiendem als Seiendes und damit auf den Sinn von Sein jene »Dimension«, die die Einheit von Identität und Differenz im Selbstverhältnis ermöglicht, und es eröffnet sich ebenso jene Dimension, die das Auseinandertreten zwischen dem Selbstverhältnis und seiner Welt ermöglicht, in dem das Geschehen einer Bestimmung der Welt durch ein Subjekt stattfinden kann, für das die Welt zu einer Welt von Objekten wird. Indem es unter der Perspektive seiner Erschlossenheit aus dem Woraufhin des primären Entwurfs verstanden wird, von dem her etwas als das, was es ist, in seiner Möglichkeit begriffen werden kann, öffnet sich die Dimension des bewußten Selbstverhältnisses, in das das Selbst sich von seinem Selbst unterscheiden kann, sobald es sich selbst von etwas her versteht, das über seine »Eigenheit« hinaus Sinn besitzt. Die Dimension eröffnet sich also, indem das bewußte Selbstverhältnis sein Sein von dessen Sinn her versteht, der ihm als »woraufhin« eines Verstehens von Sein die Begegnung von Seiendem bloß als Seiendes ermöglicht. Das Thema der Eigentlichkeit des Daseins situiert sich demnach aus einem Denkzu-

sammenhang, in dem über dieses Sich-Verstehen von einem Woraufhin des Entwurfs her die »Dimension« der Differenz im Selbstverhältnis und damit der Differenz
im Auseinandertreten von Selbstverhältnis und Welt gedacht wird.

4.2 Eigentlichkeit und Ganzheit

Heidegger beantwortet die Frage nach dem Sein des Daseins im weiteren Aufwei-
sungsgang von SuZ schließlich mit einer Entwicklung der Sorgestruktur, die ihm
geeignet erscheint, das Dasein in seiner Eigentlichkeit und »Ganzheit« nach dem Sinn
seines Seins zum Ausdruck zu bringen. Diese Struktur ist eine Transformation der
Sorgestruktur und stellt deshalb die weitere Entwicklung einer Bestimmtheit für das
»Da« des Seins dar, also einen Sinn von Sein, mit dem das Dasein Seiendes als Seiendes aus einem »woraufhin« seines Seins begegnen lassen kann. Heidegger bringt
diese Struktur schließlich in der Konzeption der Temporalität auf einen Begriff, den
er retrograd aus dem von ihr abkünftigen Phänomen der Zeit entnimmt. Demnach
nimmt die Antwort auf die Frage nach dem Sinn von Sein nicht nur Bezug auf die
Transformation der Sorgestruktur im Status der Eigentlichkeit, sondern hängt auch
von der Antwort auf eine andere Frage ab, die nach dem Dasein im Status seiner
»Ganzheit« frägt. Erst im Durchgang durch die Erörterung der »Ganzheit« des Daseins kommt schließlich die Eigentlichkeit des Daseins zu ihrem vollständigen Ausdruck. Damit beansprucht Heidegger die »eigentliche Wahrheit« des Daseins gefunden zu haben, die er als »Entschlossenheit« bezeichnet.

Die »eigentliche Wahrheit« ist jedoch nicht eine »bessere« oder »wahrere« Wahrheit,
sondern sie ist die Wahrheit, wie sie im Dasein ist. Sie ist die Wahrheit des »Da« des
Seins, in dem im Dasein von dem »woraufhin« des Sinns von Sein her Seiendes als
solches begegnen kann. Die »eigentliche Wahrheit« führt also den Gedanken der
Erschlossenheit des Daseins weiter, also der »Wahrheit«, die für alle Wahrheit und
Falschheit im Bereich des bestimmten Seienden vorausgesetzt werden muß, weil sie
die Struktur des Daseins darstellt, aufgrund derer ihm die Welt erschlossen ist. Demnach ist der Gedanke einer »Ganzheit« des Daseins von seiner Stellung im Denkzusammenhang der Frage nach dem Sinn von Sein als Frage nach einer Struktur des
»Da« des Seins her zu verstehen. Auch mit der »Ganzheit« des Daseins wird weiter
nach einem angemessenen Begriff für diejenige Struktur gefragt, in der ein Sinn für
das »woraufhin« der Möglichkeit des Begegnens von Seiendem als Seiendes zum
Ausdruck kommt. Das Dasein in seiner Eigentlichkeit und »Ganzheit« ist das Dasein
in einer Erschlossenheit, in der ihm die Welt zugänglich wird, indem ihm vor aller
Bestimmtheit des Seienden das Seiende als solches erschlossen ist. Darin zeigt sich
das Dasein in seiner »Entschlossenheit«, mit der die »eigentliche Wahrheit« und die
»eigentliche Erschlossenheit« bezeichnet wird, als das »Da« des Seins, in dem der
Sinn von Sein im Ausdruck der Zeitlichkeit gefunden werden kann.

Daraus läßt sich bereits entnehmen, daß unter dem »Ganzsein« des Daseins nicht
eine »Vollständigkeit« des Menschseins verstanden werden kann. »Ganz« kann das
Dasein nicht deshalb genannt werden, weil eine Definition des Menschen gegeben
wurde, mit der seine begriffliche Bestimmung als abgeschlossen gelten kann. Eben-

sowenig kann es um das subjektive Bewußtsein einer vollständigen Verwirklichung der zu dem Idealbild des eigenen Selbst gehörigen Vorstellungen gehen, die Menschen in ihrem Streben nach Selbstverwirklichung in der Welt zu realisieren wünschen. Der Gedanke einer möglichen Ganzheit des Daseins kann nur aus dem Gedankenzusammenhang verstanden werden, in dem in SuZ das Dasein als »Da« des Seins und als der »Ort«, an dem Seiendes bloß als solches verstanden werden kann, zum Terminus und zum Thema wird. Von einer Ganzheit des Dasein kann also nur die Rede sein aus dem Bezug dieses Gedankens auf das »woraufhin« eines Verständnisses, von dem her im Dasein Seiendes als Seiendes begegnen kann, so daß dieses »woraufhin« in einem Sinn von Sein seinen Ausdruck finden kann. Wenn dieser Zusammenhang beachtet wird, so können solche naheliegenden Auffassungen nicht mehr herangezogen werden, die im Ausgang von der Vorstellung oder dem Idealbild eines »ganzen Menschen« die Ganzheit des Daseins im Sinne der Fülle der Existenz eines »ganzen Daseins« zu verstehen suchen.

Der besondere Status einer Frage nach der Ganzheit des Daseins, mit dem sich eine solche Frage von der mit dem gleichen Wort zu bezeichnenden Frage nach der Ganzheit von Dingen in der Welt und von der des Menschen als einem Seienden in der Welt unterscheidet, läßt sich aus dem Zusammenhang der Heideggerschen Fragestellung mit dem idealistischen Gedanken der Begründung der apriorischen Begriffe unseres Weltverständnisses aus der Identität des bewußten Selbstverhältnisses verstehen. Eine Frage nach der Ganzheit des Selbstverhältnisses wäre im idealistischen Gedankenzusammenhang unsinnig erschienen, da die Identität von Denken und Sein in der Identität des Ich=Ich bereits als solche »ganz« ist und den Gedanken eines Anfangs des Weltverständnisses vollständig erschöpft. Erst wenn Heidegger seine Frage nach der Denkbarkeit der Eröffnung der Differenz in diesem Verhältnis als Voraussetzung jener Identität stellt und damit nach der im bewußten Selbstverhältnis sich ereignenden Erschlossenheit frägt, kann eine Frage nach der Ganzheit Sinn gewinnen. Daraus ergibt sich eine wichtige Determinante für ein Verständnis dieser Frage. Die Frage nach der Ganzheit des Daseins kann gestellt werden, weil das Dasein in sich eine Differenz enthält, die nicht unmittelbar wieder durch eine Identität aufgehoben wird, wie dies für das bewußte Selbstbewußtsein gilt. Diese Differenz ist im Denkzusammenhang der Fundamentalontologie das »woraufhin«, von dem her Seiendes als Seiendes verstanden werden kann und das in einem Sinn von Sein zum Verständnis gebracht werden soll.

Die Ganzheit des Daseins wird also zum Thema als Frage nach der Ganzheit der Erschlossenheit des Daseins und damit nach der Ganzheit des »Da« des Seins. Sie gewinnt ihren Sinn damit aus der Intention, den das »Da« des Seins zum Verständnis bringenden Sinn von Sein in seiner Ganzheit zum Ausdruck bringen zu können. Wenn es demnach nicht um die Ganzheit von bestimmtem Seienden gehen kann, so wird eine solche Ganzheit auch nicht mit Hilfe solcher Begriffe ausgedrückt werden können, die für Seiendes in seiner Bestimmtheit gelten, sondern sie wird einen inneren Bezug zu dem Seienden aufweisen müssen, wie es bloß als solches und ohne weitere Bestimmtheit in der Erschlossenheit des Daseins begegnen kann. Es ist also in diesem Sinne zu verstehen, wenn Heidegger die Interpretation eines »Ganzseins«

des Daseins als Voraussetzung für die Formulierung des Sinnes von Sein für nötig hält und die Bestimmung dieses »Ganzseins« zu der Aufgabe der »ursprünglichen existenzialen Interpretation« des Daseins zählt: "Soll die Interpretation des Seins des Daseins als Fundament der Ausarbeitung der ontologischen Grundfrage ursprünglich werden, dann muß sie das Sein des Daseins zuvor in seiner möglichen Eigentlichkeit und Ganzheit existenzial ans Licht gebracht haben." (233) Eine solche Interpretation kann offensichtlich nicht nach dem Ganzsein eines bestimmten Seienden suchen, da der Sinn von Sein nicht in einer Auffassung des Daseins im Status seines Selbstverständnisses als weltliches Seiendes gefunden werden kann, den Heidegger als »Verfallen« bezeichnet.

Wenn also nach dem Dasein als »Da« des Seins in seiner Eigentlichkeit gefragt wird, das als eigentliches ganz sein können soll, so wird damit nach der Ganzheit der Eigentlichkeit gefragt, also danach, unter welchen Umständen die Eigentlichkeit des Daseins als ganz bezeichnet werden kann. Unter dem Titel eines Ganzseins des Daseins wird untersucht, wann das Dasein ganz und vollständig eigentlich ist. Nach den vorangegangenen Erörterungen über Sinn und Status des Gedankens der Eigentlichkeit im Zusammenhang von SuZ kann nicht mehr das Mißverständnis entstehen, auf diese Weise werde die Möglichkeit eines Sich-zu-eigen-seins des Menschen durch den Gedanken einer Autarkie und in sich abgeschlossenen Selbstgenügsamkeit überhöht. Das Thema der Eigentlichkeit ist nur aus der Bewegungsstruktur der Erschlossenheit zu verstehen, die ohne »Verfallen« und Sich-verstehen aus dem bestimmten Seienden der Welt nicht zu einer begrifflichen Bestimmung gelangen kann, in der aber ohne die gegenläufige Bewegung der Eigentlichkeit gerade nicht die Erschlossenheit als »Da« des Seins und damit das »woraufhin« des Verständnisses des Seienden als eines solchen zum Ausdruck kommen könnte. Wenn die Eigentlichkeit also nun in ihrer Ganzheit zum Thema werden soll, so ist der Gedanke der Ganzheit des Daseins auch aus dem Bezug auf das »Verfallen« als Selbstverständnis aus den Begriffen des bestimmten Seienden zu verstehen.

Demnach kann der Gedanke einer möglichen Ganzheit des Daseins als Äquivalent der Ganzheit des »verfallenden« und sich von bestimmtem Seienden her begreifenden Sich-verstehens auf der Seite der Eigentlichkeit jener Bewegungsstruktur verstanden werden, aus deren Zusammenhang Verfallen und Eigentlichkeit zu verstehen sind. Es geht dabei also um die Möglichkeit einer Ganzheit auf der Seite der Eigentlichkeit dieser Bewegungsstruktur, die zunächst nur negativ bestimmt ist als nicht von dem weltlichen Seienden her bestimmt. Die Seite des »Verfallens« ist ja von vornherein in einer Ganzheit gegeben, insofern sich das Dasein nach dieser Seite stets und unter allen Perspektiven als bestimmt auffaßt und von anderen ebenso bestimmt verstanden wird. Dies schließt Veränderungen in den Begriffen nicht aus, mit denen das Dasein sich in diesem Status auffaßt und aufgefaßt wird. Dies kann bis zu umfassenden Neubestimmungen reichen, in denen der geschichtliche Mensch ein grundlegend verändertes Selbstverständnis annimmt. Aber auch wenn vorübergehend Zustände eintreten, in denen vollständig fraglich ist, was der Mensch sei, so sind diese Fraglichkeiten in sich auf eine neue Bestimmung hingeordnet und münden aufgrund ihrer inneren Intentionalität wieder in neuen Bestimmtheiten. Insofern ist die Seite des

»Verfallens« als Sich-verstehen aus den Bestimmtheiten des weltlichen Seienden immer »ganz« und die Fundamentalontologie muß sich dieser Ganzheit nicht eigens versichern.

Die andere Seite der Bewegungsstruktur des Daseins dagegen hat bisher nur eine negative Bestimmung erhalten. Wenn das »Da« des Seins als das »woraufhin« eines Verständnisses von Seiendem bloß als Seiendes durch Eigentlichkeit ausgezeichnet wird, so wird es dadurch nicht durch die Begriffe einer individuellen Bestimmtheit beschrieben, die es bloß aus sich heraus entwickeln könnte, sondern es wird ihm die Möglichkeit zugeschrieben, sich von jenen Begriffen des weltlichen Seienden zu unterscheiden, unter denen es sich »verfallend« versteht. Die Bedeutung des Gedankens der Ganzheit des Daseins zeigt sich demnach aus der Intention, auch dieses Sich-verstehen ohne die Hilfe weltlicher Bestimmtheiten als »ganz« verstehen zu können und nicht nur als einen privativen Modus der allein ganz zu nennenden »verfallen-den« Bestimmtheit. Der Gedanke der Ganzheit des Daseins stellt damit im argumentativen Zusammenhang von SuZ den Versuch dar, jener nur negativ bestimmten Seite der Bewegungsstruktur von »Verfallen« und Eigentlichkeit, nach der das Dasein sich nicht aus dem weltlichen Seienden bestimmt und damit erst als »Ort« der Begegnung von Seiendem als Seiendes und eines Verständnisses von Sein in seinem Sinn aufscheint, eine Eigenständigkeit zu verschaffen, mit der diese Seite jenseits einer bloß negativen Bestimmtheit sich als ebenso »ganz« erweisen kann wie die Seite des »verfallenden« Selbstverständnisses. Indem dem Dasein in seiner Eigentlichkeit eine Ganzheit zugeschrieben wird, verliert der Status der Eigentlichkeit des Daseins seinen privativen Status und erhält eine eigenständige Bedeutung. Aus der Bewegungsstruktur von »Verfallen« und Eigentlichkeit ergibt sich jedoch, daß dieser Status damit nicht seine Bezogenheit auf den Status des Selbstverständnisses aus der Bestimmtheit des weltlichen Seienden verliert. Aber es entsteht eine Beziehung zweier Relata, deren eines nicht mehr nur als Privation des anderen bestimmt ist.

Die Frage nach dem »Ganzsein« des Daseins wendet sich also ebenso gegen ein Verständnis und Selbst-Verständnis des Daseins als eines von den weltlich bestimmten Gegenständen her zu begreifenden und deshalb selbst weltlichen Seienden, wie dies bereits mit der Frage nach der Eigentlichkeit intendiert wurde. Mit Hilfe beider Konzepte wird untersucht, ob und wie das »Da« des Seins im Dasein jenseits seines Status als weltliches Seiendes einen Gedanken von genuin philosophischer Dignität darstellen kann. Diese Untersuchung beginnt mit der Explikation der Eigentlichkeit als Struktur des bewußten Selbstverhältnisses unter der Perspektive seiner Erschlossenheit, in der Seiendes als Seiendes begegnen kann. Es geht mit der Frage nach der Ganzheit und der »Eigentlichkeit« des bewußten Selbstverhältnisses unter der Perspektive des Begegnens von Seiendem bloß als Seiendes also nicht darum, ob ein Verständnis der apriorischen Strukturen des weltlichen und bestimmten Seienden aus dem bewußten Selbstverhältnis in seiner Eigentlichkeit und Ganzheit abgeleitet werden kann. Mit dem Gedanken einer »Eigenheit« und Ganzheit des bewußten Selbstverhältnisses unter der Perspektive seiner Erschlossenheit wird das begriffliche Verständnis von bestimmtem Seienden als die »verfallende« Gestalt des Selbstverständnisses im »Da« des Seins aufgefaßt und alle Gestalten des Selbstverständnisses wer-

den nur unter dem Aspekt der Unbestimmtheit der in ihnen manifestierten Selbstbeziehung im »Da« des Seins und im Verständnis des »woraufhin« eines Begegnens
von Seiendem als Seiendes aufgefaßt.

Mit der Frage nach der Ganzheit des Daseins wird also weiter nach der Möglichkeit gefragt, das Dasein als »Da« des Seins so bestimmen zu können, daß es nicht als
bestimmtes Seiendes unter Begriffen verstanden wird, deren Ursprung in der Bestimmtheit weltlicher Gegenstände liegt, daß ihm aber andererseits doch eine solche
Bestimmtheit zugeschrieben werden kann, mit der aus seiner Struktur ein Sinn von
Sein als »woraufhin« des Verstehens von Seiendem als Seiendes entwickelt werden
kann. Unter dem Titel einer Ganzheit des Dasein wird also nicht nach der Fähigkeit
des Daseins gefragt, im »Da« seines Seins Aufklärung über das Ganze seines Welt-
und Selbstverhältnisses geben zu können. Allerdings wird von hier auch der Weg zu
einer Aufklärung über den Status der begrifflichen und theoretischen Bestimmtheiten
führen, in denen wir uns und die Welt verstehen. Diese Möglichkeit ergibt sich gerade aus der Entwicklung des zunächst nur privativen Verhältnisses zwischen »Verfallen« als Sich-verstehen aus den weltlichen Bestimmtheiten einerseits und der Eigentlichkeit des Daseins andererseits hin zu einer Relation zweier »ganzer« Relata,
wie sie mit Hilfe des Gedankens der Ganzheit des Daseins ausgearbeitet wird. Nur
wenn das von Heidegger unter der Perspektive seiner Erschlossenheit als »Da« des
Seins gedachte bewußte Selbstverhältnis auch nach der Seite seiner Erschlossenheit -
»ganz« ist, kann von dieser Seite her Licht auf sein Welt- und Selbstverhältnis fallen
und deutlich werden, wie dieses sich aus der Perspektive der Erschlossenheit des
Daseins darstellt, in der es nur das »Da« des Seins ist und der »Ort«, an dem Sein in
seinem Sinn verstanden werden kann.

Mit dem Gedanken der Ganzheit der Eigentlichkeit soll also vermieden werden,
das Dasein als bestimmt nur im Gegenzug gegen sein Selbstverständnis aus dem
bestimmten Seienden und damit privativ auffassen zu müssen. Wäre das Dasein nach
der Seite seiner Erschlossenheit und Eigentlichkeit nicht »ganz«, so müßte es als bestimmt gegen andere und bestimmtere Verständnisweisen verstanden werden und
würde damit ex negativo den gleichen Status wie ein Verständnis des weltlichen
Seienden annehmen. Damit würde es gerade der inneren Bestimmungslosigkeit im
Verhältnis zur Bestimmtheit von weltlichem Seienden entbehren, die Heidegger mit
dem Dasein als »Ort« des »Da« des Seins, an dem das »woraufhin« des Begegnens
von Seiendem als Seiendes in einem Sinn von Sein zum Ausdruck kommen kann, zu
denken unternimmt. Demnach hängt der philosophische Sinn der Konzeption des
Daseins im Denkzusammenhang von SuZ und damit der Sinn der Frage nach dem
Sinn des Seins auch von der Antwort auf die Frage nach dem »Ganzsein« des Daseins
ab. Mit der Plausibilität einer Ganzheit des Daseins in seiner Eigentlichkeit wird eine
Evidenz dafür erreicht, daß das Dasein in seiner Eigentlichkeit so weit eigenständig
ist, daß es zum Thema einer Explikation des Sinnes von Sein aus seiner inneren
Struktur genommen werden kann; es ist also unter der Perspektive seiner Erschlossenheit »etwas«, ohne von der Welt her verstanden werden zu müssen. Es ist auch
unter der Perspektive seiner Erschlossenheit »etwas«, ohne als Subjekt mit der Fähigkeit zum begrifflichen und theoretischen Einteilen seiner Welt verstanden zu werden.

Insofern ist die Ganzheit des Daseins auch einer der Gedanken, aus denen deutlich wird, warum Heidegger sich so vehement gegen eine Verwechslung seiner Fragestellung mit der Philosophie der Subjektivität wenden mußte. Mit dem Gedanken der Ganzheit der Eigentlichkeit wird das bewußte Selbstverhältnis unter der Perspektive seiner Erschlossenheit zum philosophischen Gegenstand, nicht als Deduktionsgrund apriorischer Bestimmtheiten der erfahrbaren Welt. Seine Ganzheit gehört in den Nachweis der Möglichkeit der Sinnhaftigkeit eines solchen philosophischen Gegenstandes und unterscheidet ihn von der Bestimmtheit eines Selbstverhältnisses unter der Perspektive seiner Bezogenheit auf bestimmtes Seiendes in der Welt. Unter der Perspektive der Erschlossenheit und damit der Möglichkeit einer Begegnung von Seiendem als Seiendes zeigt die Ganzheit des Daseins, daß von der Eigentlichkeit des Daseins und damit von einem »woraufhin« des Verständnisses von Sein auf eigenständige Weise und nicht nur privativ und in Abhängigkeit von dem Bezug auf weltliche Bestimmtheiten die Rede sein kann. Heideggers Frage nach dem Ganzseinkönnen des Daseins erhellt und begründet demnach das in der Fundamentalontologie grundlegend veränderte Denken des bewußten Selbstverhältnisses unter der Perspektive seiner Erschlossenheit. Aus dieser Frage wird deutlich, daß die innere Differenz, die ein Selbstverhältnis konstituiert, unter der Perspektive der Erschlossenheit mit Hilfe einer Unbestimmtheit gedacht werden muß, die sich durch ihre Ganzheit nicht nur als Negation der Bezuges auf eine Bestimmtheit der Welt ausweist, der im idealistischen Denkzusammenhang dem Gedanken eines bewußten Selbstverhältnisses seine philosophische Dignität verschaffte.

5. Die Phänomenalität des Daseins

5.1 In-der-Welt-sein und Phänomenalität

Mit der Eigentlichkeit und der Ganzheit des in-der-Welt-seienden Daseins ist der Gedankenzusammenhang von SuZ an einer Stelle angelangt, an dem der Weg der gedanklichen Entwicklung selbst zum Problem werden muß. »Weg« ist die Übersetzung von μέθοδος, und es ist ein charakteristisches Merkmal einer jeden Philosophie, die sich selbst versteht, daß ihre Methode dem Gegenstand nicht äußerlich sein kann. Niemand hat darauf mehr Nachdruck gelegt als Hegel, dessen Philosophie geradezu als Durchführung des Gedankens verstanden werden kann, daß die Wahrheit nur dann zum Ausdruck gebracht werden kann, wenn sie selbst der Weg ist, auf dem sie sich selbst zum Ausdruck bringt. Deshalb kann es nur "die Natur des Inhalts sein, welche sich im wissenschaftlichen Erkennen bewegt, indem zugleich diese eigne Reflexion des Inhalts es ist, welche seine Bestimmung selbst erst setzt und erzeugt."[19] Die "absolute Methode des Erkennens" ist zugleich die "immanente Seele des Inhaltes selbst", weshalb die Methode nichts anderes ist als eine "geistige Bewegung, die ... somit die immanente Entwicklung des Begriffes ist."[20] Die Methode der Philosophie ist sie selbst und deshalb "nichts anderes als der Bau des Ganzen in seiner reinen Wesenheit aufgestellt."[21]

In der Durchführung dieses Gedankens gelangte Hegel zu einer Philosophie universaler Vermittlung, in der die apriorischen Begriffe, mit denen wir die Welt verstehen, aus dem Geschehen des Begreifens selbst entwickelt werden. In der für das Denken der Philosophie prinzipiell unendlichen Reflexion werden diese Begriffe aber auf jeder Stufe wieder als entwickelte begriffen, so daß sie in ihrer fixen Bedeutung stets ebenso wieder vergehen wie sie entstanden sind. Der Gedanke einer von ihrer Methode ununterschiedenen Philosophie führte Hegel zu der Unterscheidung zwischen dem Verstand, der die Begriffe in ihrer Bestimmtheit festhält, und der Vernunft, die diese Verstandesbestimmungen in der vermittelnden Reflexion auflöst. Die Einheit von Verstand und Vernunft bezeichnete Hegel schließlich mit dem zentralen Begriff seiner Philosophie: der Geist ist die "verständige Vernunft" und der "vernünftige Verstand".[22]

Dieser Weg ist für Heidegger aufgrund der veränderten Fragestellung nicht mehr gangbar. Hegel hatte im Grunde die Kantische Fragestellung nach der Möglichkeit synthetisch-apriorischer Begriffe weitergeführt und die Kantische Antwort im Gedanken des begreifenden Selbstverhältnisses des Ichs der transzendentalen Apperzeption in die Selbstbewegung des Begriffs als sich vermittelndes Begreifen transformiert. Wenn Heidegger nach der Erschlossenheit fragt, in der sich jene Differenz

---

[19] Wissenschaft der Logik, Vorrede zur 1. Ausgabe, Gesammelte Werke Bd. 11, hrsg. v. F.Hogemann u. W. Jaeschke, Hamburg 1978, S.7

[20] ebd. S. 8

[21] Phänomenologie des Geistes, Vorrede, Gesammelte Werke Bd. 9, hrsgg. v. W. Bonsiepen u. R. Heede, Hamburg 1980, S. 35

[22] Wissenschaft der Logik, Vorrede zur 1. Ausgabe, Gesammelte Werke Bd. 11, hrsg. v. F.Hogemann u. W. Jaeschke, Hamburg 1978, S. 7

konstituieren kann, mit der der Gedanke einer apriorisch-begrifflichen Verständlichkeit der Welt entsteht, so kann die Antwort nicht mit einem Gedanken gegeben werden, der nach seiner Genesis und seiner Struktur nur auf die Frage nach der innerhalb
der Erschlossenheit geschehenden begrifflichen Bestimmung der Welt antworten
kann, deren Unterscheidung von einem erkennenden Subjekt sich in Heideggers
Denken als Ergebnis jener Differenzierung darstellt. Hegels Gedanke einer Selbstbewegung des Begriffs müßte Heideggers Gedanken der Erschlossenheit, innerhalb
derer sich alles Begreifen bewegen kann, also notwendig verfehlen. Hier macht sich
erneut die fundamentale Differenz zwischen dem transzendentalphilosophischen
Gedanken des Ichs der transzendentalen Apperzeption bzw. dem objektiv-idealis-
tischen Gedanken des sich zu Begriffen entwickelnden Begreifens und dem Heideggerschen Gedanken des Daseins als des »Ortes« bemerkbar, an dem das Sein »da«
ist, so daß Seiendes bloß als Seiendes verstanden werden kann.

Nichtsdestoweniger kann auch Heidegger nicht mehr hinter die Einsicht in die
prinzipielle Identität von Methode und Gegenstand als Auszeichnung philosophischen Denkens zurück. Nach den vorangegangenen Erörterungen kann auch bereits
die Richtung angegeben werden, in der diese Identität gesucht werden muß. Wenn
die Erschlossenheit in einem »Da« des Seins als Sinn von Sein zum Ausdruck
kommt, so muß dieser Ausdruck einen integralen Bestandteil der Erschlossenheit
und damit des »Da« des Seins darstellen. Was verstanden wird, indem die Bedeutung
dieses Ausdrucks als Sinn von Sein aufgefaßt wird, ist identisch mit jenem Geschehen, in dem in der Existenz des Daseins das Sein »da« ist, indem es sich aufschließt
und zu seiner Erschlossenheit gelangt. Das »Ergebnis« der Erörterungen von SuZ
kann insofern keine neue Erkenntnis sein, sondern nur das, was immer schon gewußt
wurde. Der »Fortschritt« von SuZ kann also nur darin bestehen, daß nach dem Durch-
laufen des Gedankengangs die Einsicht erreicht ist, daß das Ergebnis immer schon
gewußt wurde. Dies ist dann keine neue und vom Philosophen an seinen »Gegenstand« herangetragene Einsicht, wenn sie sich selbst als integraler Teil des Bewußtseins der Differenz der Erschlossenheit des Seins erweist. Damit zeigt sich die Methodenfrage aber als ein Moment in Heideggers Denken des bewußten Selbstverhältnisses unter der Perspektive seiner Erschlossenheit. Das »Ergebnis« von SuZ stellt
sich dann als Selbsterschließung des Daseins als »Da« des Seins in seiner Erschlossenheit dar, wenn das Wissen von dem, was immer schon gewußt wird, sobald die
Erschlossenheit im Dasein geschieht, sich erweisen läßt als immer schon in das bewußte Selbstverhältnis unter der Perspektive seiner Erschlossenheit gehörig.

Der Beginn der einheitlichen Entwicklung von »Gegenstand« und Methode, die zu
diesem Ergebnis und seiner in sich methodischen Struktur führt, läßt sich nun bereits
in dem zentralen Gedanken der Fundamentalanalyse ersehen, in dem das Dasein als
ein Verhältnis von Differenz und Identität erklärt wird. Wenn das In-der-Welt-sein,
aus dem Heidegger die Sorgestruktur und schließlich die Zeitlichkeit als den Sinn
von Sein entnimmt, in die Bewegungsstruktur von verfallendem Sich-verstehen aus dem weltlichen Seienden und bestimmungslosem Selbstverständnis im
Status der Eigentlichkeit entwickelt wird, so wird damit das »Da« des Seins auch als
eine Erschlossenheit erklärt, die im Erschließen sich selbst verständlich macht. Dar-

aus läßt sich erneut verstehen, daß das Thema der Eigentlichkeit des Daseins keineswegs in dem Sinne einen ausgezeichneten Status im Gedankenzusammenhang von SuZ einnimmt, als erst und nur das eigentliche Dasein seinen Seinssinn offenbaren könnte. Die Bestimmtheit, in der das Dasein als bewußtes Selbstverhältnis unter der Perspektive seiner Erschlossenheit aufgefaßt wird, muß vielmehr aus der Bewegungsstruktur von Sich-verstehen aus dem weltlichen Seienden und bestimmungslosem Selbstverstehen in der Eigentlichkeit entnommen werden. Daraus folgt, daß der Suche nach einem Sinn von Sein selbst nur dann Sinn zukommen kann, wenn in die Erschlossenheit des Selbstverhältnisses solche Bestimmtheiten eingeschlossen sind, die dieser bestimmungslosen Erschlossenheit eine angemessene Bestimmtheit verschaffen können. Offenbar muß es sich um Bestimmtheiten handeln, die gleichzeitig bestehen und sich als solche zurücknehmen können, so daß aus der Bewegung dieses Verhältnisses schließlich ein Sinn für den Horizont angegeben werden kann, aus dem her Seiendes bloß als solches und damit nicht als bestimmtes Seiendes begegnen kann.

Wenn das Dasein sich als »Da« des Seins versteht, so dementiert es nicht sein Sichverstehen aus dem weltlichen Seienden. Insofern jedes Verstehen ein Mindestmaß an Bestimmtheit erfordert, das nicht aus dem Begegnen von Seiendem als solchen entnommen werden kann, sondern nur aus bestimmten weltlichen Seienden, kann das Dasein sich im Grunde überhaupt nicht als »Da« des Seins und damit als Dasein verstehen. Dieses Problem reflektiert sich in SuZ, indem in der Fundamentalanalyse als Gegenstand und als Methode die Bewegungsstruktur eines Selbstverständnisses zwischen Verfallen und Eigentlichkeit untersucht wird. Das Dasein stellt sich also dem analysierenden Philosophen nicht anders dar als für sich selbst. Es gewinnt ein Selbstverständnis als »Da« des Seins nur aus dieser Bewegungsstruktur und es eröffnet dem Philosophen ein Verständnis, indem er das Sich-verstehen des Daseins zu verstehen sucht. Darin aber versteht er sich selbst, insofern er in der Frage nach dem Sinn von Sein nicht nach einem bestimmten Seienden und nicht nach dem Selbstbewußtsein in der Bestimmtheit seines Selbstverständnisses frägt, sondern nach dem Sinn von Sein als dem Horizont, aus dem her Seiendes als solches begegnen kann. Mit seiner Frage realisiert er in sich das Dasein, indem er sich nicht bestimmt versteht, sondern als »Ort«, an dem das Sein »da« ist. Er faßt sich im Bemühen um die Ausarbeitung der Frage nach dem Sinn von Sein also nicht nach den Bestimmtheiten auf, in denen sein bewußtes Selbstverhältnis sich realisiert, sondern nach der Unbestimmtheit des Selbstbewußtseins nur unter der Perspektive der Erschlossenheit und der Begegnung von Seiendem als Seiendes verstanden.

In dieser Identität des die Fundamentalanalyse betreibenden Philosophen mit seinem »Gegenstand« erhält sich aber ebenso die Differenz, die jener Bewegungsstruktur von Verfallen und Eigentlichkeit eingeschrieben ist, aus der sich das Dasein als Dasein einerseits und der nach dem Dasein als Dasein fragende und sich damit selbst als Dasein zu verstehen suchende Philosoph andererseits verstehen kann. In dieser Differenz versteht das Dasein sich aus dem weltlichen Seienden, ebenso wie der Philosoph das Dasein und damit sich in seinem genuinen Tun der Frage nach dem Sinn von Sein nur mit Hilfe solcher Bestimmungen verstehen kann, mit denen

das Dasein sich weltlich versteht. Daraus ergibt sich erneut, daß die Fundamentalanalyse und damit der zentrale Gedankengang von SuZ nicht auf die weltlichen
Selbstverständnisformen des Daseins verzichten kann, ohne die keine Bestimmtheit
eines Sinnes von Sein als Horizont des Begegnens von Seiendem als Seiendes angegeben werden könnte. Wenn Heidegger die Suche nach einem Sinn von Sein also mit
der Analyse des In-der-Welt-seins mit seiner Bewegungsstruktur von Verfallen und
Eigentlichkeit beginnt, so gibt er für sein Unternehmen zugleich den »Gegenstand«
und die Methode an. Diese Identität aber findet ihren Ausweis in der Identität von
fragendem und befragtem Dasein, also von Philosoph und Dasein. Genau dies meint
Heidegger, wenn er am Anfang der Daseinsanalyse von der Notwendigkeit spricht,
die Seinsfrage explizit zu stellen, indem die Frageverhaltung selbst untersucht wird.
In diesem Frageverhalten kommen fragendes und befragtes Dasein insofern überein,
als sie sich gerade darin als Dasein zeigen, d.h. als »Da« des Seins in der Fähigkeit,
aus dem Horizont des Seinssinnes Seiendes als solches begegnen zu lassen.

Die Methode von SuZ besteht demnach darin, Methode und »Gegenstand« in der
Identität des Philosophen der Fundamentalanalyse mit dem Dasein der Fundamentalanalyse zur Deckung zu bringen. Im Gedankengang der Fundamentalanalyse versteht
der Philosoph sich als Dasein, und sich als Dasein verstehen heißt in sich die Unbestimmtheit des »Da« des Seins in der Begegnung von Seiendem als Seiendes entdek-
ken. Diese Entdeckung widerfährt dem Philosophen gerade durch die Daseinsanalyse, in der er sich die Möglichkeit eines Fragens nicht nach bestimmtem Seienden,
sondern nach der Erschlossenheit des »Da« des Seins erschließt, also nach der Unbestimmtheit einer Situation, in der Seiendes als Seiendes begegnen kann. Indem er
sich in dieser Frage als Dasein versteht, kann er das Dasein in seiner Unbestimmtheit
eines Begegnens von Seiendem bloß als solches verstehen. Daraus wird näher verständlich, warum Heidegger darauf bestand, in SuZ nur eine Frage ausarbeiten zu
wollen. Pointiert könnte gesagt werden: eine solche Frage ist ihre eigene Antwort,
und die Antwort auf eine solche Frage kann nur durch die Frage selbst gegeben werden. Das Fragen nach dem Sinn von Sein konstituiert den fragenden Philosophen als
»Da« des Seins, also genau unter der Perspektive, unter der er seinen »Gegenstand«
aufnehmen muß, um in ihm eine Struktur finden zu können, die es erlaubt, einen
Sinn von Sein als Horizont des Verstehens von Seiendem als Seiendes zu verstehen.
Insofern könnte die Identität von Methode und »Gegenstand« in SuZ auch als in der
Gestalt einer Selbstuntersuchung des Daseins realisiert aufgefaßt werden.

Nun behauptet Heidegger ziemlich lapidar, die Methode der Untersuchung der
Fundamentalfrage der Philosophie überhaupt sei die phänomenologische, und diese
Behandlungsart bezeichne weder einen »Standpunkt« noch eine »Richtung« (27).
Phänomenologie sei zwar ein »Methodenbegriff«, aber damit sei nicht eine Methode
der Philosophie unter anderen hervorgehoben, sondern damit werde nur das Wie der
philosophischen Forschung bloß als solcher charakterisiert. Gerade als Methodenbegriff sei die Phänomenologie deshalb ursprünglich "in der Auseinandersetzung mit
den Sachen selbst verwurzelt" und die Maxime "zu den Sachen selbst!" wird in der
Tat als das bezeichnet, was der Titel Phänomenologie ausdrücke (27). Daß damit
eine "Selbstverständlichkeit" gesagt ist, nimmt Heidegger nun als positive Aus-

zeichnung der Phänomenologie als dem philosophischen Methodenbegriff, und gerade um diese Selbstverständlichkeit gehe es in der Philosophie, soweit sie mit den »Sachen selbst« beschäftigt ist. Heidegger beansprucht damit, unter dem Titel Phänomenologie genau das durchführen zu können, was wir zuvor als Problem der Einheit von Methode und »Gegenstand« beschrieben haben. Dieses Problem stellt sich in der Form der »Selbst-Verständlichkeit«, in der das »Selbst« der Sache von SuZ zum philosophischen Thema werden kann, weil es darin für sich selbst verständlich wird, also weil es darin nicht als »Gegenstand« für den Philosophen zur Untersuchung gelangt. In der Einheit von Methode und »Gegenstand« soll dieses »Selbst« durch sein Eingeschriebensein in das Selbstverhältnis des Philosophen seine »Selbst-Verständlichkeit« offenbaren, in der die Sache selbst verständlich wird, indem der Philosoph in ihr und durch sie zu seinem Selbstverständnis als Dasein gelangt.

Heidegger fordert deshalb von der genuinen Methode der Philosophie, sie müsse sich durch die "Selbst-Verständlichkeit" ausweisen können, mit der sie zur Untersuchung der »Sachen« ansetzen kann, die sich durch ihre Selbst-Verständlichkeit als philosophische Gegenstände zeigen. Aufgrund dieses Zusammenhanges nennt er nun gerade die Phänomenologie als den einzigen und selbstverständlichen Begriff, der die Methode der philosophischen Forschung auszuzeichnen in der Lage sei. Nach den vorangegangenen Erörterungen ist damit zunächst und in erster Linie keineswegs eine historische Philosophie gemeint, wie sie etwa mit Heideggers Lehrer Husserl verbunden zu werden pflegt. Der Methodenbegriff der Phänomenologie zeigt sich vielmehr in erster Linie als Entwicklung einer Perspektive jener Explikation der »Eigenheit« des Daseins in seiner Eigentlichkeit, die sich nur als Gegenbewegung des verfallenden Sich-verstehens aus dem weltlichen Seienden zeigt. In dieser Bewegung zeigt sich das Dasein als das auf der Suche nach dem Sinn von Sein zu befragende Seiende, weil in sein Selbstverhältnis alles Seiende im Status des »Selbst« eingeschrieben ist, so daß es darin zu einer Selbst-Verständlichkeit gelangen kann, in der es nicht zum Objekt eines Subjekts wird. In der Phänomenalität des Ich wird das Seiende vielmehr zu einem integralen Element des Selbstverständnisses des Daseins, weshalb die Unterscheidung zwischen dem Gedanken der Sache, der eine Bestimmtheit des Selbstverhältnisses darstellt, und der Sache selbst, wie sie jenseits ihres Gedankens bestehen würde, nur noch innerhalb jener »Selbst-Verständlichkeit« rekonstruierbar wird, in der das Dasein in seiner Eigentlichkeit sich selbst in der Verständlichkeit seiner Welt versteht. Dies schließt den Gedanken ein, daß mit dem Seinssinn des Daseins zugleich der Sinn von Sein gefunden wird, da im Dasein das Selbstverhältnis unter der Perspektive der Erschlossenheit mit der Selbst-Verständlichkeit alles Seienden identisch ist.

Die Philosophie als Phänomenologie, wie Heidegger sie versteht, soll demnach die Forderung nach der genuin philosophischen Einheit von Gegenstand und Methode erfüllen können, indem sie zum Thema nimmt, was "in einem ausgezeichneten Sinne, aus seinem eigensten Sachgehalt her fordert, Phänomen zu werden" (35). Aus den vorangegangenen Erläuterungen ist deutlich geworden, daß diese Forderung nur für das sich selbst in der Bewegung von Verfallen und Eigentlichkeit aus der Begegnung von Seiendem als solchem verstehende Dasein erfüllt ist. Den Begriff des Phänomens kann Heidegger dementsprechend als das "Sich-an-ihm-selbst-zeigende" und als "das Offenbare" erläutern (28). Mit der Phänomenalität als innerer Struktur des zu analysierenden für-sich-seienden Daseins und gerade deshalb als Struktur des Verhältnisses des analysierenden Philosophen zu seinem »Gegenstand« setzt Heidegger unter dem Aspekt der Methode folglich die Untersuchung des genuinen Themas seines Philosophierens fort. Terminologisch zeigt sich dies über die genannten Bezeichnungen »das Offenbare« und »das Sich-an-ihm-selbst-zeigende« für das Phänomen in der Identifizierung der Phänomene mit dem, "was am Tage liegt oder ans Licht gebracht werden kann" (28). Heidegger weist an dieser Stelle auch darauf hin, daß die Griechen die Phänomene (φαινόμενα) »zuweilen« einfach als »das Seiende« (τὰ ὄντα) bezeichnet hätten. Diese terminologischen Zusammenhänge verweisen darüber hinaus auf die Kontinuität des in SuZ unternommenen Denkens mit dem späteren Denken über die Offenheit, die Lichtung und das Sein. Die Frage nach der Phänomenalität des »Da« des Seins wird sich in den Ansätzen zu einem Bedenken der Offenbarkeit der Offenheit und der Gelichtetheit der Lichtung fortsetzen.

Eine solche Kontinuität besteht, weil schon in SuZ die Phänomenalität des Daseins so gedacht wird, daß darin nicht der idealistische Gedanke einer Selbstexplikation des Subjekts in die apriorischen Bestimmungen der Objektwelt reproduziert wird. Wenn dem Gegenstand der Philosophie, der durch den Methodenbegriff der Phänomenologie als Selbst-Verständlichkeit vorgestellt wird, die Fähigkeit zugeschrieben wird, sich selbst zeigen zu können, so liegt ja zunächst der Gedanke nahe, damit werde dieser Gegenstand als ein Subjekt aufgefaßt, das mittels einer spontanen Leistung eine Beziehung des Sich-Zeigens aufnimmt zu dem philosophierenden Subjekt, das deshalb in erster Linie als der Ort des Sichzeigens der Phänomene verstanden werden müßte. Allerdings kann bereits die Vorstellung ausgeschlossen werden, die Phänomene könnten beim phänomenologischen Philosophen vorstellbar werden, indem sie »Erscheinungen« aussenden, die in dessen Empfangsapparatur ausgewertet werden. Phänomene sind keine Erscheinungen, denn Erscheinung "meint einen seienden Verweisungsbezug im Seienden selbst", während das Phänomen als Sich-an-ihm-selbst-zeigen "eine ausgezeichnete Begegnisart von etwas" darstellt (31). Die Phänomene zeigen nur sich selbst und sie enthalten nichts anderes als die Selbstverständnisweisen des bewußten Selbstverhältnisses unter der Perspektive seiner Erschlossenheit.

Nichtsdestoweniger könnte in der Auszeichnung des Phänomens, sich selbst zeigen zu können, die Fähigkeit eines Subjekts gesehen werden, das durch spontane Leistung über seine Erscheinung hinaus auch sich selbst zeigen kann, indem es die Gegenstände seiner Erfahrung den Möglichkeitsbedingungen seines Erfahrens gemäß strukturiert und sich darin dem analysierenden Philosophen zeigt. Hier ist jedoch zu beachten, daß Heidegger mit dem Gedanken der Phänomenalität das Selbstverhältnis denkt als bestimmt durch das Eingeschriebensein der Phänomene in ihm. Indem die Phänomene sich zeigen, sind sie Weisen des Selbstbezugs des bewußten Selbstverhältnisses unter der Perspektive seiner Erschlossenheit. Von einem »Selbst« der Phänomene kann deshalb die Rede sein, weil sie das Selbst-Verständnis dessen, dem sie sich erschließen, bestimmen, und dieses Selbst-Verständnis nicht unabhängig von solchen Bestimmungen geschehen kann. Die Rede von einem »Selbst« der Sachen rechtfertigt sich also zunächst dadurch, daß in ihren konstitutiven Strukturen das bewußte Selbst sich selbst verständlich wird. Das Selbst des Selbstverhältnisses kann deshalb nicht als eine Entität aufgefaßt werden, die isoliert in sich bestehen und seine Selbstheit auf die in seine Erfahrung eintretenden »Sachen« übertragen könnte. Von phänomenologisch zugänglichen »Sachen selbst« kann also nur die Rede sein, wenn das bewußte Selbstverhältnis in ihnen und nur in ihnen sein Selbstverständnis findet, so daß sich das Selbst der »Sachen« nicht vom Selbst des bewußten Selbstverhältnisses unterscheidet.

Heideggers Denken unterscheidet sich also von dem idealistischen Theorem einer Fundiertheit der Verständlichkeit der Welt im bewußten Selbstverhältnis durch den Gedanken einer Identität des Selbstbezugs unter der Perspektive seiner Erschlossenheit mit dem Erscheinen von Phänomenen als »Sich-an-ihm-selbst-zeigende« und »Offenbare«. Die Phänomenalität des bewußten Selbstverhältnisses in seiner Erschlossenheit realisiert sich deshalb in der Erfahrung, in der das Dasein einsieht, daß seine Eigenbestimmtheit nicht ihm selbst als einer Sache an sich zugehört, sondern daß sie nur und nichts anderes als ein Selbstverständnis ist und »hinter« diesem Verständnis kein Selbst im gegenständlich bestimmten Sinn besteht. Diese Erfahrung schließt ein, daß auch den »Sachen« kein An-sich-sein jenseits ihres Eingeschriebenseins in das Selbstverhältnis und Selbstverständnis des Daseins zukommt. Nach dieser Seite besagt diese Erfahrung, daß die Dinge nicht außerhalb ihres Eingeschriebenseins in das bewußte Selbstverhältnis in seiner Erschlossenheit vorkommen. Jenseits seines Selbstverständnisses und der in es eingeschriebenen Verstehens- und Konstitutionsweisen der »Sachen selbst« besitzt das Dasein also weder einen Bezug zu einem »Selbst« noch zu »Sachen«. Es kann deshalb auch keine Unterscheidung vornehmen zwischen seinem in das Selbstverhältnis eingeschriebenen Verständnis und einem An-sich-sein der »Sachen selbst«. Die »Sachen selbst« sind nichts anderes als die in das bewußte Selbstverhältnis als dessen eigene Bestimmtheiten eingeschriebenen Bestimmungen.

Der so verstandenen phänomenologischen »Methode« entspricht in Heideggers Denken des »Da« des Seins die Zurücknahme der Unterscheidung zwischen einem bestimmenden Subjekt und einer als Objekt bestimmten Welt. Zum einen wird durch die phänomenologische Methode also der Gedanke der Subjektivität in der Durchführung des Gedankens eines bewußten Selbstverhältnisses unter der Perspektive seiner Erschlossenheit überwunden und aufgehoben, insofern es sich nicht mehr um eine Subjektivität handeln kann, die eine von ihr unterschiedene Welt begrifflich bestimmen könnte. Zum anderen schließt die phänomenologische Methode auch den Weg zu einer objektivistischen oder realistischen Auffassung über die Herkunft der Bestimmtheiten der Welt aus. Mit der Konzeption der »Sachen selbst« entfernt sich Heidegger also bereits durch den Methodenbegriff von dem Grundgedanken der idealistischen Subjektphilosophie, die ein Subjekt nur als bewußtes Selbstverhältnis mit einer darin implizierten Struktur zu denken für möglich hielt, die als apriorische Verfassung der erfahrbaren Welt gelten sollte. Dies muß nicht ausschließen, daß Heideggers Gedankengang tiefer in den Grundgedanken der idealistischen Subjektphilosophie hineinführt. Daß die Phänomenologie einen Bezug zu den »Sachen selbst« aufnehmen will, kann zunächst ja als ihre spezifische Formulierung des idealistischen Gedankens aufgefaßt werden. Die »Sachen« sind nichts anderes als die Konstitutionsstrukturen der Möglichkeitsbedingungen ihrer Erfahrbarkeit im sich wissenden Bewußtsein; sie werden die »Sachen selbst« genannt, weil dem phänomenologischen Gedankengang zufolge das Bewußtsein nur in diesen Konstitutionsstrukturen jenen Bezug zu sich aufnimmt, der sinnvoll von einem Selbst und seinem Selbstbewußtsein zu sprechen erlaubt. In der Phänomenologie kann also von den »Sachen selbst« die Rede sein, weil es die »Sachen des Selbst« sind, in denen allein das Selbst zu jener Bestimmtheit gelangt, mit der es zu einem philosophischen Thema werden kann.

Dieser Gedanke führt über die idealistische Konzeption hinaus, weil mit ihm die Unterscheidung zwischen der Subjektivität und einer durch sie bestimmten Welt insofern aufgegeben wird, als die mit dem bewußten Selbstverhältnis gegebenen Konstitutionsstrukturen der Welt zugleich als die »Sachen selbst« und als die »Sachen des Selbst« gedacht werden. Der phänomenologische Gedanke kennt also weder ein »Material«, das durch die Erfahrensstrukturen des bewußten Selbstverhältnisses im Sinne von Kants Ich der transzendentalen Apperzeption »geformt« oder »eingeteilt« werden könnte, noch eine intern konstituierte Bestimmtheit des Selbstverhältnisses im Sinne der idealistischen Identität des Ich=Ich, die jene Erfahrensstrukturen konfiguriert. Der phänomenologische Gedanke kann die Struktur der transzendentalphilosophischen bzw. idealistischen Konzeption jedoch dann überwinden, ohne den mit ihr erreichten Stand der Philosophie zu dementieren, wenn er eine Möglichkeit findet, die Differenz in der Identität des bewußten Selbstverhältnisses ohne eine solche Bestimmtheit zu denken, die es in die objektive Welt integrieren würde. Sollte es Heidegger gelingen, mit Hilfe der Frage nach dem Sein und dessen Sinn eine Konzeption zu finden, mit der jene Differenz ohne Rekurs auf interne oder externe Bestimmungen in einem philosophischen Gedanken zum Ausdruck gebracht werden kann, so würde eine solche gedankliche Linie nicht nur über den idealistischen Grundgedanken hinaus, sondern ebenso tiefer in ihn hinein führen.

Aus den vorangegangenen Erörterungen sollte deutlich geworden sein, daß Heidegger einen solchen Gedanken intendiert, wenn er in der Untersuchung der »Eigenheit« des bewußten Selbstverhältnisses unter der Perspektive seiner Erschlossenheit die Konzeption der »Eigentlichkeit« ausarbeitet. Die darauf aufbauende Interpretation des Sinns des Seins des Daseins als des »Woraufhin des primären Entwurfs« bringt das »Da« des Seins als Ursprung jener unbestimmten Differenz zum Ausdruck, in der das Selbst sich so von sich unterscheidet und sich auf sich bezieht, daß es nicht zu einem Teil der objektiven Welt wird. Wenn das bewußte Selbstverhältnis unter der Perspektive seiner Erschlossenheit in dieser Unterscheidung aber eine aufklärende Bedeutung für die Bestimmtheit seiner erfahrbaren Welt behalten soll, so muß Heidegger einen Weg finden, jene bestimmungslose Differenz in einer begrifflichen Bestimmtheit zum Ausdruck zu bringen, die die Differenz nicht als solche dementiert. Dieser Ausdruck muß sich einfügen in den Denkzusammenhang der Frage nach dem »Da« des Seins als dem »Ort«, an dem die Begegnung von Seiendem bloß als Seiendes zu einem Sinn findet, der dieses Begegnen aus dem Horizont eines »woraufhin« verständlich macht, von dem her das »Da« des Seins und damit das Begegnen von Seiendem bloß als Seiendes philosophisch verstanden werden kann. Heidegger ist auf dem Weg zu einem solchen Ausdruck, wenn er mit der Explikation der »Eigenheit« des Selbstverhältnisses in der Konzeption der »Eigentlichkeit« des Daseins den nicht-weltlichen Charakter des Selbstverhältnisses so anzugeben sucht, daß es damit gerade nicht weltlos gedacht wird.

Damit wird der innere Zusammenhang zwischen der phänomenologischen Methode und der Struktur des »Da« des Seins als In-der-Welt-sein deutlich. Wenn die Analytik des Daseins die »Eigenheit« des Daseins in seiner »Eigentlichkeit« untersucht, um dessen Sein so artikulieren zu können, daß es schließlich in seinem Sinn von dem »Woraufhin seines primären Entwurfs« her verstanden werden kann, so wird damit das In-der-Welt-sein ja nicht zurückgenommen, sondern in seiner Bewegungsstruktur erläutert. Erst diese Erläuterung vollendet die Unterscheidung des In-der-Welt-seins des Daseins von der Vorstellung eines in der Welt und in der Bezogenheit auf weltliche Dinge vorkommenden Subjekts. Wenn im Methodenbegriff von SuZ die Phänomene nun durch ihre Fähigkeit charakterisiert werden, sich selbst zeigen zu können, so reflektiert diese Formulierung das in der Bewegungsstruktur von Verfallenheit und Eigentlichkeit innerhalb der Struktur des In-der-Welt-seins zum Ausdruck kommende Verhältnis von Differenz und Identität des bewußten Selbstverhältnisses unter der Perspektive seiner Erschlossenheit als ein Verhältnis von Bestimmtheit und Unbestimmtheit. Nach dem Methodenbegriff der Phänomene sind die weltlichen Bestimmungen dem Selbstverhältnis eingeschrieben, so daß es in ihnen zu einer Bestimmtheit finden kann, die auf die Welt bezogen ist, ohne von weltlichen Beständen abgeleitet werden zu können. Die Phänomenalität des Daseins kann deshalb in methodischer Hinsicht die Bewegung von Eigentlichkeit und Verfallen in der Einheit des In-der-Welt-seins zum Ausdruck bringen.

Indem die »Selbstheit« der Phänomene ihr Sich-Zeigen impliziert, stellen sie eine Einheit von apriorischen Erfahrungsstrukturen und Bestimmungen der Differenz dar, in der ein bewußtes Selbstverhältnis unter der Perspektive seiner Erschlossenheit in Bestimmungen zu sich kommen kann, die es nicht als »Da« des Seins dementieren. Wenn das Selbst für sich wird, indem Phänomene in sein Selbstverhältnis eingeschrieben sind, können die Phänomene sich zeigen und sind deshalb nichts anderes als das, was sie in diesem Zeigen sind. Als Konstitutionsstrukturen des Erfahrenden und seiner Erfahrung geschehen sie damit in jener Differenz, in der das Selbst sich von sich unterscheidet und sich auf sich bezieht. Sie sind also die Strukturen des Selbst, die sich durch ihre Unterscheidung von ihm für es darstellen können. Auch unter diesem Aspekt führt der Methodenbegriff von SuZ jedoch über den idealistischen Gedanken hinaus, indem die Erfahrbarkeitsstrukturen der Welt als Phänomene und nicht als »Epiphänomene« eines durch sich selbst und aus sich selbst strukturierten und bestimmten Selbstverhältnisses aufgefaßt werden. Sie stellen vielmehr Formen dar, in denen zugleich eine Bestimmung der Strukturen des Erfahrens und der Strukturen des Selbstverhältnisses des Erfahrenden geschieht.

Der Methodenbegriff der Heideggerschen Phänomenologie bezeichnet also die Methode, mit der das bewußte Selbstverhältnis unter der Perspektive seiner Erschlossenheit verstanden werden kann, weil sie die Methode seines eigenen Selbstverständnisses ist. Es zeigt sich selbst, indem es Bezug auf Phänomene nimmt, die in sein Selbstverhältnis eingeschrieben sind. Daß das Selbstverhältnis als solches durch seinen Bezug auf die »Sachen selbst« bestimmt ist, bedeutet also nur, daß es sich auf sich selbst bezieht, indem es sich auf die »Sachen« bezieht, die darin »selbst« sind.

Dieser Selbstbezug ist deshalb unter der Perspektive der Erschlossenheit unabhängig davon, ob die Beschreibungen dieses Bezugs richtig oder falsch ausfallen. Auch der naheliegende Einwand, daß die »Sachen selbst« von verschiedenen Menschen zu verschiedenen Zeiten verschieden beschrieben werden, geht auf diesem Stand der Entwicklung des philosophischen Gedankens der Erschlossenheit an Heideggers Methodenbegriff vorbei. Dieser Begriff entspricht damit der Struktur des Heideggerschen Unternehmens. Die Fragestellung von SuZ setzt mit der Frage nach der Erschlossenheit des Seienden als eines solchen und deren Verständlichkeit aus dem Horizont des Verstehens von Sein auf einer Stufe des Philosophierens ein, auf der sich die Problematik der Unterscheidung zwischen einer richtigen und einer falschen Beschreibung der erschlossenen und deshalb »offenbaren« Sachen noch nicht stellt.

Mit der Frage nach dem Sein des Daseins und dessen Sinn als dem Woraufhin des Entwurfs, von dem her es verstanden werden kann, steht die Frage nach einem Verständnis des für-sich-seienden Daseins in seiner Erschlossenheit. Diese Frage zielt nicht auf ein Verständnis des Daseins als Subjekt, das die Welt konstituierend bestimmen und deshalb verstehen kann. Gesucht wird vielmehr nach der Möglichkeit für ein Verständnis jener Differenz, die dem Dasein den Raum eröffnet, in dem es für sich werden kann. Mit dieser Frage nach der »Offenheit« des Daseins beginnt in SuZ der Weg des Denkens, den Heidegger später unter anderen Namen wie »Lichtung«, »Wahrheit«, »Seyn«, »Zwiefalt« u.a. fortgesetzt hat. Diese Frage macht es nicht notwendig, das bewußte Selbstverhältnis so zu beschreiben, daß sein Bezug auf sich selbst in den »Sachen selbst« in der Form einer korrekten und mit den »Sachen« übereinstimmenden Beschreibung ausgewiesen werden kann. Sie erfordert nur die »Offenheit« des Daseins auf eine Welt, die so in das Selbstverhältnis eingeschrieben ist, daß sich die ihr zugehörigen »Sachen« darin im Status des »Selbst« des Selbstverhältnisses unter der Perspektive seiner Erschlossenheit zeigen können. Um Heideggers Philosophie nach ihrem eigenen Aufklärungsanspruch verstehen zu können, müssen wir also das Paradox akzeptieren, daß Heidegger von Phänomenen als den »Sachen selbst« spricht, die sich selbst zeigen können, ohne daß damit die Möglichkeit ihrer richtigen Beschreibung in Aussagen gegeben wäre. Heideggers Frage sucht nach einem Verständnis für die Dimension, in der und aufgrund derer überhaupt erst eine Situation entstehen kann, in der Fragen nach der richtigen oder falschen Beschreibung von Sachverhalten in der Welt sinnvoll gestellt werden können.

Auch Heideggers Frage selbst kann jedoch nur Sinn beanspruchen, weil das Sein im Dasein sich zu einer Differenz geöffnet hat, in deren »Offenheit« das bewußte Selbstverhältnis nicht nur für sich sein, sondern sich auch Offenbares als Seiendes begegnen lassen kann. Man könnte versucht sein, Heideggers zentralen Gedanken unter diesem Aspekt auf die Formel zu bringen, das Sein bestimme das bewußte Selbstverhältnis. Dieser Ausdruck birgt in sich jedoch die Gefahr eines fundamentalen Mißverständnisses, wenn nicht genau beachtet wird, welchen Gedanken Heidegger mit Hilfe des Ausdrucks Sein zu denken unternimmt. Der Gedanke des Seins dementiert das bewußte Selbstverhältnis nicht, sondern bringt seine Struktur unter der Perspektive seiner Erschlossenheit so zum Verständnis, daß sein Selbstverständnis ein Verständnis der »Sachen selbst« einschließt. Demnach könnte die Formulierung, das Sein bringe die Weise zum Ausdruck, in der das bewußte Selbstverhältnis unter der Perspektive seiner Erschlossenheit sich selbst bestimmt, den Heideggerschen Intentionen besser entsprechen. Hier muß allerdings beachtet werden, daß das bewußte Selbstverhältnis unter der Perspektive seiner Erschlossenheit sich ohne den Bezug auf die »Sachen« nicht selbst bestimmen kann, obwohl es andererseits auch durch nichts außer ihm bestimmt wird. Mit dem Gedanken des Seins beansprucht Heidegger also, diese beiden Aporien vermeiden zu können, indem das bewußte Selbstverhältnis unter der Perspektive seiner Erschlossenheit so gedacht wird, daß keine Bestimmtheit vorausgesetzt werden muß, die es als apriorische Struktur seiner Erfahrungsmöglichkeiten auf seine erfahrbare Welt übertragen könnte. Auf der Seite des Methodenbegriffs entspricht dem der Gedanke des Phänomens als Identität der Bestimmtheit des Gedachten und des Denkenden. In dieser Identität sind die Phänomene dem Selbstverhältnis bestimmend eingeschrieben, ohne daß sie aus ihm als aus einem selbst Bestimmten ableitbar wären.

5.2 Phänomenalität und Logos

Aus den vorangegangenen Erläuterungen ist das Grundproblem des Methodenbegriffs deutlich geworden, den Heidegger in SuZ entwickelt, um die Frage nach einem Sinn von Sein ausarbeiten und den Horizont angeben zu können, von dem her das Begegnen von Seiendem bloß als solches in einem »Da« des Seins verständlich werden kann. Philosophisch kann die Methode nur dann heißen, wenn das Thema der Untersuchung selbst sie fordert, so daß sie sich als die eigene Methode des Gegenstandes ausweisen kann. Dies geht letztlich darauf zurück, daß die Philosophie ihren Gegenstand nicht vorfindet, sondern ihn in einer selbst schon philosophischen Erörterung bestimmen muß, weshalb der »Weg« des Zugangs nicht von dem Gegenstand der Untersuchung selbst unterschieden werden kann. Dieser »Weg« muß deshalb das eigene Sich-zeigen des Gegenstandes sein. Wird nach dem »Da« des Seins gefragt als demjenigen »Woraufhin«, von dem her das Begegnen von Seiendem bloß als Seiendes verständlich werden soll, so muß die Methode offensichtlich damit umgehen können, daß die Frage nicht nach bestimmtem Seienden und dessen Erfahrbarkeitsstrukturen steht, sondern nach einem Horizont, aus dem Seiendes verständlich werden soll, bloß insofern sich die Dimension eröffnet, in dem es als solches begegnen kann. Das Fehlen einer Bestimmtheit im Sinne von bestimmtem Seienden charakterisiert demnach nicht nur den Gegenstand einer solchen Philosophie, sondern wird auch zum Problem der Methode. Die zu einem solchen Gegenstand gehörige Methode kann nicht zu einer Bestimmtheit führen, die dem bestimmten Seienden zugehört, das innerhalb der Welt begegnet, und ihr Resultat kann keine Bestimmtheit sein, mit der das Dasein sich als Seiendes in der Welt auffaßt.

Nichtsdestoweniger muß die Methode der Weg zu einer solchen Bestimmtheit sein, mit der das »woraufhin« eines Verstehens von Sein und damit der Horizont, von dem her Seiendes als solches begegnen kann, zu einer Verständlichkeit gelangt, die in einem Sinn von Sein ihren Ausdruck finden kann. Dieser Notwendigkeit trägt Heidegger mit dem zweiten Bestandteil Rechnung, der dem Methodenbegriff der Phänomenologie zugehört, den Heidegger nicht als Bezeichnung für eine spezielle philosophische Richtung, sondern als den Weg der Philosophie überhaupt auffassen will. Die Grundbedeutung des λόγος der Phänomenologie wird die »Rede« genannt, und in der weiteren Sicherung des methodischen Vorgehens soll es deshalb um die »eigentliche« Bedeutung von »Rede« gehen (32). Nach den vorangegangenen Erörterungen über den Stellenwert der Konzeption von Eigentlichkeit in SuZ ist deutlich, daß damit nicht nach einem »richtigen« und an eine in der Welt vorhandene Sache angepaßten Begriff von »Rede« gesucht wird. Die »eigentliche« Bedeutung von Rede muß vielmehr durch ihre Fähigkeit ausgezeichnet sein, von der »Eigenheit« des Daseins in dessen Eigentlichkeit zu sprechen. Aufgrund des Zusammenhangs von Verfallen und Eigentlichkeit muß damit in ihr auch die Bewegungsstruktur zur Sprache kommen können, die Heidegger in der Fundamentalanalyse als In-der-Welt-sein und schließlich in der Sorgestruktur des Seins des Daseins zum Ausdruck bringt. Im λόγος als »Rede« müssen also die »Sachen selbst« zur Sprache kommen können, die so in das Selbstverständnis des Daseins unter der Perspektive der Erschlossenheit eingeschrieben sind, daß das Dasein in ihnen zu einem Verständnis seines »Selbst« als »Da« des Seins und als »Ort« des Begegnens von Seiendem als Seiendes gelangen kann.

Wenn der λόγος also Phänomene zur Sprache bringen können soll, so kann mit dieser Rede nicht »über« sie geredet werden, sondern die Phänomene müssen sich selbst in dieser »eigentlichen« Rede zeigen können. Als Teil des Methodenbegriffs muß der »eigentliche λόγος« genau der Struktur der Phänomene entsprechen, deren λόγος er geben soll. Dementsprechend erläutert Heidegger die Leistung des λόγος mit dem Begriff des δηλοῦν, das bedeuten soll "offenbar machen das, wovon in der Rede »die Rede« ist" (32). In dieser Rede geschieht ein ἀποφαίνεσ'αι und sie ist damit ein »Sehenlassen« und ein »Offenbarmachen«, d.h. sie läßt sehen von dem selbst her, wovon die Rede ist, sie läßt also sehen, was sich selbst zeigt. Daraus ergibt sich, daß diese Rede in einem besonderen Verhältnis zu ihrem Gegenstand stehen muß. Es muß sich um eine Rede handeln, die das Sichzeigende in einen sprachlichen Ausdruck bringt, der weder durch eine subjektivistisch zu verstehende Leistung des Sprechenden noch durch einen Bezug der Korrespondenz zum ausgedrückten Gegenstand bestimmt wird. Sowohl eine nominalistische als auch eine essentialistische Sprachauffassung scheiden also aus. In der phänomenologischen Rede muß vielmehr das »Selbst« des Phänomens zum Zeigen gebracht werden können, so daß es in der Form der Rede sich selbst zeigen kann.

Der λόγος in der Heideggerschen Konzeption der Phänomenologie muß also dem Eingeschriebensein der Phänomene in das bewußte Selbstverhältnis unter der Perspektive seiner Erschlossenheit entsprechen. Der Gedanke der Phänomenalität sprach den »Sachen« ein »Selbst« zu, weil das Dasein erschlossen ist, indem es sich in den »Sachen« findet, von denen es sich eben darin unterscheidet. Mit dem Gedanken der Phänomenalität war also ein vorweg und für sich existierendes und sich zu sich verhaltendes Subjekt ausgeschlossen worden, das seine endogen erzeugten internen Strukturen auf die ihm begegnende Welt überträgt, die es dann nach seinem Bilde erfahren kann. Es war ebenso die objektivistische Vorstellung einer durch sich selbst bestimmten Welt von Dingen ausgeschlossen worden, die ihre eigenen Erfahrungsweisen mitbringen und dadurch selbst ihr Aufgefaßtwerden determinieren. Der Methodenbegriff der Phänomenalität entsprach damit der Struktur des In-der-Weltseins, in der das »Da« des Seins in der Bewegung von Verfallen und Eigentlichkeit zu seiner Erschlossenheit gelangt. Das Entsprechende muß nun für den λόγος als den zweiten Bestandteil des Methodenbegriffs der Phänomenologie gelten. Er kann also weder die Sprache sein, in der sich die Dinge selbst darstellen, noch diejenige, in der sich ein Subjekt zum Ausdruck bringt. Ein solcher λόγος muß vielmehr die Fähigkeit besitzen, der Erschlossenheit des Daseins als solcher eine Bestimmtheit zu verschaffen, in der das »Da« des Seins zu einem verständlichen Ausdruck gelangen kann. Er muß also eine Rede darstellen, die die Einheit von Selbstverständnis und Verständnis der »Sachen« zum Sprechen bringen kann, aus der die »Sachen« ebenso wie das Dasein den Status des »Selbst« in einem einheitlichen Geschehen gewinnen.

Allerdings enthält der λόγος insofern ein zusätzliches Element gegenüber dem φαινόμενον als dem ersten Bestandteil des Methodenbegriffs der Heideggerschen Phänomenologie, als der λόγος sehen läßt für den Redenden - "bzw. für die miteinander Redenden ..., so daß die redende Mitteilung in ihrem Gesagten das, worüber sie redet, offenbar und so dem anderen zugänglich macht." (32) Es handelt sich also um ein Sehenlassen im Sprechen, in der stimmlichen Verlautbarung in Worten, und darin wird das Sehenlassen ein »Vernehmenlassen« des Seienden. Wenn das Seiende darin aber nur sich »selbst« zeigt, und das φαινόμενον, von dem die Phänomenologie von SuZ den λόγος geben will, schon als solches das Sichzeigende ist, so muß die Struktur des »für« den bzw. die Redenden im Grunde schon im Charakter des φαινόμενον als eines Sichzeigenden enthalten sein. Daß der λόγος von ihm gegeben werden kann, stellt also nur die andere Seite des Gedankens des φαινόμενον dar. Genau dies ist erfordert, wenn er zu der Methode gehören soll, in der der Gegenstand selbst zu seinem Ausdruck gelangen kann, der nicht von dem »Weg« einerseits oder von dem Gegenstand andererseits unterschieden werden kann. Ein solcher λόγος kann also keine zusätzliche Qualifikation zu der Selbstdarstellung der »Sachen« in ihrer Identität mit dem Selbstverständnis des bewußten Selbstverhältnisses unter der Perspektive seiner Erschlossenheit in ihnen darstellen.

Auch von der Seite des λόγος her kann der Methodenbegriff von SuZ demnach als Ausdruck des Denkens des bewußten Selbstverhältnisses unter der Perspektive der in ihm eröffneten Dimension der Erschlossenheit verstanden werden, die Heidegger mit der Frage nach dem Sein in seinem »Da« zu verstehen sucht. Das Selbstverhältnis begegnet nach der Seite seiner Identität sich selbst in allen seinen Erfahrungen, aber nach der Seite seiner Differenz kommt es sich selbst darin ebenso entgegen und seine

Erfahrungen werden in ihrem An-sich für es. Deshalb könnte das im λόγος zum Ausdruck kommende »für« des Sichzeigenden auch als die Seite der Differenz in der Methodenkonzeption von SuZ angesehen werden. Die Seite der Differenz im Begriff des φαινόμενον durch den Begriff des λόγος zum Ausdruck zu bringen, gewinnt dann auch insofern Sinn, als das Denken von SuZ selbst als eine Manifestation der Differenz in der Form einer philosophischen Explikation in sprachlicher Darstellung auftritt. Wenn der Gedanke von SuZ seinem Gegenstand nicht äußerlich bleiben soll, so muß er selbst nur die Selbst-Explikation des bewußten Selbstverhältnisses unter der Perspektive seiner Erschlossenheit darstellen, also die Selbst-Explikation des Daseins als »Da« des Seins in einer Verständlichkeit des Sinnes von Sein, der das »woraufhin« des Begegnens von Seiendem bloß als Seiendes in einen verstehbaren Ausdruck bringt. Der λόγος ist also der eigene Weg des Gegenstandes, wenn es auf diesem Weg gelingt, das Selbstverhältnis nach seiner Erschlossenheit, also nach dem in ihm geschehenden Begegnen von Seiendem bloß als Seiendes aufzufassen, es also in einer Form von Bestimmtheit zu explizieren, die ihm als einem Selbst zukommt, das sich in seinem Bezug auf das »Selbst« der »Sachen« von sich differenziert und sich mit sich identifiziert und damit zu einem Selbst in explizierbarer Bestimmtheit wird.

Das Phänomen der Heideggerschen Phänomenologie muß demnach in sich logisch sein, weil der zu gebende λόγος der Logos von Phänomenen ist, zu deren Sichzeigen die Struktur des »für« in der Rede gehört, weil sie in ihrem Sichzeigen in der Erschlossenheit des Daseins »für sich« und darin zugleich »für es« werden. Heidegger formuliert diesen inneren Bezug zwischen Phänomen und Logos, wenn er die genuine Aufgabe seiner Phänomenologie so beschreibt: "Das was sich zeigt, so wie es sich von ihm selbst her zeigt, von ihm selbst her sehen lassen." (34) Damit wird auch von der Seite des λόγος her der genuine »Gegenstand« seiner Phänomenologie angegeben, obwohl die Sachhaltigkeit des Gegenstandes damit gerade nicht bestimmt sein soll, sondern nur das »Wie« seiner Aufweisung und Behandlungsart beschrieben wird. Aufgrund der Untrennbarkeit von Methode und Gegenstand wird damit doch gesagt, womit allein es die Phänomenologie zu tun haben kann. Es wird also nach der Seite der Methode angegeben, was allein der Gegenstand der Untersuchungen von SuZ sein kann, also das, was "aus seinem eigensten Sachgehalt her fordert, Phänomen zu werden" (35). Untersucht werden kann also im Argumentationsgang der Frage nach dem Sinn von Sein nur, was allein dann zugänglich wird, wenn es als Sichzeigendes aufgefaßt wird und als etwas, das sich selbst in der Rede zeigt, die mit der Rede vom Sichzeigenden zu einem »Vernehmenlassen« der »Sachen selbst« wird. Der Heideggerschen Phänomenenologie kann also aufgrund ihrer genuinen Methode, die mit ihrem »Weg« der Aufweisung auch den ihr zugänglichen Gegenstand bestimmt, zum Thema nur das werden, was zu sich selbst eine Beziehung der Erschlossenheit unterhalten kann, in der es selbst für sich selbst wird, indem ihm Erschlossenes in dessen »Selbst« in die Struktur seines bewußten Selbstverhältnisses nach der Dimension seiner Erschlossenheit eingeschrieben ist. In Heideggers Methodenbegriff kommt dies dadurch zum Ausdruck, daß in der Phänomenologie das »Da« des Seins in einem Sinn von Sein zum Verständnis kommen kann, indem im λόγος des Sichzeigenden das bewußte Selbstverhältnis unter der Perspektive seiner Erschlossenheit in eins mit dem Sichzeigenden zu einer Verständlichkeit im Status des »Selbst« kommt.

Damit kann der Methodenbegriff von SuZ jedoch noch nicht erschöpfend beschrieben sein. Wenn mit dem Gedankengang dieses Werkes beansprucht wird, eine philosophische Aufklärung zumindest über die Bedeutung, den Status und die Struktur der Frage nach dem Sinn von Sein erbringen zu können, so wird sich dieses Resultat von dem, was ohne diesen Gedankengang bekannt ist, so unterscheiden müssen, daß darin ein genuin philosophischer Fortgang vom Bekannten zum Erkannten deutlich werden kann. Soll die Methode nun der Sache nicht äußerlich sein, sondern nur den eigenen Weg der »Sachen selbst« darstellen, so muß der Fortgang in jener Unterscheidung sich nicht nur in der Methode reflektieren, sondern ebenso zu der »Sache« gehören, um die es in SuZ geht. Würde die Phänomenologie also nur das Sichzeigende in seinem eigenen λόγος aufweisen und darin das bewußte Selbstverhältnis unter der Perspektive seiner Erschlossenheit explizieren, so könnte sie nur das erhellen, was dem Dasein immer schon aufgeschlossen ist, indem es ein solches ist. Wenn dem Dasein und den in sein Selbstverhältnis unter der Perspektive seiner Erschlossenheit eingeschriebenen »Sachen selbst« immer schon der Status des Sichselbst-zeigenden zukommt, so scheint das »Da« des Seins der Arbeit des Zeigens durch die phänomenologische Philosophie nicht zu bedürfen. Verändert dieses Zeigen aber das Sich-zeigen des Daseins und seiner »Sachen selbst«, so würde es sich bei der phänomenologischen Aufweisung um eine Zutat zu ihrem Gegenstand handeln, der sie als genuin philosophisches Vorgehen dementieren müßte. Es wäre nicht mehr die »Sache selbst«, die in ihr zu dem ihr eigenen λόγος findet, sondern ein durch eine ihm fremde Methode geformter Gegenstand, dessen Formung nachträglich vom Resultat abzuziehen eine Vertrautheit mit der »Sache selbst« voraussetzen würde, obwohl die Philosophie mit einem solchen Methodenverständnis doch eine Differenz zwischen dem Sich-zeigenden und in der Philosophie Gezeigten vorausgesetzt hat.

Heidegger nimmt diese gerade aufgrund des in SuZ erhobenen methodischen Anspruchs auftretende Schwierigkeit in der Frage auf, was seinem Wesen nach notwendig Thema einer ausdrücklichen Aufweisung sei (35). Die Antwort lautet zunächst: "Offenbar solches, was sich zunächst und zumeist gerade nicht zeigt, was gegenüber dem, was sich zunächst und zumeist zeigt, verborgen ist, aber zugleich etwas ist, was wesenhaft zu dem, was sich zunächst und zumeist zeigt, gehört, so zwar, daß es seinen Sinn und Grund ausmacht." (35) Damit ist das Problem im Grunde so bezeichnet, daß seine Auflösung nur durch das in SuZ tatsächlich durchgeführte Denken selbst erbracht werden kann. Offensichtlich ist genau dieses Vorgehen notwendig, wenn die Einheit von Gegenstand und Methode auch dann erhalten bleiben soll, wenn der Gedankengang von SuZ etwas zeigt, das mit der sich-zeigenden »Sache selbst« nicht schon gezeigt ist, so daß die Gefahr besteht, das Zeigen der Philosophie könnte nicht das eigene Sich-zeigen der Sache sein, sondern eine äußerliche Zutat, die sich an der »Sache selbst« in der Tat nicht zeigt. Soll die Phänomenologie also das Sich-zeigende so zeigen können, wie es sich zuvor noch nicht gezeigt hat, so muß das Sich-zeigende schon als solches eine Differenz in sich tragen, aufgrund derer auch ein Sich-nicht-zeigen zu dem Sich-zeigenden gehören kann, ohne daß dies dem Charakter des Sich-Zeigens widerspricht.

Diese Differenz bezeichnet Heidegger an der zitierten Stelle durch die Formulierung eines sich »zunächst und zumeist« Zeigenden, von dem ein sich »zunächst und zumeist« nicht Zeigendes unterschieden wird. Allerdings wird dieses Unterschiedene damit noch nicht als ein sich erst aufgrund von phänomenologischen Bemühungen Zeigendes beschrieben, das durch seine »seltene« und sich erst einem zweiten Hinblick eröffnende Art des Sich-zeigens zu charakterisieren wäre. Das sich »zunächst und zumeist« nicht Zeigende soll vielmehr den »Sinn und Grund« des sich »zunächst und zumeist« Zeigenden ausmachen. Für den Status der Methode des Denkens von SuZ ist es wichtig, bereits hier darauf hinzuweisen, daß damit nicht die Differenz zwischen Wahrheit und Unwahrheit im Sinne eines Korrespondenzbegriffs bezeichnet ist. Wäre jenes sich »zunächst und zumeist« nicht Zeigende das Wahre gegenüber dem sich »zunächst und zumeist« Zeigenden als dem Unwahren, so könnte es sich nicht um eine Differenz innerhalb des Sichzeigenden und damit nicht um eine Differenz innerhalb der Phänomenologie als dem »Wie« der genuin philosophischen Aufweisung handeln. Heidegger verweist auf dieses Verhältnis im Zusammenhang seiner vorgreifenden Bemerkungen zum Begriff der Wahrheit in der Klärung des Begriffes des λόγος (33). Der λόγος, der als Sehen- und Vernehmenlassen zum Phänomen gehört, soll nur deshalb wahr oder falsch sein können, weil er ein »Sehenlassen« ist, und er läßt nicht nur dann sehen, wenn er wahr ist, und er läßt nicht dann nicht sehen, wenn er falsch ist. Eine solche Bestimmung der Differenz zwischen dem, was sich zeigt, und dem, was sich »zunächst und zumeist« nicht zeigt, wird durch die Behauptung ausgeschlossen, das, was sich »zunächst und zumeist« nicht zeigt, mache gerade den Sinn und den Grund von jenem aus, was sich »zunächst und zumeist« zeigt.

Eine Möglichkeit, diese Differenz mit dem Methodenbegriff des Denkens von SuZ zu vereinbaren, ergibt sich demnach nur dann, wenn sie sich aufgrund der Struktur der »Sachen selbst« in das Sich-zeigen der Phänomene in ihrem Logos integriert. Der Methodenbegriff bestimmt durch das »Wie« der Aufweisung, daß in SuZ nur zum philosophischen Thema werden kann, was von sich aus fordert, es in die Struktur des bewußten Selbstverhältnisses unter der Perspektive seiner Erschlossenheit eingeschrieben zu denken. Jene Differenz und das ihr zugehörige Verhältnis der Phänomenalität von »Sinn und Grund« zur Phänomenalität einer dadurch mit »Sinn« und »Grund« versehenen »Sache selbst« muß also in die Struktur des bewußten Selbstverhältnisses unter der Perspektive seiner Erschlossenheit integriert werden können. Diese Integration muß die Erschlossenheit des bewußten Selbstverhältnisses als notwendig strukturiert erweisen durch eine Differenz zwischen einem Sich-zeigenden, das sich zunächst und zumeist zeigt, und einem Sichzeigenden, das sich zunächst und zumeist nicht zeigt, das aber doch den Sinn und den Grund des ersteren ausmacht. Nun schließt der Gedanke eines bewußten Selbstverhältnisses unter der Perspektive seiner Erschlossenheit jedoch zunächst nur eine andere Differenzstruktur ein, in die sich auch das Sichzeigende in seinem Logos eingeschrieben zeigt. Diese Differenz strukturiert den Unterschied zwischen sich und sich, in dem es sich selbst und für sich selbst zeigen kann. Sie strukturiert jedoch auch eine Unterscheidung, die dem Identitätsverhältnis in dem Unterschied zwischen sich und sich Sinn verleiht. Das Selbstverhältnis unterscheidet sich unter der Perspektive seiner Erschlossenheit von sich mit Hilfe der Asymmetrie des »für«, indem ihm die Welt, die sich ihm zeigt, »für es« wird, während es selbst nicht die Position eines »für es« für das, was sich ihm zeigt, einnimmt. Damit unterscheidet es »sich selbst« von seiner »Welt«, indem es sich »gegen« die Welt unterscheidet und sich als »das Selbst« gegen »die Welt« bestimmt.

Daraus läßt sich in einem ersten Zugang entnehmen, was sich in dieser Innenperspektive des bewußten Selbstverhältnisses »zunächst und zumeist« nicht zeigt. In der Differenzierung von sich über die Unterscheidung gegen die Welt kann sich die Dimension nicht zeigen, in der jene Differenzierung in ein Verhältnis zu sich und zur Welt geschehen kann. Das muß solange nicht zum Problem werden, als das bewußte Selbstverhältnis als Deduktionsgrund einer philosophischen Analyse der apriorischen Erfahrbarkeitsstrukturen der Welt in Anspruch genommen wird. Es ist bereits deutlich geworden, daß dies nicht die Intention ist, mit der Heidegger das Dasein als bewußtes Selbstverhältnis unter der Perpektive seiner Erschlossenheit analysiert. Unter dieser Perspektive muß jedoch die Asymmetrie des »für«, in der sich die Dimensionalität dieses Verhältnisses selbst nicht zeigt, durch die Phänomenalität eines Sichnicht-zeigens zum Thema werden können. Das Innenverhältnis des bewußten Selbstverhältnisses wird unter der Perspektive seiner Erschlossenheit also mit dem Index des sich »zunächst und zumeist« nicht Zeigenden bezeichnet. Die phänomenologische Identität von Sich-zeigen im Selbstverhältnis und Sich-zeigen der Phänomene in ihrem Logos muß also zumindest via negationem auf das verweisen können, was sich in der Relation zwischen Selbst und Selbst nicht zeigen kann.

Daß das, was sich in der Relation nicht zeigt, dennoch den Sinn und den Grund dieser Relation darstellen soll, ist mit diesem Gedankenzusammenhang allerdings noch nicht vollständig verständlich zu machen. Es ist jedoch deutlich geworden, daß der Heideggersche Gedanke einer Unterscheidung zwischen dem, was »zunächst und zumeist« sich zeigt, und dem, was sich »zunächst und zumeist« nicht zeigt, ebenso wie die Bestimmung des Verhältnisses zwischen beiden durch die Beziehung des ersteren zum letzteren als dessen »Sinn und Grund« nicht dem idealistischen Gedanken eines notwendigen Vergessens der konstitutiven Abhängigkeit der dem Subjekt erfahrbaren Welt entspricht, dem zufolge die Welt ihren objektiven Status gewinnt, wenn ihre Produziertheit durch das Subjekt durch eine eigene subjektive Leistung vergessen wird. In dem, was sich »zunächst und zumeist« nicht zeigt, verbirgt sich nicht die produktive Tätigkeit eines Subjektes. Was sich nicht zeigt und doch »Sinn und Grund« dessen sein soll, was sich zeigt, bewegt sich innerhalb der Struktur des Sich-zeigens und wird damit von dem Heideggerschen Begriff von Phänomenologie als Auseinanderlegung dessen, was »sich selbst versteht«, umfaßt.

Heidegger formuliert die Differenz des Verhältnisses von Sich-zeigendem und Sich-nicht-zeigendem zu der dem ersten Anschein nach parallelen idealistischen Struktur so: "Was aber in einem ausnehmenden Sinne verborgen bleibt oder wieder in die Verdeckung zurückfällt oder nur »verstellt« sich zeigt, ist nicht dieses oder jenes Seiende, sondern, ..., das Sein des Seienden." (35) Wenn die Aufgabe der Aufweisungen von SuZ darin besteht, das zu zeigen, was sich »zunächst und zumeist« nicht zeigt, so soll der in diesen Aufweisungen verwendete "phänomenologische Begriff von Phänomen" das Sichzeigende als "das Sein des Seienden, seinen Sinn, seine Modifikationen und Derivate" (35) zur Sprache bringen können. Der Methodenbegriff der Phänomenologie bezeichnet deshalb die "Wissenschaft vom Sein des Seienden" (37). Wenn das, was sich »zunächst und zumeist« nicht zeigt, das »Sein« genannt wird, so ist auch hier zu beachten, daß mit der Frage nach dem Sein nicht nach Bestimmungen gesucht wird, die dem Seienden zukommen, bloß indem es »ist«. Die Frage nach dem Sinn von Sein als dem Horizont, von dem her Seiendes bloß als Seiendes begegnen kann, frägt nach dem »Da« des Seins im verstehenden Dasein und damit nach dessen Möglichkeit, sich Seiendes bloß als Seiendes begegnen zu lassen. Was »Sinn und Grund« für das sich »zunächst und zumeist« Zeigende darstellt, ist die Dimension, in der sich im »Da« des Seins die Differenz eröffnet, die die Welt ohne vorgängige Bestimmtheit in die Möglichkeit einer Verständlichkeit bringt, ohne sie aus dem Bezug auf ein aus sich selbst bestimmtes Subjekt abzuleiten, das seine interne Eigenbestimmtheit auf die ihm erfahrbare Welt überträgt. Mit dem, was sich im Sich-zeigenden nicht zeigt, und was Heidegger als »Sein« des Seienden bezeichnet, steht also ein ursprüngliches Verhältnis von Bestimmtheit und Unbestimmtheit in der Frage. Deshalb kann die Frage nach dem Sinn von Sein auch als Frage nach dem Ursprung des Verstehens von Sinn in der Genesis von Bestimmtheit aus Unbestimmtheit formuliert werden.

5.3 Logos und Hermeneutik

Damit führt der zweite Bestandteil des Methodenbegriffs der Phänomenologie, den Heidegger unter dem Titel des λóγος des Phänomens nennt, aus sich selbst heraus zu dem dritten Element der Heideggerschen Phänomenologie als Methode. Indem Heidegger die Phänomenologie des Daseins als »Hermeneutik« bezeichnet und den Methodenbegriff von SuZ damit als »hermeneutische Phänomenologie« spezifiziert, unternimmt er den Versuch, eine Synthese von Phänomenalität und Logizität des Daseins zu finden. Wenn in Zusammenhang mit dem Methodenbegriff von SuZ der methodische Sinn der phänomenologischen Deskription als »Auslegung« bezeichnet wird, so sollte deshalb daraus nicht entnommen werden, der phänomenologische Philosoph nehme sich die Aufgabe vor, das Dasein wie einen Text zu interpretieren, um dabei auf das »Da« des Seins und dessen Sinn zu stoßen. Nichtsdestoweniger nennt Heidegger die Phänomenologie des Daseins als Hermeneutik ein "Geschäft der Auslegung" (37). Dieser Charakter des ἑρμηνεύειν wird aber bereits der Seite des λóγος in der philosophischen »Methode«, die Heidegger als Phänomenologie bezeichnet, zugeschrieben: "Der λóγος der Phänomenologie des Daseins hat den Charakter des ἑρμηνεύειν" (37). Daraus läßt sich zunächst entnehmen, daß der hier thematischen Hermeneutik der gleiche Status zukommen muß wie der inneren Logizität des Daseins. Durch das ἑρμηνεύειν wird "dem zum Dasein selbst gehörigen Seinsverständnis der eigentliche Sinn von Sein und die Grundstrukturen seines eigenen Seins kundgegeben." (37) Demnach kann gerade hermeneutisch der »eigentliche« Sinn von Sein zu einer verstehbaren Bestimmtheit gelangen. Ihren genuin philosophischen Sinn soll die Hermeneutik als Auslegung des Seins des Daseins also durch ihre Eignung für das Unternehmen einer "Analytik der Existenzialität der Existenz" gewinnen (38).

Mit dem Konzept einer hermeneutischen Phänomenologie expliziert der Methodenbegriff von SuZ damit die Identität von Methode und Gegenstand weiter, die zunächst mit dem Phänomen als dem Sich-selbst-zeigenden und mit dem Logos als Sich-für-sich-zeigen in einer ursprünglichen Rede entwickelt wurde. Die innere Differenz des Sich-zeigens und des in der ursprünglichen Rede für-sich-werdenden Sich-zeigens wird mit dem Konzept der Hermeneutik mit Hilfe des Gedankens eines in einem primären Entwurf entworfenen »Woraufhin« beschrieben. Damit wird jene Differenz weiter nach ihrer Verstehbarkeit expliziert, die mit der Konzeption des ursprünglichen Logos in das »Da« des Seins eingeführt wurde, aus dem das Sein in seinem Sinn verstanden werden kann. In diesem Verständnis gewinnt das Sein, zu dem sich das bewußte Selbstverhältnis unter der Perspektive seiner Erschlossenheit verhält, einen Sinn, der die Erschlossenheit des bewußten Selbstverhältnisses als ein in der ursprünglichen Rede Sich-zeigendes eröffnet. Von der Konzeption der Hermeneutik her kann die bisher eingeführte Unterscheidung zwischen Phänomen und Logos als die Differenz von Sein und Sinn verstanden werden, die durch das »Woraufhin des primären Entwurfs«, aus dem her Sein verstanden werden kann, überbrückt wird. Diese Differenz erscheint von dem Gedanken der Hermeneutik her als die interne Differenz im Sich-Verstehen des bewußten Selbstverhältnisses unter der Perspektive seiner Erschlossenheit. Die Differenz in der Erschlossenheit eines Sich-zu-sich-verhaltens wird damit als eine Differenz gedacht, die im Entwurf eines »Woraufhin« konstituiert wird. In diesem Entwurf bringt sie ihre eigene Verständlichkeit mit sich, die ein Verstehen der Erschlossenheit und damit des »Da« des Seins und der Möglichkeit des Begegnens von Seiendem bloß als Seiendes in sich schließt.

Die Leistung des Verstehens gewinnt in SuZ demzufolge eine philosophische Bedeutung als ein Geschehen, in dem in einem »primären Entwurf« ein »Woraufhin« entworfen wird, von dem her das Sein des Daseins eine verstehbare Bedeutung erhält, indem ihm aufgrund dieser Struktur ein Sinn zugeschrieben werden kann. Die Aufklärung dieses Geschehens ist das Ziel der zentralen Fragestellung von SuZ. Dieses Geschehen, in dem das Sein verstanden werden kann, ist das Dasein selbst; das Sein ist in ihm »da«, wenn und indem es verstanden wird. Darin ist es erschlossen und »gelichtet«. Das Verstehen als Bestandteil der genuin philosophischen Methode kann im Gedankenzusammenhang von SuZ deshalb nur dann selbst zum Verständnis kommen, wenn das Seiende, in dessen Analytik ein Sinn von Sein gesucht wird, nur durch seine Struktur des Verstehens von Sein bestimmt wird, die ihm deshalb nicht als eine Eigenschaft unter anderen oder als Akzidens einer Substanz zukommt, sondern die mit seinem Zu-Sein in der Einheit von Existenzialität und Jemeinigkeit kongruiert. Das Verstehen der Hermeneutik als Faktor der genuin philosophischen Methode ist deshalb identisch mit jenem Verstehen, das in SuZ verstanden werden soll.

Das hermeneutische Verstehen kommt in SuZ also nur als das Geschehen des Daseins selbst vor, und das zu erarbeitende Verständnis für das Verstehen ist die Ausarbeitung eines Verständnisses für das Geschehen des »Da« des Seins. Dieses Geschehen des Daseins umfaßt das Geschehen des »Da« des Seins als Lichtung und Erschlossenheit und das Geschehen des Daseins, das sich als bewußtes Selbstverhältnis
unter der Perspektive seiner Erschlossenheit zu sich in seinem Sein verhält.

Von der Methode der Textinterpretation unterscheidet sich das Hermeneutische in
der genuin philosophischen Methode nach Heideggers Konzeption schon dadurch,
daß sich das bewußte Selbstverhältnis unter der Perspektive seiner Erschlossenheit
versteht, indem es sich in seinem Sein versteht, ohne daß es darin »etwas« in der
Form solcher Bestimmtheiten verstehen müßte, mit denen das weltliche Seiende begriffen wird. Hermeneutik des Daseins heißt also nicht, das Dasein mit Hilfe von
Interpretamenten zu verstehen, in denen sich das Selbstverständnis des Daseins so
auseinanderlegen läßt, daß die Bestimmtheiten deutlich werden, in denen sich das
Dasein in seinem Innersten versteht. Als Hermeneutik sucht die Analytik des Daseins
nur nach einer Möglichkeit, die Bedingungen und Formen des Verstehens als eines
solchen zu explizieren. Das Hermeneutische in der Konzeption der hermeneutischen
Phänomenologie bezieht sich also nicht darauf, daß die Phänomenologie inter-
pretierend vorgehen müsse, und es verlangt nicht, die Hermeneutik jenseits der Frage
nach dem Sinn von Sein als das philosophische Verfahren schlechthin oder sogar als
die allein geeignete Methode zur Erzeugung von Wissen auszeichnen zu müssen.
Das Hermeneutische im Methodenbegriff von SuZ impliziert auch nicht den An-
spruch, daraus eine Konzeption von Subjektivität als begriffliche und theoretische
Einteilung der Welt durch interpretierende Leistungen begründen zu können. Der
Methodenbegriff von SuZ entwickelt die Bedeutung des Hermeneutischen vielmehr
gerade so, daß eine Auffassung von Subjektivität als Interpretativität nicht das letzte
Wort über die Genesis von Bestimmtheit darstellen kann. Einer der fundamentalen
Gedanken von SuZ lautet, daß in jeder Auffassung von Subjektivität als Leistung die
Dimension der Erschlossenheit ungedacht bleiben muß, ohne die keine Konzeption
von Subjektivität - auch nicht eine interpretationistische - die Genesis von Bestimmt-
heit verständlich machen kann.

Dieser Status der Hermeneutik als Element des Methodenbegriffs in der Unterscheidung von einem Interpretieren als besonderer Form der Wissensgewinnung
wird in der Durchführung der Analytik der Existenzialität vor allem dort deutlich, wo
mit dem In-Sein als solchem die existenziale Konstitution des Da untersucht und
darin das Dasein als Verstehen eigens zum Thema wird (§ 31 und § 32). Danach
gründet im ursprünglichen Verstehen die Auslegung, und erst das ausdrücklich Aus-
einandergelegte hat die interpretationistische Struktur des »Etwas als Etwas«. Das
»als« konstituiert die Auslegung und macht die Struktur der Ausdrücklichkeit eines
Verstandenen aus. Dieses »als« ist vorprädikativ und gehört auch schon in die pure
Wahrnehmung, indem sie »artikuliert« und damit in Bestimmungen »ausein-
andergelegt« ist (149). Das »als« ist demnach der Beginn der »Artikulation« des
Seinsverständnisses in einzelnen Bestimmungen, das darin zum Weltverständnis
wird. Die Auslegung erschließt die Welt in bestimmten Begriffen, ohne die kein

innerweltliches Seiendes zugänglich wird. Die Auslegung gründet in den Strukturen der »Vorhabe«, der »Vorsicht« und des »Vorgriffs«, weshalb jede bestimmte Interpretation von der »Vormeinung« des Interpreten abhängig ist. Heidegger unterscheidet also zwischen der Vor-Struktur des Verstehens und der Als-Struktur der Auslegung (151). Die Auslegung gründet im Verstehen, und damit ist die Als-Struktur in der Vor-Struktur fundiert. Die Vor-Struktur des Verstehens hat ihren Ursprung in der Struktur des seinsverstehenden Daseins, das in seinem »Da« der »Ort« des Begegnens von Seiendem bloß als Seiendes ist. Diese Seinsstruktur wird in der Bearbeitung der Frage nach dem Sinn des Seins des Daseins aus dem »Woraufhin des primären Entwurfs« und damit letztlich aus der Struktur der »Zeitlichkeit« verständlich gemacht.

Daß Heidegger den Methodenbegriff der Phänomenologie über die Begriffsbestandteile des Phänomens und des Logos hinaus durch die Konzeption der Hermeneutik spezifiziert, führt demnach tief in die gedankliche Grundstruktur der Frage von SuZ und von Heideggers Denken weit über SuZ hinaus. Weil die Frage nach dem Sein nur zu beantworten ist mit Hilfe einer Aufklärung über das Verstehen von Sein, deshalb kann die Angabe einer Seinsstruktur des Daseins diese Frage nicht beantworten, sondern es muß der im »Da« des Seins eingeschlossene Sinn als das »Woraufhin« eines primären Entwurfs angegeben werden können. Damit wird mit der Struktur des Seins des Daseins eo ipso formuliert, wie die Möglichkeit eines Verständnisses dieser Seinsstruktur selbst verstanden werden kann. Indem das Dasein das seinsverstehende Seiende ist und mit seinem Sinn auch das Verstehen von Sein aufgeklärt werden kann, so ist dies gleichbedeutend mit einem Verständnis dafür, wie das Dasein für sich sein kann, indem es sich zu sich als dem »Da« des Seins in seiner Erschlossenheit verhält. Die Phänomenologie wird bei Heidegger also deshalb hermeneutisch, weil das Prinzip des Hermeneutischen als »Verstehen von ... her« in die Struktur der Dimension gehört, die ein bewußtes Selbstverhältnis unter der Perspektive seiner Erschlossenheit denkbar macht. Das Prinzip des Hermeneutischen im Sinne des Methodenbegriffs von SuZ ist demnach die Differenz, die der Gedanke eines Sinnes von Sein in sich enthält und die vorausgesetzt wird, wenn die Frage nach dem Sinn von Sein explizit gestellt wird.

Mit der Frage nach dem Sinn von Sein wird gefragt, wie etwas Sinn gewinnen kann, dem von sich aus keinerlei Bedeutung zukommt. Die Frage steht also letztlich danach, wie überhaupt Sinn entstehen kann. Nun bezeichnet Sinn jedoch nicht einen Gegenstand, sondern eine mindestens zweistellige Relation: Sinn von etwas. Wenn die Frage von SuZ aber nach dem Sinn des Begegnens von Seiendem bloß als Seiendes steht, also nach dem Sein des Seienden als dem, was ihm zukommt, bloß insofern es als solches erschlossen ist, so wird nicht im Sinne der klassischen Ontologie nach dem gefragt, was ihm zuzuschreiben ist, bloß insofern es ist, sondern danach, wie wir denken, wenn wir Sinn zuschreiben, ohne zu berücksichtigen, daß das Seiende als »etwas« in einer bestimmten Bedeutung erscheint. Diese Frage präfiguriert durch ihre Eigenbestimmtheit den Bereich der möglichen Antworten. Das philosophische Unternehmen kann demnach nur dann mit einer Frage beginnen, wenn deren vorgängige Bestimmtheit im Verlaufe der Ausweisungen, die am Leitfaden dieser Frage durchgeführt werden, selbst ausgewiesen werden kann. Die Ausweisungen sind jedoch umso stärker durch die Eigenbestimmtheit der initiierenden Frage geprägt, je mehr Bestimmtheit diese Frage aufweist und je mehr sie demgemäß voraussetzt und damit den Bereich der möglichen Antworten einschränkt. Die Frage nach dem Geschehen, in dem sich die Differenz eröffnet, die Sinn und Erschlossenheit ermöglicht, setzt offenbar sehr wenig voraus. Nichtsdestoweniger muß sie sich durch die Einheit von Gegenstand und Methode ausweisen können, die Heidegger mit der Konzeption einer hermeneutischen Phänomenologie intendiert.

Das Hermeneutische in dieser Konzeption impliziert deshalb gerade aufgrund der spezifischen Struktur der Frage von SuZ, daß das zu analysierende Seiende nicht der interpretierende Mensch in seiner hermeneutischen Subjektivität ist. Zum Thema wird das Dasein als »Da« des Seins und als »Ort« seiner Erschlossenheit.[23] Mit der Methode der hermeneutischen Phänomenologie muß es also gelingen können, das Dasein als solches zum Thema zu nehmen, ohne es darin als reines »Da des Seins« und »Ort« der Erschlossenheit zu verdecken. Das Dasein ist in SuZ aber nur bestimmt als Seiendes, das durch die Fähigkeit ausgezeichnet ist, fragen zu können. Um dies zu können, muß es selbst die Differenz in sich haben, die mit der Frage nach dem Sinn von Sein ausgedrückt und in die Frage gestellt wird, also die Differenz von Sinn und Sein und damit die im Gedanken des Sinns implizierte Differenz eines »Verstehens von ... her«. Von diesem Seienden wird gesagt, daß es »wir je selbst sind« (7). Indem es fragen und damit mit Sinn so umgehen kann, daß es ihn verstehen und in Frage stellen kann, ist in seinem Verstehen jene Differenz angelegt, in der es sich von sich und sich von der Welt unterscheidet. Indem es Sinn versteht, verhält es sich zu sich in seiner Erschlossenheit. Deshalb wird zum Thema der Hermeneutik des Daseins die daseiende Möglichkeit der Frage nach dem Sinn von Sein und damit nach dem Verstehen überhaupt.

Das Geschehen der Erschlossenheit und damit des Verstehens von Sinn überhaupt, das in der Frage nach dem Sinn von Sein in einem selbst schon »hermeneutisch« zu nennenden Vorgriff in die Frage gestellt und als Thema der Untersuchung angesetzt wird, wird demnach mit Hilfe einer Struktur gedacht, die die Erschlossenheit als sinnhafte Differenzierung von sich und darin von der Welt impliziert. Dieses Geschehen muß aber auch bereits am Anfang der Aufweisungen von SuZ in der Struktur des bewußten Selbstverhältnisses unter der Perspektive seiner Erschlossenheit angelegt sein. Der Aufweisungsprozeß von SuZ kann demnach nur in Gang kommen durch die Behauptung, das ursprüngliche Sinngeschehen, das in der Frage nach dem Sinn von Sein in einem Vorgriff in die Frage gestellt wird, der selbst erst im Verstehen des ursprünglichen hermeneutischen Geschehens einholend zu legitimieren ist, müsse als anfänglich Mitgedachtes die Struktur des bewußten Selbstverhältnisses unter der Perspektive seiner Erschlossenheit implizieren. Diese Behauptung schließt die weitere ein, daß dieses Geschehen nur durch eine Analytik untersucht werden könne, in der sich die interne Hermeneutik des bewußten Selbstverhältnisses in seiner Erschlossenheit in einer Selbstuntersuchung aufschließt. Das bewußte Selbstverhältnis wird in SuZ deshalb unter dem Aspekt zum Thema, wie in seiner Er-

---

[23] In einer Randbemerkung seines sog. ‚Hüttenexemplars' von ‚Sein und Zeit' bezeichnet Heidegger das Dasein als "die Stätte des Seinsverständnisses" (GA 2, S. 11).

102

schlossenheit ursprünglich Sinn geschieht. Mit diesem Ziel wird untersucht, wie in ihm das Verstehen beginnt, wenn es sich in seiner ursprünglichen Erschlossenheit von sich und seiner Welt unterscheidet und sich in dieser Differenz zu sich verhält.

Weil sich im bewußten Selbstverhältnis unter der Perspektive seiner Erschlossenheit die Differenz seines Sich-Wissens als hermeneutische Differenz und nicht im Ausgang von der Identität des Ich=Ich eröffnet, deshalb bleibt diese Differenz so unbestimmt, daß das »Da« des Seins nicht unter den Begriffen des bestimmten Seienden gedacht werden muß. Subjektivität erscheint unter dieser Perspektive nur als die Dimension der Möglichkeit, im Dasein Seiendes als solches in einer apriorischen Verständlichkeit begegnen zu lassen, die kein apriorisches Wissen liefert, sondern selbst nur als »Woraufhin« des Verstehens von Sein in dessen Sinn zum Ausdruck gebracht werden kann. In der so verstandenen hermeneutischen Differenz wird ein unverfügbarer Horizont eröffnet, von dem her verstehend auf die Welt des bestimmten Seienden »reflektiert« werden kann. Reflexion bedeutet hier nicht das weltlose Auf-sich-zurück-kommen eines Subjekts, sondern das auf die Welt Zurück-kommen von einem »Ent-worfenen« her, das qua Entwurf nicht mehr der Verfügung eines entwerfenden Subjekts untersteht. Das Subjekt erscheint unter der Perspektive der Frage nach der Erschlossenheit des Daseins nur als die Differenz zu einem Entworfenen, das als »Woraufhin« sein subjektives Verstehen ermöglicht. Indem Subjektivität erst in dieser Differenz möglich wird, kann der Entwurf keine subjektive Leistung darstellen, und vor dem Entwurf ist kein Subjekt, das mit Hilfe apriorischer Begriffe eine objektive Welt konstituieren könnte.

Auch unter der Perspektive seiner Erschlossenheit kommt dem bewußten Selbstverhältnis jedoch das Moment der »Reflexion« zu. Eine solche Reflexion geschieht aber nur, indem das Dasein vom Entwurf her auf sich zurückkommt. Seine Subjektivität besteht nur in diesem Zurückkommen vom Horizont auf das zu Verstehende. Unter der Perspektive seiner Erschlossenheit verfügt das Subjekt nicht über eine Struktur, aus der seine Auffassungsweisen der Welt abgeleitet werden könnten. Es ist nur das ursprüngliche Verhältnis des Verstehens von einem Horizont her, und in diesem Horizontbezug öffnet es sich zu einer Dimension, in der es in seinem Verstehen seinen Weltbezug gewinnen kann. Unter der Perspektive der Erschlossenheit des Daseins können im hermeneutischen Selbstbewußtsein die Phänomene sich selbst zeigen, indem sie in das Selbstverhältnis eingeschrieben sind, das ohne sie keine Struktur aufweist. Das Dasein wird damit nicht als zurückgezogen in ein reines Für-sich-sein gedacht, sondern seine Subjektivität bildet sich als Grundstruktur der Hermeneutik zu einem Verstehen aus, das als Verständnis der Welt in der Struktur des »etwas als etwas« abkünftig zu jenem Bestimmen führt, das in der Artikulation sprachlich mitteilbar wird. Das hermeneutische Selbstbewußtsein versteht sich und die Welt also aufgrund eines Entwurfs, in dem es sich auf einen Horizont hin entwirft, der nicht seiner Verfügung untersteht. Insofern ist es Selbstbewußtsein und Subjekt, indem es auf sich Verzicht leistet und damit die Fähigkeit eines Verstehens konstituiert, das durch ein Entworfenes gebunden ist. In diesem Entwurf geschieht die »Offenheit« der Subjektivität.

Die Philosophie Heideggers läßt sich verstehen als ein Bemühen um die Erhellung der Erschlossenheit des bewußten Selbstverhältnisses. Dieses Unternehmen beginnt mit der Frage nach dem Sinn von Sein und führt weiter zum Denken der »Lichtung«, der »Aletheia« und der »Wahrheit« des Seins. Die Stellung des Gedankens der Subjektivität läßt sich nur im Zusammenhang dieser Fragerichtung bestimmen. Auf dem Entwicklungsstand von SuZ führt der Zusammenhang von Erschlossenheit und Sinn zu dem Moment des »Hermeneutischen« im Methodenbegriff der hermeneutischen Phänomenologie. In den vorangegangenen Erläuterungen war deutlich geworden, daß das Sein »Sinn« hat, wenn und indem es »da« ist, und »da« ist, wenn und indem es »Sinn« hat. Das Grundgeschehen der ursprünglichen Hermeneutik besteht darin, Sinn zu erzeugen und ein Verstehen zu schaffen, indem sie eine Erfahrungsleistung ermöglicht, in der etwas ohne bestimmten Sinn, aber doch als ein zu Verstehendes aufgefaßt wird. Insofern ist das »Da« des Seins das Geschehen einer Hermeneutik, die nicht als subjektiv leistende Tätigkeit auftritt. In dieser Hermeneutik wird keine vorgegebene Bestimmtheit auf das zu Verstehende übertragen. Unter der Perspektive der Erschlossenheit gewinnt die »Hermeneutik des Daseins« ihren eröffnenden Charakter, indem sie vor jedem selbst bestimmten Bestimmen einsetzt. Diese Seite des Methodenbegriffs von SuZ bezeichnet also ein ursprüngliches Geschehen vor allem Interpretieren und vor dem Auftreten von Interpreten. Der Begriff einer »Hermeneutik des Daseins« ist demnach primär nicht als genitivus obiectivus, sondern als genitivus subiectivus zu verstehen.

6. Der Sinn von Sein

6.1 Eigentliches Ganzsein und Sorge

Aus den vorangegangenen Erläuterungen sollte deutlich geworden sein, daß die Frage nach dem Sinn von Sein zwei Fragerichtungen umfaßt. Sie frägt zum einen nach der Verständlichkeit des Horizontes, von dem her Seiendes als Seiendes auffaßbar wird, so daß es dem Dasein begegnen kann, und von dem her dann in abkünftiger Weise auch bestimmtes Seiendes erfahrbar wird. Sie frägt zum anderen nach der Verständlichkeit des Horizontes, von dem her das Dasein sich selbst und abkünftig auch dem hermeneutisch-phänomenologischen Philosophen zu verstehen geben kann, wie in ihm das Sein und damit die Verständlichkeit des Seienden als Seiendes »da« ist. Die Frage nach dem Sinn von Sein steht also nach der Selbstexplikation des Daseins, in der es »erklärt«, wie ihm Seiendes als Seiendes begegnet. Dieses »Erklären« ist keine dem Begegnen äußerliche Beschreibung, sondern ist das Geschehen des Begegnens von Seiendem als Seiendes selbst.

Wenn dem Dasein Seiendes als solches begegnet, indem es sich als »Da« des Seins expliziert, so ist die Verständlichkeit jenes Horizontes, nach dem die Frage nach dem Sinn von Sein steht, gleichzeitig die »Selbst-Verständlichkeit« des Daseins für sich und für den hermeneutisch-phänomenologischen Philosophen. Genau diese Selbst-Verständlichkeit zieht Heidegger heran, um aus ihr eine Struktur zu entwickeln, mit der der Sinn von Sein philosophisch verständlich werden kann. Diese Struktur muß also aus sich heraus den Anforderungen genügen können, mit denen gerade ein Sinn (und nicht eine Bedeutung) von Sein (und nicht von Seiendem) für den Philosophen verständlich werden kann, und sie muß gleichbedeutend damit den Anforderungen genügen, mit denen das Dasein zum »Da« des Seins und damit zum »Ort« des Begegnens von Seiendem werden kann.

Diese Struktur wird in ihrer doppelten Bedeutung über die Explikation konstitutiver »Momente« des Seins des Daseins ausgearbeitet, also solcher Momente, in denen das »Da« des Seins nach einer bestimmten Seite zu einem Ausdruck findet. Dieser Ausdruck bleibt abstrakt und unwahr, solange er nur nach diesen Seiten dargestellt wird. Als Ausdruck von Sein enthalten diese Seiten aber implizit auch die anderen und sie gewinnen ihre Bedeutung für den zum Ausdruck zu bringenden Sinn von Sein nur durch diesen Bezug auf das Ganze. Dieses Ganze kann aber nicht die vollständig explizierte Bedeutung des Begriffs von Sein darstellen. Einen solchen Begriff auszuarbeiten ist überhaupt nicht das Ziel der Frage nach dem Sinn von Sein. Es wäre auch kein Ziel, das gemäß der Struktur dieser Frage erreicht werden könnte. Das Ganze muß eben jene Unbestimmtheit in sich enthalten, die dem Sinn von Sein zugehört, indem er nicht das Begegnen von bestimmtem Seienden, sondern von Seiendem bloß als Seiendes verständlich machen soll.

Solche konstitutiven Momente wurden etwa mit der Existenzialität, der Faktizität und der Verfallenheit des Daseins angegeben. Indem das Dasein weltlich existiert, ist es in der Erschlossenheit das »Da« des Seins, obwohl es ebenso in seiner »Tatsächlichkeit« an das weltliche Seiende verfällt und deshalb als Man-Selbst existiert. In seinem In-der-Welt-sein geht es ihm je um sein Sein. Das Dasein, wie es in seiner durchschnittlichen Alltäglichkeit ist, wird zusammenfassend bezeichnet als "das verfallend-erschlossene, geworfen-entwerfende In-der-Welt-sein, dem es in seinem Sein bei der »Welt« und im Mitsein mit Anderen um das eigenste Seinkönnen selbst geht" (181). Diese Struktur soll nun in ihrer Ganzheit in einem Begriff zum Ausdruck kommen, der es erlaubt, das »Da« des Seins als einheitliches Phänomen aufzufassen. Dieser Begriff wurde bereits genannt, als das Sein des Daseins als »Sorge« bezeichnet wurde. »Sorge« heißt: "Sich-vorweg-schon-sein-in-(der-Welt-) als Sein-bei (innerweltlich begegnendem Seienden)" (192). Die »Sorge« ist die Einheit von drei Strukturmomenten, in denen die konstitutiven Momente des In-der-Welt-seins aufbewahrt sind: Sich-vorweg-sein, Schon-sein-in und Sein-bei.

Das Moment des Sich-vorweg-seins bezeichnet das Dasein unter dem Aspekt seines Seinkönnens, in dem es sich als Möglichsein zeigt. Damit wird die Seinsstruktur des Daseins integriert, daß das »Da« des Seins nicht als Bestand und Substanz aufgefaßt werden kann. In existenzialem Sinn gehört zu seinem Sein auch, was es noch nicht ist: "Es ist, was es wird bzw. nicht wird" (145). Das Dasein kommt stets erst auf sich zu und existiert in diesem Auf-sich-zu-kommen. Damit soll nicht gesagt werden, daß dem Menschen vieles möglich ist, weil er durch seine Freiheit verschiedene Kausalverläufe in der Welt des bestimmten Seienden initiieren kann. Seine Möglichkeiten sind nicht alternative Kausalketten in der Welt des vorhandenen Seienden. Das »Da« des Seins ist die Eröffnung einer Dimension der Differenz, in der sich auch ein Raum von Möglichkeiten eröffnet. Wenn vom Dasein gesagt wird, es sei in seinem Sein in der Möglichkeit, so wird auf die Doppelstruktur seines Seins hingewiesen, nach der es »ermöglicht-ermöglichend« ist. In dieser Eröffnung eines »Raumes« von Möglichkeiten ist das Dasein "Sein zum eigensten Seinkönnen" (191). Damit wird erneut zum Ausdruck gebracht, daß unter dem eigensten Sein des Daseins nicht die Bestimmtheit eines Lebensideals zu verstehen sein kann. In seiner »Eigenheit« ist das Dasein über sich zu sich hinaus. Darin geht es dem bewußten Selbstverhältnis unter der Perspektive seiner Erschlossenheit in der Bestimmtheit seines Daseins nicht um das bestimmte Seiende, sondern um sein Sein.

Das Moment des Schon-sein-in expliziert die Bedeutung dieser Bestimmtheit. Indem es dem Dasein um sein Sein geht, bemüht es sich nicht um eine weltlose Haltung zu einer bestimmungslosen Entität. Es nimmt auch keinen Bezug zu Seiendem als solchem auf, indem es sich auf sich zurückzieht und in reiner Kontemplation seine Eigentlichkeit sucht. Als »Da« des Seins ist es in einer Welt und verhält sich darin theoretisch und poietisch zu bestimmtem Seienden. Es ist also »befindlich«, indem es sich in seiner Welt orientiert, und es »versteht« sein Sein. Zu dem »Da« seines Seins kommt es und mit ihm der hermeneutisch-phänomenologische Philosoph, indem es die Struktur seiner »Geworfenheit« und damit seiner »Faktizität« zum Ausdruck bringt. Die phänomenale Struktur dieses Seinscharakters des Daseins unter der Perspektive seiner Erschlossenheit formuliert Heidegger so: "das Verweisungsganze der Bedeutsamkeit, als welche die Weltlichkeit konstituiert, ist »festgemacht« in einem Worum-willen" (192).

Indem das Dasein in seiner Erschlossenheit »sich vorweg« und »schon in« ist, kann die Struktur in ihrer Ganzheit auch unter dem Aspekt des Sein-bei ausgedrückt werden. Das Dasein ist sich vorweg in einer Welt, die ihm nicht im Sinne einer vorgegebenen Objektwelt gegenüber steht, sondern die ein Strukturmoment der Existenzialität des Daseins darstellt. Die Welt ist der Horizont, aus dem ihm bestimmtes Seiendes entgegenkommt und aus der es sich selbst unter bestimmten Begriffen begegnet. Unter der Perspektive seiner Erschlossenheit ist die Welt seine eigene Struktur. Dazu gehört aber, daß es die begriffliche Bestimmtheit seines Selbstverständnisses aus dem bestimmten Seienden der Welt entnimmt, die sich deshalb als in sein Selbstverständnis eingeschrieben zeigen kann. Diese Struktur bringt Heidegger mit der Bewegungsstruktur des Verfallens zum Ausdruck. Im Dasein geschieht also das »Da« des Seins nur, indem es sich selbst aus dem All des Seienden versteht und sich seine Seinsmöglichkeiten vom Man vorgeben läßt. Wenn es im Verfallen sein Sein im »Gerede« auslegt (167 ff), so ist auch darin die Erschlossenheit des Daseins, in der es Seiendes als Seiendes begegnen lassen kann. Nur indem das Dasein Verfallensein ist, kann es als »Da« des Seins aufgefaßt werden und kann in seinem Sein der Sinn des Horizontes gefunden werden, von dem her das Begegnen von Seiendem als Seiendes verstanden werden kann.

Die Einheit dieser Aspekte stellt unter dem Titel »Sorge« das Ergebnis der Fundamentalanalyse des Daseins dar. Es ist die Struktur, aus der verständlich werden soll, wie dem Dasein Seiendes als solches begegnen kann und wie in ihm das Sein »da« sein kann. Das Dasein wird also aufgrund der Sorgestruktur zu dem »Ort«, an dem das Sein »da« ist, weil es dort als Horizont des Begegnens von Seiendem als solchem zu einem Verständnis kommt. Die »Sorge« wird in diesem Sinne als »ontologischer« Terminus für das Sein des Daseins gebraucht. »Ontologisch« kann hier allerdings nicht heißen, daß damit zum Ausdruck kommt, was dem Menschen zuzuschreiben ist, bloß indem von ihm gesagt wird, »er ist« im Sinne von »er hat Sein«. Das Dasein »hat« nicht Sein, sondern ist der »Ort« des »Da« des Seins. Wenn von ihm eine Seinsstruktur ausgesagt wird, so kann demnach nicht einer Substanz ein Akzidens zugesprochen werden. Im Grunde kann ihm eine Seinsstruktur auch nicht im Sinne der Grammatik zugesprochen werden, mit deren Formen wir bestimmtem Seienden Attribute zusprechen. Es gibt kein Satzsubjekt »Dasein«, das wir durch die prädikative Ergänzung »... hat die Seinsstruktur der Sorge« bestimmen könnten. Es »gibt« nur diese Seinsstruktur, und es ist nicht verwunderlich, daß Heidegger vor und nach SuZ sich ausführlich mit diesem »es gibt« befaßt hat.

Es war bereits deutlich geworden, daß mit der Struktur der Sorge nicht etwas gemeint sein kann, das wir aus dem lebensweltlichen Sprachgebrauch als eine psychische Disposition im alltäglichen Leben kennen. Nichtsdestoweniger soll es sich um diejenige Struktur handeln, auf deren Grundlage ein Verhalten des lebensweltlichen Sorgetragens einschließlich der defizienten Modi der Sorglosigkeit oder der Gleichgültigkeit erst möglich wird. Heidegger untersucht als solche lebensweltlichen Formen des Phänomens der Sorge das Besorgen von Zuhandenem und die Fürsorge für Andere. Hier zeigt sich ein Beispiel für das Vorgehen der Fundamentalanalyse, wie es durch ihren »Gegenstand«, der durch die ihm inhärente Phänomenologie und Hermeneutik seine eigene »Methode« mitbringt und nur deshalb ein genuin philosophischer Gegenstand ist, vorgegeben wird. Das Dasein versteht sich auch unter der Perspektive seiner Erschlossenheit aus dem Seienden, das mit Hilfe innerweltlicher Begriffe bestimmt wird. Die Erschlossenheit als solche kann jedoch nicht in einem Sinn von Sein zum Verständnis kommen, wenn das Dasein nur in seiner Bezogenheit auf das Erschlossene untersucht wird. Deshalb kann das lebensweltliche Sorgen nur dann zu einer Aufklärung des Sinnes von Sein beitragen, wenn in ihm auch die »Gegenbewegung« des »Rückganges« aus der Verfallenheit an das weltliche Seiende in die »Eigentlichkeit« des Daseins zur »Rücksicht« kommt, ohne daß darin der Rückzug auf ein egoistisches Selbstseinwollen zum Wesenszug des Daseins gemacht würde. Sorge ist das Dasein nach seiner Seinsstruktur also nur, indem es im Sorgen die Bewegungsstruktur in sich trägt, die Heidegger mit den Aspekten des Verfallens und der Eigentlichkeit zum Ausdruck bringt.

Wenn Heidegger gerade mit der Struktur der Sorge die Einheit der verschiedenen Aspekte der Erschlossenheit des Daseins zum Ausdruck bringen will, so muß diese Struktur also implizieren können, daß das Dasein eigentlich und uneigentlich »sorgt«. Sie muß demnach die Bewegung seiner Erschlossenheit und damit die Differenz zwischen sich und seiner Welt sowohl nach der Seite der Eigentlichkeit als auch nach der Seite der Uneigentlichkeit bezeichnen können. Diese Differenz übernimmt das Dasein, indem es ist, und es ist, indem »in ihm« diese Differenz eröffnet wird. Die Bewegung zwischen seinem eigentlichen und uneigentlichen Sorgen ist demzufolge das, was die Sorgestruktur als Ausdruck für das Sein des Daseins zum Ausdruck bringt. Nach den vorangegangenen Erörterungen ist deutlich, daß damit nicht eine Bewegung zwischen einer Sorge um die Dinge der Welt und einer Sorge um das eigene Selbst gemeint sein kann. Das eigene Selbst stellt ebenso ein bestimmtes Seiendes in der Welt dar, aus dem sich zu verstehen im Sinne Heideggers ein verfallendes Sich-verstehen darstellt.

Die Struktur des »Da« des Seins, mit der das Dasein als der »Ort« zum Verständnis kommt, an dem Seiendes als solches begegnen kann, umfaßt also die Einheit von verfallendem Sich-verstehen und die »Rückkehr« daraus in ein Sich-verstehen ohne bestimmte Begriffe und ohne ein bestimmtes »Selbst«. Insofern ist das verfallende Sich-verstehen das einzige Sich-verstehen des Daseins unter bestimmten Begriffen, und es gibt kein anderes Selbstverständnis unter solchen Begriffen. Das bewußte Selbstverhältnis versteht sich demnach auch unter der Perspektive seiner Erschlossenheit aus seiner Welt, deren Bestimmtheiten als sich-zeigende Phänomene in es eingeschrieben sind. Aber unter dieser Perspektive versteht es auch noch, daß es sich damit aus der Welt versteht, in deren Erschließung es selbst »geschieht«. Es versteht, daß es selbst als »Da« des Seins die Differenz ist, in der ein »Selbst« und seine »Welt« auseinandertreten, so daß das Selbst sich aus seiner Welt verstehen kann.

Die Struktur der Sorge als "Sich-vorweg-schon-sein-in-(der-Welt-) als Sein-bei (innerweltlich begegnendem Seienden)" (192) muß demnach die Einheit dieses Sich-verstehens als Dasein zum Ausdruck bringen können. Das Dasein muß darin in seiner internen »Methode« der hermeneutischen Phänomenologie in seiner Erschlossenheit verständlich werden können, also nicht in einem »Selbstsein«, das der erschlossenen Welt integriert ist, sondern in der Dimension einer Differenz, in der es sich in einer Differenz zu sich verstehen kann, die ebenso eine Einheit ist, in die seine Selbstverständnisweisen eingeschrieben sind. Dieses Verstehen »als Dasein« geschieht demnach in der Einheit der drei Strukturmomente der Sorge, in denen die konstitutiven Momente des In-der-Welt-seins aufbewahrt sind, also in Sich-vorweg-sein, Schon-sein-in und Sein-bei. Alle drei Momente bringen Aspekte jener Differenz zum Ausdruck, in denen das »Da« des Seins geschieht, und sie enthalten ebenso die Einheit, in denen das Dasein zu einem Selbstverständnis über jene innerweltlichen Bestimmtheiten gelangen kann, die als sich-zeigende Phänomene in sein Selbstverhältnis eingeschrieben sind.

Damit erscheint die Aufgabe der vorbereitenden Fundamentalanalyse im wesentlichen erbracht. Das Dasein wurde nach der Seinsstruktur seines Selbstverständnisses als »Da« des Seins bestimmt, ohne daß es als weltliches Seiendes auf Begriffe gebracht worden ist. Die innere Differenz dieses begrifflosen Selbstverständnisses unter der Perspektive der Erschlossenheit wurde nach den Aspekten des Sich-vorweg-seins, des Schon-seins-in und des Seins-bei zum Ausdruck gebracht. In der Ausarbeitung der Frage nach dem Sinn von Sein bestand die Aufgabe der »Analyse« des Daseins darin, den »Ort«, an dem das Sein »da« ist, so zu einem Verständnis zu bringen, daß darin das Sein in einem Sinn verständlich wird. Damit wird nun deutlich, warum diese Aufgabe gerade mit Hilfe einer »Analytik« gelöst werden sollte. Als »Zergliederung« des Daseins tritt die Frage nach dem Sinn von Sein nicht auf, weil das Dasein darin in seine Bestandteile zerlegt werden soll. Wenn es »analysiert« wird, so wird seine interne Differenz nach den Strukturen erläutert, in denen sie sich als Differenz des Selbstverständnisses des Daseins zeigt. Diese Erläuterung expliziert das Dasein so, wie es sich selbst vor jeder philosophischen Reflexion und vor jeder Introspektion »analysiert«, weil es als seine »Selbstanalyse« existiert. Seine »Analytik« ist insofern genau das, was in den Strukturaspekten der Sorge zum Ausdruck kommt, also in der Differenz des Sich-vorweg-seins, des Schon-seins-in und des Seins-bei.

Wenn diese Analytik aber noch nicht ausreicht, um das »Da« des Seins in einem Sinn von Sein zum Ausdruck bringen zu können, obwohl der Seinssinn des Daseins bereits in der Struktur der »Sorge« expliziert wurde, so scheinen dem »analysieren-den« Vorgehen Grenzen gesetzt zu sein, jenseits derer der Gegenstand eine andere Methode erfordert. Da die Methode aber der eigene »Weg« des Gegenstandes sein muß, wenn er auf genuin philosophische Weise zum Thema werden soll, so muß das »Da« des Seins in seinem Sich-zeigen offensichtlich noch weiter bestimmt werden, um aus ihm den Horizont gewinnen zu können, aus dem her Sein in seinem Sinn verständlich werden kann. In den vorangegangenen Erörterungen waren bereits die Themenbereiche der Eigentlichkeit und der Ganzheit des Daseins behandelt worden, mit denen Heidegger den Weg zur Bestimmung eines Sinnes von Sein fortsetzt. Dort war insbesondere die Bedeutung jener speziellen »Ganzheit« des Daseins angesprochen worden, die Heidegger im Vorlaufen in den Tod angelegt sieht.

Der Zusammenhang von In-der-Welt-sein und Sorge kann demzufolge auch die Frage nach dem Verhältnis zwischen dem Dasein als dem »Ort«, an dem das Sein »da« sein und damit Seiendes als Seiendes begegnen kann, und seiner Welt noch nicht endgültig beantworten. Wenn das Dasein aber eine Bestimmtheit nur aus seinem Selbstverständnis in der Welt gewinnen kann, deren Phänomenalität in das bewußte Selbstverhältnis unter der Perspektive seiner Erschlossenheit eingeschrieben ist, so ist noch nicht endgültig aufgeklärt, wie das Dasein selbst zu bestimmen ist. Damit ist im Grunde auch noch nicht expliziert, warum dem Dasein der »Vorrang« in der Frage nach dem Sein zukommen soll. Heidegger bringt diesen Mangel zum Ausdruck, wenn er behauptet, das Dasein sei noch nicht ganz und eigentlich in seinem Sein aufgewiesen worden, weswegen die Frage nach seinem Seinssinn noch nicht beantwortet werden könne. Soll das Dasein also angemessen auf sein Sein befragt werden, so muß es »ganz« und »eigentlich« vorgestellt werden können.

Hier muß jedoch beachtet werden, daß mit der Feststellung dieses Mangels die zuvor mit der »Sorge« entwickelte Struktur des Seins des Daseins nicht dementiert wird. Die Struktur des "Sich-vorweg-schon-sein-in-(der-Welt-) als Sein-bei (innerweltlich begegnendem Seienden)" (192) soll weiter als die Möglichkeitsgrundlage für ein Verständnis des Sinnes von Sein gelten, also für ein Verständnis des »Ortes«, an dem das Sein »da« ist, so daß Seiendes als Seiendes begegnen kann. Der Mangel kann also nicht einen Fehler in dieser Struktur betreffen.

Als die Sorge als Sein des Daseins entwickelt wurde, fehlte dem Dasein noch die Eigentlichkeit. Die vorbereitende Fundamentalanalyse beschäftigte sich mit dem Dasein in seiner durchschnittlichen Alltäglichkeit, also so, wie es zumeist und zunächst ist. In diesem Zustand verfällt das Dasein stets an das begegnende Seiende und läßt sich seine Seinsmöglichkeiten vom Gerede des Man auslegen und verstellen. Die Verfallenheit mindert jedoch das Sein des Daseins nicht, sondern gehört als existenziale Bestimmung zu ihm. Die Uneigentlichkeit wurde sogar als ein "ausgezeichnetes In-der-Welt-sein" bezeichnet (176). Nichtsdestoweniger behauptet Heidegger, um das Sein des Daseins angemessen zum Ausdruck bringen zu können, müsse der Status der Eigentlichkeit hinzugezogen werden. Von dieser Behauptung her erscheint die Uneigentlichkeit als der defiziente Modus, der zwar existenziale Bedeutung hat, selbst jedoch nur adäquat auf der Grundlage der Eigentlichkeit des Daseins verstanden werden kann.

Unter dem Titel der Eigentlichkeit des Daseins wird nun gesucht ein "eigentliches Seinkönnen des Daseins, das von diesem selbst in seiner existenziellen Möglichkeit bezeugt wird" (267). Die Eigentlichkeit soll also so aufgewiesen werden, wie sie im Dasein vorgegeben ist. Demnach muß eine existenzielle Möglichkeit gefunden werden, deren Möglichkeit nur aufgrund einer existenzialen Verfassung gedacht werden kann. Gesucht wird also ein Seinscharakter des Daseins, der Eigentlichkeit möglich macht. Dieses eigentliche Selbstseinkönnen als "Wählen der Wahl" (268) soll nun durch die Stimme des Gewissens bezeugt werden. Dieses Phänomen stellt Heidegger in seiner ontologischen Interpretation über die psychologischen, biologischen oder theologischen Konnotationen hinaus in den Zusammenhang der Erschlossenheit des Daseins. Im Ruf des Gewissens ruft das Dasein sich selbst auf zu seinem Selbstseinkönnen (274). Der Rufer ist also "das Dasein in seiner Unheimlichkeit, das ursprüngliche geworfene In-der-Welt-sein als Un-zuhause, das nackte »Daß« im Nichts der Welt" (276).

In die Sorgestruktur als Sein des Daseins integriert wird dieses Phänomen, indem es als Ruf der Sorge aufgefaßt wird (277), so daß es dem Dasein in seinem Gewissen letztlich stets um sein Seinkönnen geht. Das Gewissen ist demnach aufzufassen als ein ausgezeichneter Modus der Erschlossenheit. Wenn Heidegger dieses Phänomen beschreibt als "das verschwiegene, angstbereite Sichentwerfen auf das eigenste Schuldigsein" (297), so enthält das Gewissen einen Entwurf zum »Schuldigsein«. Das Gewissen ruft auf zum Schuldigsein. Darin ruft es das Dasein vor in die Eigentlichkeit. Wenn der Rufer aber die Sorge selbst ist, so meint Schuldigsein eine Seinsart und Dasein ist im »Da« des Seins »schuldig«.

Heidegger verwendet hier eine extreme Formalisierung des Begriffes der Schuld. Schuld soll nach seiner Struktur bedeuten: "Grundsein für einen Mangel im Dasein eines Anderen" (282). Auch damit aber ist noch ein Nicht-Vorhandensein als Mangel impliziert. Zur Ausarbeitung eines existenzialen Schuldbegriffes muß auch diese Konkretion noch in einer rein formalen Struktur eliminiert werden. Heidegger gelangt so zu einem Verständnis, demzufolge Schuldigsein heißt "Grundsein einer Nichtigkeit" und Grundsein "für ein durch ein Nicht bestimmtes Sein" (283). In diesem Sinne soll die Behauptung verstanden werden, das Dasein sei »seinsmäßig« schuldig. Wir könnten diese Behauptung deshalb so zu interpretieren suchen. Das Dasein ist stets existierend Grund seines Seinkönnens und die Existenz "wird in der Weise des Ergreifens oder Versäumens nur vom jeweiligen Dasein selbst entschieden" (12). Aber das Dasein ist ebenso geworfen und entwirft sich darin auf Möglichkeiten, hinter denen es stets zurück bleibt. Als Möglichsein ist das Dasein auch und immer viele Möglichkeiten nicht. Indem es sich also als Möglichsein bestimmt hat, ist ein »Nicht« in sein Sein aufgenommen, und sein "Grundsein besagt demnach, des eigensten Seins von Grund auf nie mächtig zu sein" (284). Indem es als Entwurf existiert, ist das Dasein in sich "nichtig" und "Grund einer Nichtigkeit" (283).

Mit der Aufweisung der Eigentlichkeit des Daseins mit Hilfe des Phänomens des Gewissens ist der erste Schritt auf dem Wege zur Darlegung des eigentlichen Ganzseinkönnens des Daseins zurückgelegt. Diese Hermeneutik des Daseins führt zu der Konzeption der "Entschlossenheit" (297) als dem eigentlichen Seinkönnen des Daseins. Darüber hinaus aber ist das Dasein deshalb nicht und nie "ganz", weil zu seinem Sein in der Sorge das Sich-vorweg-sein gehört. Damit steht immer noch etwas aus und es existiert in einer "ständige[n] Unabgeschlossenheit" (256). Zum Dasein gehört existenzial sein Noch-nicht (243), und sein Tod ist eine Weise des Seins. Dasein ist »Sein zum Ende« und nicht ein Vorhandenes, das »auch« endet. Die Sterblichkeit des Daseins ist "die Seinsweise, in der das Dasein zu seinem Tode ist." (247) Das Sterben des Daseins "gründet hinsichtlich seiner ontologischen Möglichkeit in der Sorge" (252).

Offensichtlich sind die Phänomene des Ganzseins und der Eigentlichkeit des Daseins in Beziehung auf die Sorge als die Seinsstruktur des Daseins nahe verwandt. Im Nichtausweichen vor dem Sein zum Tode verschwinden die Bezüge des Daseins. Es bleibt die "Möglichkeit der schlechthinnigen Daseinsunmöglichkeit" (250), die das Dasein auf sein Selbst und auf sein eigenstes Seinkönnen verweist. Der Tod ist nicht der Ausstand, sondern führt vor das Ganzsein, weil er "im Leben" ist: "Das Dasein stirbt faktisch, solange es existiert" (251). Damit ist das Dasein nicht deshalb »unganz«, weil sein Tod noch bevorsteht, sondern es kann »ganz« sein, weil es das, was es noch nicht ist, immer schon ist. Während das eigentliche Sein zum Tode also Vorlaufen in die Möglichkeit meint, wird mit der Sterblichkeit der Tod als "eigenste, unbezügliche, gewisse und als solche unbestimmte, unüberholbare Möglichkeit des Daseins" enthüllt (258). Die existenziale Möglichkeitsbedingung dafür ist der in der Sorgestruktur enthaltene Seinscharakter des Vorlaufens. Im Vorlaufen in den Tod kann das Dasein als "ganzes Seinkönnen" existieren (264). Damit können Eigentlichkeit und Ganzheit als einheitliches Phänomen gesehen werden. In seiner Eigentlichkeit versteht sich das Dasein als existenzial schuldig. Dazu muß es sich als Ganzes »haben« und kann sich nicht als unvollständig verstehen, solange noch etwas bevor- und damit aussteht. Diese Ganzheit erfährt es im Vorlaufen in den Tod, indem es sich eigentlich in sein Sein zum Ende bringt. Heidegger kann die beiden Phänomene deshalb so zusammenfassen: "Die Entschlossenheit wird eigentlich das, was sie sein kann (...) als Vorlaufen in den Tod" (305). Darin erfährt das Dasein, daß nichts mehr aussteht, außer das Nichts. Mit dem Sein zum Tode steht also nur das Nichts im Sein aus. Das Dasein wird damit eigentlich und ganz in der vorlaufenden Entschlossenheit, in der es den Tod in sein Sein integriert und sich darin zu seinem eigensten Selbstsein entwirft.

In Kap. 4 wurde versucht, aus Heideggers Ausführungen zu den Phänomenen Sterblichkeit und Gewissen einen Sinn zu gewinnen, der den Anschluß an die in SuZ ausgearbeitete Frage nach dem Sinn von Sein behält. In erster Linie wurde dabei allerdings das Phänomen der Sterblichkeit behandelt. Wie weit die konkreteren Ausführungen insbesondere zum Phänomen des Gewissens für sich genommen aufschlußreich sein können, mag jeder für sich ausmachen bzw. solchen psychologischen und theologischen Untersuchungen überlassen bleiben, die Rekurs auf die gedanklichen Entwicklungen von Philosophen zu nehmen wünschen. Für den Zusammenhang der Ausarbeitung der Frage nach dem Sinn von Sein und damit nach einer Möglichkeit eines Verständnisses für die Bestimmtheit des »Da« des Seins als dem Horizont für das Begegnen von Seiendem als Seiendes muß jedoch betont werden, daß Heidegger auch hier nicht über eine Explikation der Seinsstruktur des Daseins als Sorge hinausgeht. Dasein ist in seinem Sein durch die Struktur der Sorge bestimmt. Die Untersuchung der vorlaufenden Entschlossenheit hat nichts anderes ergeben. Auch die Möglichkeit des eigentlichen Ganzseinkönnens ist in der Sorge fundiert, ebenso wie dies für das Sich-verlieren in der Ausgelegtheit durch das Man an das Sein der Welt galt.

Wenn die Seinsstruktur des Daseins als »Sorge« bezeichnet werden kann, so wird mit der Entschlossenheit als der eigentlichen Ganzheit des »Da« des Seins diese Struktur der Sorge durch ein zusätzliches Bedeutungsmoment erläutert. Die Sorgestruktur des Daseins wird damit als "nichtiger Grund seines nichtigen Entwurfs" erklärt (287). Diese Erklärung führt so über die schon mit der Fundamentalanalyse des Daseins erreichte Struktur hinaus, daß auf diese Weise eine Konzeption gefunden ist, die es erlaubt, den Horizont des Verständnisses von Sein mit Hilfe des Gedankens der »Zeitlichkeit« auf einen selbst verständlichen Sinn zu bringen. Die Sorge als

Verständnishorizont des »Ortes«, an dem das Sein »da« ist, weil dort Seiendes als
Seiendes begegnen kann, wird also mit der doppelten »Nichtigkeit« von Sterblichkeit
und Gewissen so erklärt, daß damit eine Konzeption gefunden werden kann, die es
erlaubt, jenen Verständnishorizont selbst in einem Sinn von Sein verstehen zu können.

Wir könnten die gedankliche Fluchtlinie von Heideggers Erörterungen über Sterblichkeit und Gewissen nun so ausführen. Mit dem »Nicht« von Sterblichkeit und Gewissen als Schuldigsein und Vorlaufen in das Nichts wird die »zweite Seite« der Sorgestruktur hervorgehoben. Es war bereits deutlich geworden, daß die Sorgestruktur
ein »nicht« enthält, indem Sorge heißt "Sich-vorweg-schon-sein-in-(der-Welt-) als
Sein-bei (innerweltlich begegnendem Seienden)" (192). Das Dasein ist sich vorweg,
es ist schon in der Welt und es ist bei Seiendem in der Welt. Dies könnte den Gedanken nahelegen, Heidegger wolle damit die Selbst-Verlorenheit des Daseins beschreiben. Daß dem nicht so ist, zeigt jedoch schon die Bezeichnung dieser Struktur als
Seinsstruktur des Daseins. Daraus ist zu entnehmen, daß das »Da« des Seins sich in
dieser Struktur erschöpft, so daß daneben nicht mehr von einer Entität die Rede sein
kann, die »sich« verliert, indem sie sich vorweg, schon in der Welt und bei weltlichem Seienden ist. Dasein ist nicht »etwas«, das sich vorweg, schon in der Welt und
bei weltlichem Seienden ist, sondern das »Da« des Seins ist gerade diese einheitliche
Struktur des »sich-vorweg«, des »schon in der Welt« und des »bei weltlichem Seienden«, und jenseits dieser Struktur findet sich kein Entität mit Namen Dasein. Mit der
Struktur der Sorge wird also keine Zuschreibung von Attributen zu einer unabhängig
davon bestimmbaren Entität vorgenommen, sondern die Bestimmtheit des Daseins
erschöpft sich in eben dieser Struktur. Dies wird dann leicht verständlich, wenn berücksichtigt wird, daß unter Dasein nicht ein Wesen zu verstehen ist, das wir unter
der begrifflichen Bestimmtheit des »Menschen« zu kennen glauben und dessen Begriff uns nun durch neue Bestimmungen erläutert wird. Unter Dasein ist das »Da« des
Seins zu verstehen als der »Ort«, an dem Seiendes als Seiendes begegnen kann, und
dessen Verständlichkeit in einem Sinn als Verständnishorizont von Sein anzugeben
versucht wird.

Demnach ist es das Dasein selbst, das nach seiner Struktur, die seine ganze Bestimmtheit ausmacht, eine interne Differenz enthält, aufgrund derer es sich vorweg,
schon in einer Welt und bei weltlichem Seienden ist, wir könnten auch sagen: es ist
diese Differenz. Indem es eine solche Differenz ist, enthält es ein »nicht«. Indem es
sich vorweg ist, ist es nicht in dem Jetztpunkt, in dem es ist; indem es schon in einer
Welt ist, ist es nicht bei sich als Ichpunkt; indem es bei weltlichem Seienden ist, ist
es nicht bei sich als Dasein. Dieses »nicht« führt aber hier nicht zu einer neuen Bestimmtheit nach dem Prinzip »omnis determinatio est negatio«. Es führt nur zu einer
Bestimmtheit, der als Differenzstruktur die Negation inhärent bleibt. Diese Differenz
wird aber auch nicht dialektisch in der Identität von Identität und Differenz aufgehoben. Das Dasein ist nicht »bei sich«, indem es sich vorweg, schon in einer Welt und
bei weltlichem Seienden ist. Als »Da« des Seins ist es die Differenz, das »zwischen«,
und nicht die aufgehobene Differenz.

Die gedankliche Fluchtlinie von Heideggers Hermeneutik der Phänomene Gewissen und Sterblichkeit kann also in der Ausführung dieser Seite des »Nicht« in der Seinsstruktur des Daseins gesehen werden. Auch darin folgt Heidegger jedoch der Grundstruktur der Daseinsanalyse. Mit dem Vorlaufen in seinen Tod folgt das Dasein seiner Selbstauffassung aus dem weltlichen Seienden. Es faßt sich auf nach der Seite seiner leiblichen Existenz, und nach dieser Seite weiß es, daß ihm sein Ende bevorsteht. Das gleiche gilt für die Übernahme seines Schuldigseins. Das Phänomen der Schuld geht aus von der Wirksamkeit des Daseins als eines weltlichen Seienden auf anderes weltliches Seiendes, an dem es schuldig werden kann, indem es Schuld an einer Nichtigkeit in diesem Seienden auf sich lädt. Damit muß Schuld nicht auf Ursächlichkeit reduziert werden; auch wenn wir Kant folgen und die Freiheit als Möglichkeitsbedingung von Schuld in einer intelligiblen Welt denken wollen, so setzt dies doch ein Verständnis des schuldig werdenden Daseins als weltliches Seiendes voraus.

In ihrer Hermeneutik erweisen sich diese Phänomene dann jedoch als eingeschrieben in das bewußte Selbstverhältnis unter der Perspektive seiner Erschlossenheit. In dieser Eingeschriebenheit zeigen sie eine Differenz als Grund ihrer Möglichkeit, und diese Differenz spezifiziert sich zu einem »nicht«, das in die Erschlossenheit des »Da« des Seins gehört, indem es die Sorgestruktur als Verständnishorizont für das Sein, das in seinem »Da« das Begegnen von Seiendem als Seiendes ermöglicht, nach deren »negativer« Seite expliziert. Die Phänomene der Sterblichkeit und des Gewissens haben damit auch Teil an der genuinen Bewegungsstruktur von Verfallen und Eigentlichkeit, die Heideggers Analyse des In-der-Welt-seins als der zentralen Struktur des Daseins als des »Ortes«, an dem das Sein »da« ist, von Anfang an prägt. Ebenso wie es in der Fundamentalanalyse jedoch nicht darum gehen konnte, eine Bestimmtheit des Daseins zu finden, in der es »eigentlich« ist in dem Sinn, daß es dort seine wahre Beschreibung finden kann, so wenig geht es in den Ausführungen zu den Phänomenen Sterblichkeit und Schuld um die Herausstellung einer richtigen Haltung im Sinne eines guten und wahren Lebens. Wie die Leitlinie der Fundamentalanalyse die Bewegungsstruktur von Verfallen und Eigentlichkeit war, die zur Sorgestruktur und ihrer internen Differenz führte, so läßt sich die Phänomenologie von Sterblichkeit und Gewissen verstehen als Hermeneutik der Bewegungsstruktur von weltlichem Vorlaufen in den Tod und Übernahme von Schuldigkeit einerseits und dem der Sorgestruktur inhärenten »Nicht« als Sich-vorweg-sein, Sein in einer Welt und Sein bei weltlichem Seienden andererseits.

Die Hermeneutik der Phänomene Sterblichkeit und Gewissen hat zum Ergebnis demnach die Ausführung der Seite des »Nicht« in der Sorgestruktur des »Da« des Seins als des »Ortes«, an dem das Sein so »da« ist, daß die Möglichkeit des Begegnens von Seiendem als Seiendes in dem Verständnishorizont eines Sinnes von Sein in einer verständlichen Konzeption zum Ausdruck kommen kann. Mit diesem »Nicht« wird deutlich, daß das Dasein mit der Struktur der Sorge nicht wie ein Seiendes in der Welt bestimmt ist. Wir könnten auch sagen: mit diesem »Nicht« wird phänomenologisch ausgeführt, daß dem Dasein die Seinsstruktur der Sorge nicht zugeschrieben werden kann wie ein Prädikat einem Subjekt. Dem Satz »das Sein des Da-

seins ist die Sorge« wird der Satz hinzugefügt »die Sorge ist nicht das Sein des Daseins«. Die gedankliche Fluchtlinie von Heideggers hermeneutischer Phänomenologie von Sterblichkeit und Gewissen ist letztlich also die Explikation der internen Differenz, die das »Da« des Seins ausmacht und die das Dasein als den »Ort« auszeichnet, an dem Seiendes als solches in der Dimension der Erschlossenheit begegnen
kann.

6.2 Sorge und Zeit

Die vorangegangenen Interpretationen zu Heideggers hermeneutischer Phänom-
nologie von Sterblichkeit und Gewissen haben in Bezug auf die Frage nach dem Sinn
von Sein zu dem Ergebnis geführt, daß mit diesen Erörterungen der Ganzheit und der
Eigentlichkeit des Daseins nicht intendiert wird, die Auszeichnung der Struktur der
Sorge als Sein des Daseins zurückzunehmen. Der Verständnishorizont für den »Ort«,
an dem das Sein so »da« sein kann, daß Seiendes als solches begegnen kann, muß
also unverändert aus der Sorge als dem "Sich-vorweg-schon-sein-in-(der-Welt-) als
Sein-bei (innerweltlich begegnendem Seienden)" (192) entwickelt werden. Aber
gegenüber dem Stand des Gedankengangs am Ende der Fundamentalanalyse des
Daseins ist verdeutlicht worden, daß mit dieser Struktur dem Dasein nicht ein Prädikat zugeschrieben wird, das seine vorgängige Bestimmtheit als Satzsubjekt erweitert
und ergänzt. In der Struktur der Sorge ist das Sein »da«; das Dasein ist also keine be-
kannte Entität, deren Bestimmtheit uns durch diese Struktur zum besseren Verständnis gebracht werden könnte.

Wenn die Struktur des Seins in seinem »da« eine Ganzheit enthalten soll, die das
Dasein als stets »unganz« darstellt, und eine Eigentlichkeit, die ebenso die »Un-
Eigentlichkeit« umfaßt, so handelt es sich nicht um eine Zuschreibung, sondern um
die Beschreibung der Phänomenalität des »Da« des Seins. Eine solche Beschreibung
kann nicht von einem vorgegebenen Gegenstand handeln, sondern nur von der Dimension, in der Gegenständlichkeit erst möglich wird. Damit gewinnt diese Beschreibung einen ungewöhnlichen Status. Letztlich beschreibt sie »etwas«, dem außer
dieser Beschreibung keine Wirklichkeit zukommen kann. Das widerspricht zunächst
unseren Vorstellungen über die Struktur einer sinnvollen Beschreibung. Wäre es
jedoch anders, so müßte jene der Beschreibung korrespondierende Wirklichkeit auch
noch mit anderen Begriffen beschrieben werden können. Damit könnte sich die philosophische Beschreibung nicht als die der Sache selbst angemessene darstellen, in
der die Sache sich selbst zeigen kann, wie Heidegger dies in dem Methodenbegriff
von SuZ beansprucht, um die Gedankenentwicklung von SuZ als eine genuin philosophische ausweisen zu können. Jene ungewöhnliche Ganzheit und Eigentlichkeit
des »Da« des Seins muß demnach in die eigene Hermeneutik der Phänomenalität des
»Ortes« gehören, an dem das Sein »da« sein und Seiendes als Seiendes begegnen
kann.

Demnach ist das »Nicht«, dessen Integration in die Sorgestruktur den gedanklichen
Fluchtpunkt von Heideggers Erörterungen über die Phänomenalität von Sterblichkeit
und Gewissen darstellt, das eigene »Nicht« der Struktur, in der das Sein mit Sinn »da«

sein kann und durch die das »Da« des Seins aus dem Horizont eines »woraufhin« eine Verständlichkeit gewinnt, die in einem Sinn von Sein zum Ausdruck gebracht werden kann. Für diesen Ausdruck verwendet Heidegger nun den Begriff der Zeitlichkeit bzw. der Temporalität. Dieser Begriff könnte seine Aufgabe im Zuge des Gedankengangs von SuZ offensichtlich nicht erfüllen, würde mit ihm die Beschreibung des Daseins als eines Seienden in der Welt intendiert. Der Gedanke der Zeitlichkeit soll jedoch auch nicht eine Zusammenfassung der Sorgestruktur und des »Nichts« in der Ganzheit und Eigentlichkeit des Daseins zum Ausdruck bringen. Der Übergang von dem "Sich-vorweg-schon-sein-in-(der-Welt-) als Sein-bei (innerweltlich begegnendem Seienden)" (192) zur Zeitlichkeit als Sinn von Sein kann also nicht nur die Seinsstruktur des Daseins auf einen besseren Begriff bringen, der jener Struktur die Ergebnisse der Phänomenologie von Sterblichkeit und Gewissen integriert. Heidegger entwickelt die Konzeption der Zeitlichkeit zunächst aus der Frage, was die Sorge als Sein des Daseins ermögliche und wie die Sorge gedacht werden müsse, wenn sie in allen ihren Strukturmomenten möglich sein soll. Als Sinn von Sein soll die Zeitlichkeit also erklärt werden, indem sie die Frage beantwortet, woraus die Sorge als solche verständlich und worauf hin sie immer schon verstanden werde.

Dazu wird zunächst beim eigentlichen Ganzsein des Daseins angesetzt, also bei der vorlaufenden Entschlossenheit. Als "Sein zum eigensten ausgezeichneten Seinkönnen" (325) geschieht in ihr ein Vorlaufen in den Tod und darin ein Auf-sich-zu-kommen in das eigentliche Selbstsein. Vorlaufend kommt das Dasein auf sich zu. Damit wird nicht ein ontisches Verhalten beschrieben, sondern das »Da« des Seins in seinem Sich-zeigen in einer existenzialen Möglichkeit, also einer solchen, in der das Begegnen von Seiendem als Seiendes geschehen kann. Zu dem Gedanken der Zeitlichkeit führt dann die Frage, wie das Sein des Daseins gedacht werden muß, wenn es seinsmäßig auf sich zukommt. Wenn die Antwort lautet, es müsse in seinem Sein "zukünftig" sein, so soll der Begriff der Zukunft dabei nicht im »vulgären« Zeitverständnis aufgefaßt werden, sondern als "die Kunft, in der das Dasein in seinem eigensten Seinkönnen auf sich zukommt" (325). Die in diesem Zusammenhang genannte Zukunft bedeutet also nicht das »Noch-nicht-jetzt«, sondern mit diesem Begriff soll das Prinzip des Auf-sich-zu-kommens zum Ausdruck kommen. Als »Zukunft« muß das Sein des Daseins also gedacht werden, wenn es in der Struktur der Sorge geschieht. Nur wenn das Sein selbst in diesem Sinne »zukünftig« ist, kann verstanden werden, daß das Dasein vorlaufend auf sich zu kommt.

Aus der Phänomenalität des Gewissens war entwickelt worden, daß das Eigentlichsein des Dasein die Übernahme eines Schuldigseins impliziert, in dem das Dasein je immer schon existiert. Das Dasein ist als solches schuldig, weil es existierend zwar Grund seiner Existenz als »Da« des Seins ist, weil es als »Da« des Seins aber ebenso Geworfenheit ist und seine Existenz deshalb darin besteht, daß es in seinem Möglichsein »nichtet«. In diesem »Nicht« wird die Geworfenheit im Schuldigsein übernommen. Darin findet Heidegger wiederum einen zeitlichen Aspekt. In der vorlaufenden Entschlossenheit, in der das Dasein eigentlich existiert, ist das Dasein "wie es je schon war" (325). Die Seinsstruktur der Sorge muß deshalb auch ein Zurück-kommen-auf-sich enthalten, wenn sie nach ihrer Möglichkeit gedacht werden soll. Das Dasein ist demnach sein »Gewesen« und das "Vorlaufen in die äußerste und eigenste Möglichkeit ist das verstehende Zurückkommen auf das eigenste Gewesen" (326). Dieses Gewesensein ist aber wiederum nicht eine Vergangenheit im geläufigen Verständnis von Zeit. Das »Da« des Seins ist "immer schon" gewesen, und nur wenn es in seinem Sein eine solche Struktur aufweist, kann es auf sich zurückkommen.

Darüber hinaus bedeutet das eigentliche Ganzsein nicht das weltlose Für-sich-bestehen des Daseins. Dies ergibt sich zunächst schon aus der Herkunft der Sorgestruktur aus dem In-der-Welt-sein des Daseins, in dem es in der Relation zu bestimmtem Seienden seine interne Hermeneutik eröffnet, mit Hilfe derer seine Erfahrungsweisen von Seiendem als Phänomene in sein bewußtes Selbstverhältnis unter der Perspektive der Erschlossenheit eingeschrieben sein können. Wenn die Phänomenologie von Sterblichkeit und Gewissen die Sorgestruktur verdeutlicht, so kann sie nicht zurück auf ein in seiner Identität mit sich verharrendes Dasein führen, das nicht nur der zuvor entwickelten Sorgestruktur widersprechen würde, sondern das sich auch nicht auf dem Weg einer hermeneutischen Phänomenologie selbst zeigen könnte. In der Gedankenentwicklung nach der Phänomenologie von Sterblichkeit und Gewissen entspricht dem die Erschließung der Situation durch die vorlaufende Entschlossenheit. Den zeitlichen Aspekt dieser Erschließung findet Heidegger in der Reflexion, daß darin Seiendes auch »ge-gegenwärtigt« werde. Indem Entschlossenheit geschieht als "das unverstellte Begegnenlassen dessen, was sie handelnd ergreift" (326), enthält die Sorgestruktur eine Gegenwart, die wiederum nicht dem lebensweltlichen Begriff der Gegenwart als dem infinitesimalen Punkt entspricht, in dem Vergangenheit und Zukunft ineinander übergehen.

Die Auslegung der Sorgestruktur des eigentlichen Ganzseins auf den sie ermöglichenden Sinn von Sein, also auf den Horizont, von dem her sie in ihrer Erschlossenheit verständlich werden kann, faßt Heidegger schließlich so zusammen: "Zukünftig auf sich zurückkommend, bringt sich die Entschlossenheit gegenwärtigend in die Situation" (326). Daran schließt sich unmittelbar die Behauptung an, mit diesem Zusammenhang sei bereits das Phänomen der Zeitlichkeit als "gewesend-gegenwärtigende Zukunft" erreicht (326), und mit Hilfe dieses Phänomens könne der Sinn der eigentlichen Sorge verstanden werden. Für ein Verständnis dieser Behauptung muß zunächst beachtet werden, was damit nicht behauptet wird. Die Zeitlichkeit besteht nicht aus Vergangenheit, Gegenwart und Zukunft, sondern wird entwickelt aus dem Seinssinn der Sorge. Daß der Verständnishorizont der entwickelten Seinsstruktur des »Da« des Seins gerade Zeitlichkeit genannt wird, begründet sich nicht unmittelbar daraus, daß damit der Zusammenhang von Vergangenheit, Gegenwart und Zukunft bezeichnet wird. Heideggers Begriff der Zukunft meint nicht das in der Zeit noch Bevorstehende, sein Begriff des Gegenwärtigens nicht das »in der Gegenwart sein« und sein Begriff des Gewesenseins nicht das Vergangene.

Unmittelbar hat das Phänomen der ursprünglichen Zeitlichkeit mit Zeit im geläufigen Verständnis überhaupt nichts zu tun. Zunächst müssen also die Konnotationen zu dem gewöhnlichen Begriff der Zeit unbeachtet bleiben, um den Gedankengang verstehen zu können, der Heidegger dazu führt, den Sinn des Verständnishorizontes für das »Da« des Seins, also für den »Ort«, an dem Seiendes als solches begegnen kann, gerade als Zeitlichkeit zu bezeichnen. Wenn wir beachten, daß der Begriff der Zeitlichkeit auch das »Wesen« der Zeit ausdrücken kann als das, was die Zeit zur Zeit macht, so wird diese Bezeichnung jedoch etwas besser verständlich. Heidegger behauptet in der Tat, daß die Berechtigung für den Namen Zeitlichkeit für den Verständnishorizont von Sein in der Abkünftigkeit der Zeit nach dem geläufigen Verständnis von der Zeitlichkeit liegt. Damit ist jedoch nicht behauptet, aus der gewöhnlichen Auffassung von Zeit könne die Zeitlichkeit unmittelbar abgeleitet und verstanden werden, obwohl die Formen der gewöhnlichen Zeitauffassung schließlich aus der Zeitlichkeit begründet werden.

Zunächst lautet die Behauptung also nur, die Sorgestruktur sei nun in der Einheit eines Verständnishorizontes in ihrem Seinssinn zum Ausdruck gebracht. Das Moment des Sich-vorweg-seins sei verständlich als Zukunft, das Schon-sein-in als Gewesenheit und das Sein-bei als Gegenwärtigen. Nun bestand der zentrale Ansatz der Daseinsanalytik in der Herausarbeitung des Wesens des Daseins in der Existenz. Dem Dasein geht es in seinem Sein um sein Sein. Darin versteht es stets schon Sein, dessen Horizont ein Verständnis von nichtdaseinsmäßigem Seienden in seinem Sein einschließt. Daraus war der ontisch-ontologische Vorrang des Daseins als eines Seienden begründet worden. Dieses Um-willen-seiner-selbst ist nur dann möglich, wenn das Dasein in sich eine Differenz aufweist, in der es sich vorweg ist, so daß es auf sich zukommen kann. Daraus leitet Heidegger nun in der zeitlichen Interpretation den primären Sinn der Existenzialität als Zu-Kunft ab (327). Existenzialität setzt jedoch auch voraus, daß das Dasein auf etwas zurück kommen kann, insofern ist das Dasein immer schon ein Gewesenes, und in dieser zeitlichen Bestimmung gründet seine Faktizität. Die Zeitlichkeit besteht demnach primär in einer bestimmten Leistung. Sie »zeitigt« solche Verständnisformen, aus deren Horizont die Seinsmodi des Daseins in seiner Existenzialität Sinn gewinnen können (328).

Diese Fähigkeit der Zeitlichkeit zur Bildung eines Verständnishorizontes führt zu einer zentralen Struktur im Gedanken der Zeitlichkeit. Als Sinn von Sein wurde der Verständnishorizont der Zeitlichkeit aus den Komponenten des eigentlichen Ganzseins entwickelt, die die Möglichkeit des Auf-sich-zu-kommens, des Zurückkommens-auf-sich und darin des Begegnenlassens von Seiendem in der Situation erfordern. Als »Prinzip« der Zeitlichkeit läßt sich deshalb das »Außer-sich-sein« finden, das Heidegger das »Ekstatikon« nennt (329). Das »Da« des Seins kann demnach in einem bewußten Selbstverhältnis unter der Perspektive seiner Erschlossenheit Seiendes bloß als Seiendes begegnen lassen, weil der Verständnishorizont von Sein die zentrale Struktur des »Außer-sich-seins« enthält. Aufgrund dieser Struktur kann das Dasein auf sich zu kommen, auf sich zurück kommen und darin Seiendes begegnen - lassen. Aufgrund dieses »ekstatischen« Charakters der ursprünglichen Zeitlichkeit nennt Heidegger die zeitlichen Dimensionen der Zukunft, der Gewesenheit und der Gegenwart die "Ekstasen" der Zeitlichkeit (329). Der Verständnishorizont der Zeitlichkeit besteht im Aus-sich-heraustreten des Daseins in seine »Ekstasen«.

Das »Da« des Seins wird aus dem Horizont der Zeitlichkeit als Lichtung möglich und die "ekstatische Einheit der Zeitlichkeit (...) ist die Bedingung der Möglichkeit dafür, daß ein Seiendes sein kann, das als sein »Da« existiert" (350). Wenn das Sein der Sorge als »ekstatische« Zeitlichkeit gedacht werden soll, die primär »Zu-Kunft« als »Auf-sich-zu-kommen« ist (330), so muß diese Phänomenologie in sich den Bezug auf die Strukturen bewahren können, aus denen die Seinsstruktur der Sorge entwickelt worden war. Die Struktur der Zeitlichkeit wurde mit Hilfe einer Hermeneutik des eigentlichen Ganzseins des Daseins erreicht. Das »Da« des Seins wurde in seiner ursprünglichen Phänomenologie als In-der-Welt-sein verständlich gemacht. Demnach muß auch die Struktur des In-der-Welt-seins nach dem Verständnishorizont ihrer Erschlossenheit ursprünglich aus der Zeitlichkeit verständlich gemacht werden können.

Das In-der-Welt-sein ist die fundamentale Struktur, von der aus die Sorge als Seinsstruktur des Daseins erreicht wurde. Durch sie wird Seiendes dem Dasein zugänglich, weil es darin in seiner Erschlossenheit existiert. Als konstitutive Weisen der Erschlossenheit wurden in der Fundamentalanalyse des Daseins Befindlichkeit, Verstehen und Verfallen genannt. Die zentrale Bedeutung des Verstehens ergibt sich schon daraus, daß der Gedankengang von SuZ nach einem Verständnis für den Horizont sucht, aus dem das Begegnen von Seiendem als Seiendes verstanden werden kann. Der »Weg« dieses Gedankengangs muß aber die eigene Hermeneutik des Daseins sein, wenn er den phänomenologischen Anspruch einlösen will, wie Heidegger ihn als übereinstimmend mit dem philosophischen Anspruch überhaupt auffaßt. Das Dasein existiert verstehend und darin weiß es, "woran es mit ihm selbst ist" (336). Als zeitliche Möglichkeitsbedingung dafür wird nun die »Zu-Kunft« genannt "als Auf-sich-zukommen aus der jeweiligen Möglichkeit, als welche das Dasein existiert" (336). Das Dasein kann sich also verstehen, und es kann seine eigene Hermeneutik entwickeln, die es zum genuinen Thema einer hermeneutisch-phänomenologischen Philosophie macht, wenn es aus einer Differenz auf sich zukommt, in der sein eigener Seinsinn »Außer-sich-sein« ist, so daß der Zeitsinn der Zukunft die Erschlossenheitsvoraussetzung für das Verstehen darstellt.

Das Verstehen kann eigentlich und uneigentlich sein. Im eigentlichen Verstehen als »Vorlaufen« kommt das Dasein aus sich heraus auf sich zurück. Im uneigentlichen Verstehen als »Gewärtigen« ge-wärtigt sich das Dasein aus der Welt, d.h. es erwartet sein Sein aus dem Besorgten. Das Erwarten hat hier zunächst noch keinen zeitlichen Sinn. Im Sich-verstehen der Verfallenheit nimmt das Dasein an, sein Selbst käme aus dem besorgten Seienden auf es zu, so daß es sich beständig in der Welt der »Dinge« entgegenkommt. Verständnishorizont für dieses Verstehen aber ist das Gewärtigen der ursprünglichen Zeitlichkeit, in dem sich das Dasein "als Man-Selbst aus dem, was man betreibt", versteht (337). Darüber hinaus soll die Zeitlichkeit des Verstehens aus der eigentlichen und in der Entschlossenheit erreichten Gegenwart verstanden werden können, die der »Augenblick« genannt wird. Den uneigentlichen Modus dagegen bezeichnet Heidegger als »Wieder-holung«, die so erläutert wird: "Im Vorlaufen holt sich das Dasein wieder in das eigenste Seinkönnen vor" (339). Im Status der Verfallenheit dagegen muß sich das Dasein in seinem eigentlichen Selbstsein »vergessen«, so daß die uneigentliche Gewesenheit als »Vergessenheit« bezeichnet werden kann. Das uneigentliche Verstehen soll demnach aufgefaßt werden können aus einem "vergessend-gegenwärtigende[n] Gewärtigen" (339) und der eigentliche Modus dementsprechend aus einem »wiederholend-augenblickenden« Vorlaufen.

In der Befindlichkeit der Stimmung bringt sich das Dasein vor sein Da, indem sie ihm erschließend seine »Befindlichkeit« offenbart. Ein Vor-sich-bringen ist im eigentlichen und im uneigentlichen Sinne nur auf dem Grunde der ekstatischen Zeitlichkeit möglich. Hier wird der Seinssinn des Daseins als zeitliches Außer-sich-sein primär nach der »Ekstase« der Gewesenheit bedeutsam. Die Stimmung bringt vor das »daß« des Daseins, das demnach »ständig« gewesen sein muß, damit es sich in der Stimmung finden kann. Entsprechend der leitenden Zeitigung ist die uneigentliche Befindlichkeit also "gewärtigend-gegenwärtigendes Vergessen" (342) und die eigentliche ist entsprechend zu verstehen aus einer »vorlaufend-augenblickenden« Wiederholung. Wenn das Dasein im Verfallen in der Seinsauslegung durch das Man an das besorgte Seiende verfällt, und das Wer des In-der-Welt-seins darin das Man-Selbst ist, so ist der existenziale Sinn des Verfallens die Gegenwart im Sinne der ursprünglichen Zeitlichkeit.

Die Zeitlichkeit des In-der-Welt-seins muß sich demnach aus der Aufweisung der Zeitlichkeit des Daseins in seinem Sein als »Da« entwickeln lassen. Heidegger formuliert diese retrograde Interpretationsstrategie so: "Erst aus der Verwurzelung des Da-seins in der Zeitlichkeit wird die existenziale Möglichkeit des Phänomens einsichtig, das wir zu Beginn der Daseinsanalytik als Grundverfassung kenntlich gemacht haben: des In-der-Welt-seins" (351). Bei der Analyse des In-der-Welt-seins wurde jedoch beim Sein des nichtdaseinsmäßigen Seienden angesetzt, also bei dem, woraus sich für das gängige Verstehen Welt zusammensetzt. Das Dasein verhält sich zunächst und zumeist im Modus des Besorgens zu Zuhandenem. Erst im Durchgang durch die Zuhandenheit kommt in der Widerspenstigkeit des Zuhandenen das Seiende als bloß Vorhandenes in den Blick. Auch die zeitliche Interpretation kommt also auf das besorgende Sein zu zuhandenem Seienden zurück. Als »Zeug« ist mit diesem Seienden aber immer schon eine Zeugganzheit entdeckt. Das Sein des Zuhandenen ist deshalb die Bewandtnis. Geht das Dasein mit solchem Seienden um, hat es schon Bewandtnis entdeckt und der Umgang geschieht in einem Bewendenlassen als "verstehendes Entwerfen von Bewandtnis" (353). Folglich muß in der zeitlichen Interpretation ein Modus der Zeitigung der Zeitlichkeit gesucht werden, in dem "die existenziale Bedingung der Möglichkeit des Bewendenlassens" (353) zu finden ist.

Die zeitliche Interpretation sucht damit nach dem Horizont für den Zusammenhang von Besorgen als Sein zu Zuhandenem und Besorgtem als innerweltlichem Seienden. Dieser Zusammenhang besteht nicht als Verhältnis zu einem isolierten »Zeug« im Umgang, sondern im Umgang ist die Bewandtnis entdeckt, so daß das Womit erst aus der Freigabe aus einem Zusammenhang, in dem es immer schon steht, verstanden werden kann. Die existenziale Möglichkeitsbedingung des Bewendenlassens ist das Verstehen von Wozu. Das Zuhandene wird »sein« gelassen im Umgang mit ihm, in dem es in seinem Sein als Bewandtnis »verstanden« wird. Dieses Verstehen eines »Wozu« als Sein-lassen ist ein "Gewärtigen" (353). Damit ist eine Dimension der uneigentlichen Zukunft gefunden, in der das Dasein "seiner gewärtig [ist] aus dem, was das Besorgte ergibt oder versagt" (357). Es versteht sich darin aus dem Umgang mit bestimmtem Seienden und entwirft sich auf das Besorgbare und Tunliche (337). Das Verstehen des Wozu geschieht aber in der Verweisung auf das Dasein und das "primäre »Wozu« ist ein Worum-willen" (84). Das Sein des Zuhandenen ist als Bewandtnis im Dasein fundiert. Das Ergebnis für die zeitliche Interpretation lautet demnach: "Das Verstehen des Wozu, das heißt des Wobei der Bewandtnis, hat die zeitliche Struktur des Gewärtigens" (359). Damit ist auch die Möglichkeitsbedingung des Bewendenlassens in einem "Modus der Zeitigung der Zeitlichkeit" (353) gefunden.

In der Fundamentalanalyse war das Besorgen interpretiert worden als stets des Wozu gewärtig und als ein Geschehen, das das Wobei der Bewandtnis versteht. In der zeitlichen Re-Interpretation gründet Bewandtnis als Sein des Zuhandenen in einer Ekstase der Zeitlichkeit. Hier ist speziell von der Zukunft die Rede und zwar in ihrem uneigentlichen Modus. Aber auch im Gewärtigen als der uneigentlichen Zukunft steht das Dasein in der »Kunft«. Es kommt auch darin auf sich zu, weil sein Seinssinn auch in seiner Uneigentlichkeit »Außer-sich-sein« ist. Auch hier bedeutet Uneigentlichkeit nicht weniger Sein, sondern die Seinsart, in der das Dasein sich zunächst und zumeist und in gewissem Sinne immer hält. Heidegger formuliert dies so: "Auch die eigentliche Existenz des Daseins hält sich in solchem Besorgen - selbst dann, wenn es für sie »gleichgültig« bleibt" (352). Das Auf-sich-zukommen im Außer-sich-sein ist demnach die Verständnis- und Möglichkeitsbedingung für den besorgenden Umgang mit Seiendem in der Welt.

Das Dasein kommt also auf sich zu, indem es sich aus seiner Welt versteht, die als All des Seienden nur möglich ist aufgrund eines Sein-lassens des Begegnenden, das wiederum ermöglicht ist durch das Verständnis des Daseins von sich selbst als letztem Worum-willen. Das Dasein kommt demnach im Gewärtigen uneigentlich auf sich zu, indem es sich entwirft und darin einen Horizont für das begegnende Seiende entwirft, das so in seinem Sein »gelassen« wird. Wenn das Dasein sich aus dem Besorgten versteht, so heißt dies nicht, es hat zuerst und unabhängig von ihm selbst Seiendes vor sich und versteht sich dann aus der an-sich-seienden Welt. Das Sein des Zuhandenen ist nur ein Bewendenlassen, und indem das Dasein bewenden läßt, so »gibt« es in existenzialem Sinne dem Zuhandenen Sein und »gibt« sich damit die Möglichkeit eines Sich-verstehens aus dem bestimmten Seienden. Das Sein des Zuhandenen und das Gewärtigen als Auf-sich-zukommen des Daseins aus dem besorgten Seienden stellen also eine einheitliche Struktur dar. Indem das Dasein gewärtigt, gewärtigt es sich selbst.

Indem das Dasein in seinem Umgang mit bestimmtem Seienden das »Wozu« gewärtigt, hält es das Womit der Bewandtnis fest. Das Zuhandene »bleibt« so in seinem Sein, weil es in seinem Womit vom seinlassenden Dasein »behalten« wird. Auch dieses »Behalten« setzt nach seiner Möglichkeit voraus, daß das Dasein seinem Seinssinn nach »außer sich« ist. Darin konstituiert es eine »Ständigkeit«, in der es »in« der Zeit ist. Allerdings ist auch hier zu beachten, daß dieses Dauern in der Terminologie des »vulgären« Zeitverständnisses ausgedrückt wird. Das »außer sich« ist nicht »in« der Zeit, sondern die Interpretation von Zeit als Dauern, Werden und Vergehen setzt als Verständnishorizont die Struktur der Zeitlichkeit als ursprünglicher Zeit voraus. Erst in seinem »außer sich« als Sinn seines Seins »behält« das Dasein das zuhandene Seiende in seinem Sein und kann es in seinem Seinlassen »gegenwärtigen«. In jeder ihrer »Ekstasen« zeitigt sich die Zeitlichkeit ganz (350); sie läßt sich also nicht einteilen in ihre verschiedenen Dimensionen. Die »Ekstasen« bilden demnach nur verschiedene Perspektiven auf die einheitliche Struktur der Zeitlichkeit aus, in denen sie sich als Sinn von Sein darstellen kann. Daraus ergibt sich, daß für die Zeitlichkeit, die das Bewendenlassen konstituiert, auch "ein spezifisches Vergessen wesentlich" ist (354). Die Zeitlichkeit der Vergessenheit wurde als uneigentliche Gewesenheit bestimmt (339). Um sich an das bestimmte Seiende in der Welt verlieren zu können, muß das Dasein sich selbst vergessen können, und "nur auf dem Grunde dieses Vergessens kann das besorgende, gewärtigende Gegenwärtigen behalten und zwar das nichtdaseinsmäßige, umweltlich begegnende Seiende«" (339). Der zeitliche Sinn des Umgangs mit Zuhandenem stellt sich demnach in der Struktur eines gewärtigend-behaltenden Gegenwärtigens dar (354). Das umweltlich Zuhandene kann begegnen, weil diese Struktur der Zeitlichkeit sein genuines Verständnis möglich macht.

In der vorbereitenden Fundamentalanalyse des Daseins wurde der Übergang zu einer Auffassung des Zuhandenen als bloß Vorhandenem mit Hilfe der Phänomene des Auffällig-, Aufsässig- und Aufdringlichwerdens des besorgten Seienden verständlich zu machen versucht. Die Bedeutung dieser Phänomenologie lag vor allem darin, daß sich im Verschwinden der Zuhandenheit das Phänomen der Welt anzeigt, indem die Selbstverständlichkeit aufhört, die das Zuhandene dem thematischen Blick entzieht. Wenn das Seiende nicht mehr in seinen Bezügen aufgeht, können sie als solche sichtbar und interpretierbar werden. Auch die Besorgensmodi, in denen das nur Vorhandene sich anzeigt, werden nun mit Hilfe der zeitlichen Struktur des gewärtigend-behaltenden Gegenwärtigens interpretiert. Diese Möglichkeit ergibt sich schon daraus, daß etwa ein Unverwendbares nur auffallen kann, wenn das Dasein einen Zusammenhang der Bewandtnis versteht, so daß eine Störung dieses Zusammenhanges explizit wahrgenommen werden kann. Wenn ein Seiendes auffällt, weil ein zu seinem Betrieb nötiges Zuhandenes fehlt, so ist dieses Vermissen möglich aus dem Horizont eines gewärtigenden Gegenwärtigens, der nun die Bedeutung eines defizienten Modus annimmt und als gewärtigendes Ungegenwärtigen aufgefaßt werden kann. Das im Weg stehende Zuhandene wird als nur noch Vorhandenes wahrgenommen, weil es aus dem Horizont eines defizienten Modus des Gewärtigens verstanden wird. Darin ist das gewärtigende Gegenwärtigen »un-gewärtig« "eines anderen, das in einem möglichen Bewandtniszusammenhang mit jenem steht" (355).

In der zeitlichen Re-Interpretation der vorbereitenden Fundamentalanalyse wird also auch die Möglichkeit des Verlustes der Zuhandenheit aus dem Horizont der Zeitlichkeit des Besorgens zu verstehen gesucht. Das besorgende Sein zu Seiendem "entspringt einem gewärtigenden Behalten, auf dessen Grunde bzw. als welcher »Grund« das Dasein in einer Welt existiert" (356). Mit der Frage nach dem zeitlichen Sinn des Seins des bloß Vorhandenen, das im Absehen von der Zuhandenheit als pures »Ding« thematisch wird, ist auch die Frage nach der Zeitlichkeit des theoretischen Entdeckens gestellt, die auf einen "existenzialen Begriff der Wissenschaft" (357) als bloß erkennendem Umgang mit Vorhandenem abzielt. Damit wird der spezifische zeitliche Horizont gesucht, aus dem die Gestalt des In-der-Welt-seins verstanden werden kann, in der sich das Dasein theoretisch-forschend zu Seiendem verhält. Zunächst ist der Horizont der Wissenschaft nicht aus dem bloßen Verschwinden der Praxis zu bestimmen (357). Die Umsicht des Besorgens führt auch dann nicht zu einem bloßen Nur-hinsehen, wenn das Besorgen sich nicht mehr nur mit der Zuhandenheit des Seienden beschäftigt. Heidegger formuliert dies nun im Zusammenhang der zeitlichen Re-Interpretation so: das "Sichenthalten vom Zeuggebrauch ist so wenig schon »Theorie«, daß die verweilende, »betrachtende« Umsicht ganz dem besorgten, zuhandenem Zeug verhaftet bleibt" (358). Auch die Forschung hat ihre eigene Praxis. Die ontologische Grenze zwischen "dem »theoretischen« Verhalten und dem »atheoretischen«" (358) ist auf diese Weise nicht festzulegen.

Das wissenschaftliche Betrachten des Seienden ist jedoch von einem Zugang geregelt, in dem nicht die besorgende Umsicht den Umgang mit Seiendem leitet, sondern das bloße »Sehen«. Die »Umsicht« als »Theorie« des Besorgens hingegen "untersteht selbst wieder der Leitung durch eine mehr oder minder ausdrückliche Übersicht über das Zeugganze" (359), so daß für sie ein "Verstehen der Bewandtnisganzheit" wesentlich ist (359). Indem die »Umsicht« im Besorgen aufgeht, wird das Zuhandene nie in seinem bloßen Vorhandensein zum Thema. Das theoretische Entdecken ist demnach keine Zuwendung zu anderem Seienden, sondern geschieht in einem "Umschlag" in der Erschließung von Seiendem (360), in dem das Seinsverständnis, "das den besorgenden Umgang mit dem innerweltlichen Seienden leitet, ... umgeschlagen" hat (361). Es wird im bloßen Hinsehen also nicht vom Zeugcharakter abgesehen, sondern das Seiende wird neu »angesehen«. Der »Seinsstand« zu ihm ist nicht mehr derselbe wie im besorgenden Umgang. Mit diesem neuen Seinsstand wird eine neue Region des Seienden umgrenzt, indem er sie entwirft. Das Vorhandene wird darin im Entwurf seiner selbst entdeckt. Der "wissenschaftliche Entwurf des je schon irgendwie begegnenden Seienden läßt dessen Seinsart ausdrücklich verstehen, so zwar, daß damit die möglichen Wege zum reinen Entdecken des innerweltlichen Seienden offenbar werden" (363).

Heidegger bezeichnet dieses Entwerfen einer Seinsregion aus bloß Vorhandenem als "Thematisierung" (363). Sie "objektiviert", aber sie "»setzt« nicht erst das Seiende, sondern gibt es so frei, daß es »objektiv« befragbar und bestimmbar wird" (363). Als Beispiel für ein solches Thematisieren nennt Heidegger die Ausbildung der mathematischen Physik. Das Entscheidende in deren Entwicklung lag demnach in der "Thematisierung", die "im mathematischen Entwurf der Natur selbst" ein Apriori erschloß, das die Möglichkeitsbedingung für die mathematische Erfassung von Natur konstituierte (362). Erst mit diesem Seinsverständnis kann eine Naturtatsache als Beziehung zwischen ständig Vorhandenem in den Blick kommen. Wissenschaftlich vorbildlich ist die mathematische Naturwissenschaft also nicht deshalb, weil sie exakt und intersubjektiv nachprüfbare Ergebnisse erbringt, sondern weil "in ihr das thematische Seiende so entdeckt ist, wie Seiendes einzig entdeckt werden kann: im vorgängigen Entwurf seiner Seinsverfassung" (362). Die Zeitlichkeit des Vorhandenen ist also »im Prinzip« dieselbe wie die des Zuhandenen, aber sie bildet ihren Verständnishorizont darin in einem ausgezeichneten Modus aus. Die Möglichkeitsbedingung für das Sein des Daseins bei bloßem Vorhandenen ist auch in der wissenschaftlich-theoretischen Thematisierung der zeitliche Verständnishorizont einer gewärtigenden Gegenwärtigung, in der das Dasein in der Dimension seiner internen Zeitlichkeit auf sich zu kommt. Die Grundlage für das wissenschaftliche Verhalten ist die zeitliche Struktur des »außer sich« des Daseins, in der sich die Zeitlichkeit als Sinn der Sorge und damit des Seins des Daseins zeigt.

In der Explikation der Zeitlichkeit als Horizont des Seinsverständnisses wird die vorbereitende Fundamentalanalyse also auf ihre zeitlichen Horizonte untersucht, indem die zentrale Struktur des In-der-Welt-seins auf ihre zeitlichen Verständnisgrundlagen interpretiert wird. Unter dieser Perspektive wird »wieder-holend« gefragt: "In welcher Weise muß Welt sein, damit das Dasein als In-der-Welt-sein existieren kann" (364). Die Welt war zuvor als die Einheit der Bezüge des Um-zu, Wozu, Dazu und Um-willen analysiert worden. Der Zusammenhang des Um-zu, Wozu und Dazu mit dem Um-willen stellte sich darin über den Bezug des Daseins zu Seiendem in der Welt her; das Dasein braucht Seiendes, "um sein zu können, wie es ist, nämlich Umwillen seiner selbst" (364). Indem es umwillen seiner ist, versteht es die Um-zu-Bezüge. Mit dem Sein des Daseins ist also auch die Welt als Struktur dieser Bezüge gegeben.

Demnach zeigt sich die zunächst rein formal eingeführte Struktur der Zeitlichkeit in der Re-Interpretation des In-der-Welt-seins in einer Ausdifferenzierung, die Horizonte für die verschiedenen Momente der Sorgestruktur entwickelt. In dieser Differenzierung zeitigt sich das »außer sich« des Seinssinnes des Daseins als Zeitlichkeit. Damit wird der Sinn der Ausführungen über die »Ekstasen« der Zeitlichkeit etwas deutlicher. In ihnen wird die Struktur der Sorge nach ihrem zeitlichen Verständnis bestimmt. Zunächst war die Ausdifferenzierung der Zeitlichkeit ja beschränkt auf die Dimension des Sich-vorweg-seins, das in der Ekstase der Zukunft gründet, so daß das Dasein auf sich zu kommt, auf die Dimension des Schon-sein-bei, das in der Ekstase der Gewesenheit fundiert ist, so daß das Dasein auf sich zurück kommen kann, und auf die Dimension des Begegnen-lassens-von, die auf der Ekstase der Gegenwart basiert, so daß das Dasein um-willen seiner das Seiende in seinem Umzu begegnen lassen kann.

Darüber hinaus versucht Heidegger die Struktur der Zeitlichkeit jedoch noch durch die Interpretation horizontaler Schemata zu differenzieren. Die »Ekstasen« werden als Weisen des Ekstatikon und des Außer-sich aufgefaßt, die jedoch nicht isoliert verstanden werden sollen: "Die Zeitlichkeit zeitigt sich in jeder Ekstase ganz" (350). Zu jeder »Ekstase« gehört nun ein Wohin der "Entrückung" (365). Eine »Ekstase« ist also nicht bloß die formale Struktur des Außer-sich, sondern hat je ein »Ziel«, das zwar nicht inhaltlich bestimmt ist, das aber als Struktur innerhalb der Struktur des Außer-sich diese ausdifferenziert. In dieser Spezifikation erst wird die zeitliche Interpretation des Seinssinnes des ganzen Daseins möglich, das In-der-Welt-sein ist und sich nicht in einem bestimmungslosen In-sich-sein erschöpft. Deshalb würde der völlig

124

unbestimmte Seinssinn der »Zeitlichkeit« als bloßes Außer-sich nicht ausreichen, um
das Sein des Daseins zureichend zu interpretieren.

Um die Struktur der Zeitlichkeit so bestimmen zu können, daß sie als Möglichkeitsbedingung des Daseins als In-der-Welt-sein einsichtig wird, muß den Ekstasen
also ein »Wohin« zugeschrieben werden. Die Zeitlichkeit muß in der gezeitigten Einheit der Ekstasen mit ihrem jeweiligen »Wohin« gedacht werden. Dieses »Wohin« der
jeweiligen Ekstase nennt Heidegger ein horizontales Schema (365). Das »Wohin« der
Zu-Kunft ist so das Umwillen-seiner, das »Wohin« der Gewesenheit wird als »Wo-
vor« der Geworfenheit gefaßt und das horizontale Schema der Gegenwart bezeichnet
Heidegger als Um-zu (365). Aus der Einheit dieser Schemata soll demnach die zeitliche Einheit des Umwillen mit dem Woran und dem Um-zu verständlich werden
können. Kommt der Seinssinn des Daseins aus der Zeitlichkeit zum Verständnis, so
muß diese die »Wohin« der einzelnen »Ekstasen« umfassen, wenn das Dasein in der
Einheit seiner Bezüge zeitlich interpretiert werden soll. Die Zeitlichkeit muß also
»horizontal« gedacht werden, wenn sie als Möglichkeits- und Verständnisgrund des
Entworfenen fungieren soll.

Aus dieser Struktur des Woraufhin kann die Re-Interpretation des Seins des Daseins als Sorge im Ausgang vom In-der-Welt-sein verstanden werden. Mit dieser
zeitlichen Struktur der Bezugseinheit der Sorge ist auch die Welt zeitlich zu verstehen. Heidegger formuliert dies so: "Die existenzial-zeitliche Bedingung der Möglichkeit der Welt liegt darin, daß die Zeitlichkeit als ekstatische Einheit so etwas wie
einen Horizont hat" (365). Die Welt war in der vorbereitenden Fundamentalanalyse
als das Woraufhin der Erschlossenheit analysiert worden. In der zeitlichen Re-
Interpretation lautet das entsprechende Ergebnis so: "Die Welt ist weder vorhanden
noch zuhanden, sondern zeitigt sich in der Zeitlichkeit. Sie »ist« mit dem Außer-sich
der Ekstasen »da«" (365). Die Welt war analysiert worden als das, was immer schon
jenseits alles Seienden als Zuhandenem und Vorhandenem liegt und das Begegnen
von diesem erst ermöglicht. Der zeitliche Grund dieser Transzendenz ist eine interne
Struktur der Zeitlichkeit; die Welt "muß schon ekstatisch erschlossen sein, damit aus
ihr her innerweltlich Seiendes begegnen kann" (366). Da das Dasein ist, indem es
Seiendes transzendiert bzw. transzendiert hat, ist dessen Begegnen ein Zurückkommen des Daseins auf sich und auf das Seiende. Die Welt ist also "gleichsam
schon »weiter draußen«, als es je ein Objekt sein kann" (366).

6.3 Zeit und Zeitlichkeit

Es zeigt sich, daß Heideggers Gedankengang in SuZ nicht bei der Formulierung
eines Verständnishorizontes für das »Da« des Seins in einem Sinn von Sein endet, aus
dem verständlich werden kann, wie das Dasein das Begegnen von Seiendem als Seiendes »verstehen« kann, wobei dieser Ausdruck in dem Doppelsinn von praktischer
und theoretischer Leistung aufgefaßt werden kann, von dem Heidegger bereits in der
vorbereitenden Fundamentalanalyse des Daseins Gebrauch gemacht hat. Der aus der
Struktur des In-der-Welt-seins und der Sorge als der Seinsstruktur des Daseins und
im Durchgang durch die Hermeneutik der Phänomene Sterblichkeit und Gewissen

entwickelte Sinn von Sein als Zeitlichkeit wird in einer Re-Interpretation der Fundamentalanalyse zu bewähren versucht, indem die innere Zeitlichkeit der Strukturelemente des In-der-Welt-seins ausgearbeitet wird. Damit führt der Gedankengang von SuZ in gewisser Weise in sich selbst zurück, indem nun diejenigen Strukturen auf den in ihnen repräsentierten Sinn von Sein hin interpretiert werden, aus denen eben dieser Sinn von Sein entwickelt worden war. Für die spezifische Aufgabe von SuZ ist diese Re-Interpretation gerade das experimentum crucis für das Gelingen des Gedankengangs.

Für ein angemessenes Verständnis dieser kreisförmigen Struktur der Gedankenentwicklung von SuZ ist allerdings zu beachten, worum es bei der Analyse der Strukturelemente des In-der-Welt-seins zuerst in der vorbereitenden Fundamentalanalyse und dann in deren »Wiederholung« nach der Ausarbeitung des Verständnishorizontes von Sein geht. Die die einzelnen Untersuchungen prägende und leitende Frage richtete sich von Anfang an auf ein Verständnis für die Möglichkeit des Begegnens von Seiendem als Seiendes. Die Frage stand nicht nach der apriorischen Verstehbarkeit der Bestimmtheit des Seienden. Deshalb sind die einzelnen Untersuchungen allein aus der Fragerichtung nach dem Seienden als solchem und der Möglichkeit seiner Erschlossenheit zu verstehen. Wenn in der Re-Interpretation der Strukturelemente des In-der-Welt-seins deren innere Zeitlichkeit herausgearbeitet wird, so verhilft diese Interpretation dementsprechend nicht zu einem besseren Verständnis für die apriorische Genesis der Bestimmtheit von Seiendem. Sie kann nur dazu beitragen, die auf der Suche nach einem Verständnishorizont für das »Da« des Seins herangezogenen Strukturelemente eines Verständnisses für die Möglichkeit des Begegnens von Seiendem als Seiendes tatsächlich als diejenigen zu erweisen, aus denen der Sinn von Sein entwickelt werden kann.

Für diese Entwicklung war in den vorangegangenen Erörterungen die Bewegungsstruktur von Verfallen und Eigentlichkeit als Grundlage der Hermeneutik derjenigen Phänomene herausgestellt worden, die für die Gedankenentwicklung von SuZ deshalb von entscheidender Bedeutung sind, weil sie zugleich die Selbstverständnisformen des bewußten Selbstverhältnisses unter der Perspektive seiner Erschlossenheit darstellen, so daß »Methode« und Gegenstand so zusammengehören, daß die hermeneutische Phänomenologie beanspruchen kann, nur diejenigen Strukturen zu entwickeln, in denen das Dasein zu einem Verständnis für das »Da« des Seins gelangt, das in einem Sinn von Sein zum Ausdruck gebracht werden kann. Demnach muß sich diese Doppelstruktur der Analytik des Daseins auch in dem im vorangegangenen Abschnitt dargestellten zeitlichen Re-Interpretationen von Elementen der vorbereitenden Fundamentalanalyse darstellen. Wenn die Doppelstruktur von Verfallen und Eigentlichkeit die Grundlage für die Möglichkeit einer hermeneutischen Phänomenologie darstellt, die den Verständnishorizont der Begegnung von Seiendem als Seiendes in einem Sinn von Sein zu formulieren sucht, so muß die Zeitlichkeit als Sinn von Sein beide Aspekte dieser Bewegungsstruktur umfassen können.

Als Verständnishorizont von Sein, das »da« ist, indem es die Begegnung von Seiendem als Seiendes ermöglicht, kann die Zeitlichkeit demnach nur gedacht werden, wenn mit ihr der Horizont eines Selbstverständnisses des Daseins, in dem es sich aus dem bestimmten Seienden versteht, nach seiner Erschlossenheit verständlich werden kann, und wenn dieser Horizont ebenso die Zurücknahme dieses Sich-verstehens aus dem bestimmten Seienden umfaßt, ohne jedoch das Dasein auf ein weltloses Sich-verstehen zurückzuwerfen, das aufgrund seiner fehlenden Bestimmtheit nicht den Bedingungen eines Sich-verstehens genügen könnte. Die Zeitlichkeit kann sich in der wiederholenden Re-Interpretation der Daseinsanalyse also nur dann als Sinn von Sein bewähren, wenn mit ihr zum einen die Weltlichkeit des Daseins nach der in ihr geschehenden Erschlossenheit von Seiendem als solchem von ihrem Horizont her zum Verständnis kommt, und wenn mit ihr zum anderen der Horizont verstanden werden kann, aus dem das Dasein sich in seinem Sich-verstehen aus aller weltlichen Bestimmtheit zurücknimmt, ohne sich jedoch aus seinem Sich-verstehen aus der Welt zurückzuziehen.

Diese Doppelstruktur des Sinns von Sein kommt darin zum Ausdruck, daß Heidegger diesen Sinn nicht als Zeit, sondern als Zeitlichkeit bzw. Temporalität bezeichnet. Darin reproduziert sich die spezielle Selbstverständnisstruktur des bewußten Selbstverhältnisses unter der Perspektive seiner Erschlossenheit, also das Sich-verstehen aus dem weltlichen Seienden in der Einheit mit der Rücknahme dieser Bestimmtheit des Selbstverständnisses. Wenn das Dasein sich aus dem weltlichen Seienden versteht, so ist der Horizont dieser Bestimmtheit seines Selbstverständnisses die Zeit, die als physikalische Zeit ein Verhältnis von Objekten zueinander und ein Verhältnis des Daseins in seiner Selbstauffassung als Objekt zu anderen Objekten darstellt. Diese Verhältnisse spezifiziert Heidegger in der Re-Interpretation der Fundamentalanalyse auf der Grundlage des Seinssinnes der Zeitlichkeit. Aber auf diesem Stand der Gedankenentwicklung von SuZ ist bereits deutlich, daß darin nur dann ein Selbstverständnis des Daseins als »Da« des Seins und damit als der »Ort« des Begegnens von Seiendem als Seiendes stattfinden kann, wenn diese Verhältnisse ebenso die Rücknahme des Selbstverständnisses aus dem weltlichen Seienden einschließen, und wenn der Horizont, aus dem die Re-Interpretation geschieht, auch diese Rücknahme verständlich machen kann.

Die Reproduktion der speziellen Selbstverständnisstruktur des bewußten Selbstverhältnisses unter der Perspektive seiner Erschlossenheit geschieht demnach in dem Verständnis der Zeitlichkeit von der Zeit her, deren Inbegriff die Temporalität zum Ausdruck bringt, obwohl sie nicht die Struktur der physikalischen Zeit beschreibt. Wie das Dasein sich nur aus dem weltlichen Seienden verstehen kann, so kann der ursprüngliche Verständnishorizont von Sein nur aus der weltlichen Struktur der Zeit verstanden werden. Wie das Dasein sich jedoch nicht als »Da« des Seins und »Ort« des Begegnens von Seiendem als Seiendes verstehen kann, wenn es jenes Verständnis nicht ebenso zurücknimmt und darin einen Horizont des Verstehens gewinnt, der ihm mit der Bewegungsstruktur von Verfallen und Eigentlichkeit eingeschrieben ist, so kann der ursprüngliche Verständnishorizont von Sein nur dann das Begegnen von Seiendem als Seiendes vor aller Bestimmtheit ermöglichen, wenn die Bestimmtheit der Zeit im Horizont der Zeitlichkeit zurückgenommen ist und Zeitlichkeit den Inbegriff von Zeit nur insofern darstellt, als damit der bestimmungslose Verständnishorizont der bestimmten Zeit zum Ausdruck kommt.

Insofern unterscheidet sich das Verhältnis von Zeitlichkeit und Zeit von dem Verhältnis zwischen Möglichkeitsgrund und Ermöglichtem. Heidegger bringt dieses Verhältnis deshalb mit Hilfe des Ausdrucks »Derivat« zum Ausdruck. Darin kann jedoch kein Abfall von einer ursprünglichen Bestimmtheit in das »vulgäre« Mißverständnis als einer weltlichen Struktur liegen. Wie das Verhältnis zwischen Möglichkeitsgrund und Ermöglichtem, so wird auch dies durch die Unbestimmtheit des ursprünglichen Verhältnisses der Zeitlichkeit ausgeschlossen. Wir könnten die Zeitlichkeit insofern als die Unbestimmtheitsform der Zeit auffassen, in der ein Horizont zum Ausdruck kommt, der allein im Phänomen der Zeit zu seiner Bestimmtheit gelangen kann und deshalb als Zeitlichkeit bezeichnet wird, weil er nur von der bestimmten Zeit her verstanden werden kann. Die Zeit stellt sich demnach als der Begriff der Zeitlichkeit dar, die in sich die Zeit als ihre Ausdrucksform begreift.

Eben diesen Horizont aber bezeichnet Heidegger als den Sinn und damit als den Verständnishorizont von Sein. Der merkwürdige Bestimmtheitsstatus der Zeitlichkeit entspricht nun genau dem Status, der für einen Sinn von Sein gefordert sein muß. Würde der Zeitlichkeit ihre eigene begriffliche Bestimmtheit zugeschrieben, so könnte es sich nicht um den Sinn von Sein handeln, der das Begegnen von Seiendem bloß als Seiendes verständlich machen kann. Bliebe die Zeitlichkeit jedoch ohne Bestimmtheit, so wäre mit ihr kein Sinn von Sein entdeckt, und sie könnte nicht die fundamentale Struktur des Begegnens von Seiendem als Seiendes verständlich machen. Heidegger löst dieses fundamentale Problem der Frage nach dem Sinn von Sein, indem er die Bestimmtheit des Seinssinnes als Zeitlichkeit und damit mit Hilfe des Derivates bezeichnet, das als »Zeit« in die Sphäre des bestimmten Seienden gehört, von der her sich das Dasein »verfallend« versteht. Daß der Sinn von Sein als Zeitlichkeit und nicht als Zeit bezeichnet wird, ist demnach tief in der Grundstruktur des Gedankenganges von SuZ begründet. Wie das Dasein als bewußtes Selbstverhältnis unter der Perspektive seiner Erschlossenheit sich nicht verstehen kann ohne Bezugnahme auf innerweltliches Seiendes, so kann ein Sinn von Sein nicht verstanden werden ohne Bezug auf eine Verständnisstruktur von bestimmtem Seienden. Wie das Dasein sich aber nicht als »Da« des Seins und »Ort« des Begegnens von Seiendem als Seiendes auffassen kann ohne Rücknahme seines Selbstverständnisses von bestimmtem Seienden her, so kann ein Sinn von Sein auch nicht verstanden werden ohne das in sein Verständnis eingeschlossene Dementi seiner weltlichen Bestimmtheit.

Für die Auffassung der Zeitlichkeit als Sinn von Sein ist also eine ungewöhnliche Form des Verstehens erforderlich, in der verstanden wird, indem im gleichen Akt die Bestimmtheit des Verstandenen zurückgenommen wird, und indem eben darin das Verstandene gleichsam im Verschwinden zum Verständnis kommt. Ein solches Verstehen entspricht offensichtlich nicht der Auffassungsweise der Bestimmtheiten der weltlichen Seienden. Dessen Auffassung ist darin nur in der sich aus der Bestimmtheit zurückziehenden Bewegung präsent, die von einer weltlichen Auffassung des Seienden ihren Ausgang nimmt. Ein solches Verstehen entspricht aber der Methode und damit dem »Weg« von SuZ, und insofern repräsentiert das »Ergebnis« die für den Status der Philosophie geforderte Einheit von Methode und »Gegenstand«. Die Fundamentalanalyse war zentral damit beschäftigt, im Bezug des Daseins zu weltlichem Seienden, aus dem es sich selbst als bestimmtes Seiendes versteht, einen Rückzug aus dem weltlichen Seienden zu entdecken, in dem es sich in einem »Rück-Bezug« als »Da« des Seins und »Ort« des Begegnens von Seiendem verstehen kann. Im Grunde ist es nur diese Bewegungsstruktur, in der das Dasein als solches in der Fundamentalanalyse aufscheinen kann. Dementsprechend ist es nur die Bewegungsstruktur von Zeit und Zeitlichkeit, in der ein Sinn von Sein zum Verständnis kommen kann. Heidegger verwendet in der Angabe eines Sinnes von Sein also in gewissem Sinne eine »retrograde« philosophische Ausdrucksform, in der die »Erklärung« des ursprünglichen Geschehens der Begegnung von Seiendem im »Da« des Seins aus einem Sein des »Da« nicht »unmittelbar«, sondern nur über die »Verfallsformen« dieses ursprünglichen Geschehens vorgetragen werden kann. Damit ist zunächst wiederum bestätigt, daß das »Verfallen« des Daseins nichts Negatives ist und auch keine Selbsttäuschung darstellt. Die Bewegungsstruktur von Verfallen und Eigentlichkeit bezeichnet vielmehr eine Grenze der philosophischen Sprache, die in ihrer Bestimmtheit jene ursprüngliche Differenz nicht erreichen kann, in der ein Begegnen von Seiendem bloß als Seiendes geschehen kann. Alles Sprechen ist auf Verstehen und auf Mitteilung angelegt und funktioniert damit mit Bedeutungen, die eine begriffliche Bestimmtheit wenigstens intendieren müssen, um zu einem Verständnis mit anderen kommen zu können. Das Problem mit dieser bestimmten und mit festen Bedeutungen zur Mitteilung kommenden Sprache ist in Bezug auf die Frage nach dem Sinn von Sein, daß damit das ursprüngliche Geschehen eines »Da« des Seins nicht zur Sprache kommen kann, weil dieser »Ort« des Seins keine Bestimmtheit enthält, die sich in begrifflich fixierten Bedeutungen ausdrücken ließe.

Mit der Rede von der Zeit zieht Heidegger eine »Verfallsform« des ursprünglichen Geschehens der Eröffnung jener Differenz heran, um »retrograd« den Sinn von Sein als Temporalität angeben zu können. Für ein Verständnis dieses »Ergebnisses« von SuZ ist es also wesentlich, daß Temporalität nicht nach dem Begriff von Zeit aufgefaßt werden darf, wie er in der Wissenschaft und in der Geschichte der Philosophie verstanden wurde. Mit dem Begriff der Zeit wird in SuZ vielmehr eine »verfallende« Sprechform herangezogen, von der her das ursprüngliche Geschehen der Eröffnung der Möglichkeit des »Da« des Seins zur Sprache kommen kann. Die Rede von der Zeit soll also über die Rücknahme der damit gesagten Bestimmtheit in der »Temporalität« von der intersubjektiv verständlichen Sprache ausgehend jenes Geschehen verständlich machen können, das am Anfang aller Bestimmtheit steht, nämlich das bestimmungslose Begegnen von Seiendem als Seiendes im Dasein als den »Ort«, an dem das Sein »da« sein kann.

Wenn Heidegger den Sinn von Sein bzw. der »eigentlichen Sorge« als dem Sein des Daseins gerade als Zeitlichkeit bezeichnet, so weist er damit also auf einen Sinn, der mit dem geläufigen Phänomen der Zeit oder der Zeitlichkeit als einer Eigenschaft des In-der-Zeit-seins des menschlichen Lebens nichts zu tun hat. Er bringt sich damit bewußt in erhebliche Schwierigkeiten, wenn es darum geht, sich gegen die Konnotationen abzugrenzen, die wir natürlicherweise mit der »Zeit« verbinden, und der "terminologische Gebrauch dieses Ausdrucks muß zunächst alle aus dem vulgären Zeitbegriff sich aufdrängenden Bedeutungen von »Zukunft«, »Vergangenheit« und »Gegenwart« fernhalten." (326) Die Benennung des Woraufhin des Entwurfs des Sinnes von Sein, wie er sich aus der »Eigenheit« des für-sich-seienden Selbstverhältnisses unter der Perspektive seiner Erschlossenheit in seiner »Eigentlichkeit« ergeben hat, mit dem Ausdruck Zeitlichkeit führt aber auch zurück auf den Zusammenhang des »vulgären«, weil abkünftigen Zeitverstehens mit dem Status der »Eigenheit« im Modus ihrer »Uneigentlichkeit«. Dies ergibt sich schon daraus, daß die "Begriffe der »Zukunft«, »Vergangenheit« und »Gegenwart« (...) zunächst aus dem uneigentlichen Zeitverstehen erwachsen" sind (326). Heidegger verbindet also unser geläufiges Verständnis von Zeit als Ineinander von Vergangenheit, Gegenwart und Zukunft mit dem Selbstverständnis des Daseins im Status der »Uneigentlichkeit«. Dieses Zeitverständnis ist abkünftig von der ursprünglichen Zeitlichkeit, die den Sinn und den Verstehenshorizont von Sein und damit das Sein des Daseins im Status der Eigentlichkeit bezeichnet, also des Selbstverhältnisses, wie es rein unter der abstraktiven Perspektive seiner Erschlossenheit als von weltlichen Bestimmungen freies Selbstverhältnis gedacht wird.

Die ursprüngliche Struktur des »Woraufhin« eines Verstehens des Seins in seinem Sinn muß demnach auch den Zusammenhang zwischen dem primären Woraufhin des Verstehens von Sein in seinem Sinn und dem im »vulgären« Sinn zeitlich strukturierten Selbstverständnis des Für-sich-seins in seiner »Eigenheit« in der Abstraktion von dem Status der Eigentlichkeit verständlich machen können. Insofern kommt dem Sich-Verstehen des Daseins in der Dimension der Zeit und damit als ein sich von der Vergangenheit über die Gegenwart in die Zukunft hinein erstreckendes Leben eine ausgezeichnete Bedeutung innerhalb des Sich-Verstehens auf dem Reflexionsniveau der Uneigentlichkeit zu. Dies zeigt sich im Argumentationsgang von SuZ schon darin, daß Heidegger sich nach der Aufweisung der Zeitlichkeit als dem Sinn des Seins des Daseins im ganzen weiteren Verlauf von SuZ nur noch mit der abkünftigen Zeit beschäftigt, etwa mit »Zeitlichkeit und Alltäglichkeit«, »Zeitlichkeit und Geschichtlichkeit« sowie mit »Zeitlichkeit und Innerzeitigkeit als Ursprung des vulgären Zeitbegriffes«. Aber dies sollte nicht darüber hinwegtäuschen, daß die lebensweltliche Zeit des Daseins in SuZ nur als ein Derivat der ursprünglichen Struktur der Zeitlichkeit als Sinn von Sein zum Thema wird. Es ist nicht die Zeit, sondern die Zeitlichkeit, mit der die ursprüngliche und von nichts anderem abzuleitende oder zu erklärende Struktur der im bewußten Für-sich-sein vereinigten Identität mit sich und Differenz von sich dadurch zur Verständlichkeit gebracht wird, daß das »Woraufhin« eines primären Entwurfs interpretiert wird, von dem her die Eigentlichkeit jener »Eigenheit« verständlich werden kann, die das für-sich-seiende bewußte Selbstverhältnis unter der Perspektive seiner Erschlossenheit in seinem Sein zum Ausdruck bringt. Deshalb kann das Dasein als solches nicht in der Zeit sein - aber auch nicht die Zeit in ihm im Sinne einer subjektiven oder immanenten Zeit (vgl. 326).

Daß die Zeit als transzendentaler Horizont der Frage nach dem Sein expliziert wird, hat also auch Konsequenzen für die angemessene Bestimmung des Daseins als dem primär Befragten. Die Bestimmung der Zeit als Horizont der Frage stellt bereits die Konsequenz der Interpretation des Daseins auf die Zeitlichkeit dar, die den Hori-

130

zont für die Frage nach dem Sein bildet. Die Zeit als Horizont und »Woraufhin«, von dem her das Dasein in seinem Sein verstanden werden kann, muß also in der Lage sein, die Möglichkeit der Frage nach dem Sinn von Sein und deren Beantwortung auf dem Wege einer Analytik des Daseins einleuchten zu lassen. Das Gelingen des Unternehmens von SuZ hängt letztlich von dieser Selbstbezüglichkeit ab. Das »Ergebnis« von SuZ legt also den Grund für das Unternehmen, das zu eben diesem »Ergebnis« führt. Der »primäre Entwurf« ist auch der Entwurf, aus dem Sein als verstehbar aus eben diesem Entwurf verstanden werden kann, und er ist der Entwurf, in dem die Verstehbarkeit von Sein selbst entworfen wird. »Primär« ist er jedoch nur deshalb, weil es sich nicht um die Leistung eines in diesem Entwerfen seine Bestimmtheit verwirklichenden Subjekts handelt. Als »Subjekt« und »Entwerfendes« wird das Dasein in diesem Entwurf vielmehr selbst erst entworfen.

Daraus wird erneut deutlich, daß das Denken von SuZ die Konzeption des bewußten Selbstverhältnisses zwar nicht nach ihrer Grundstruktur dementiert, aber doch über sich hinaustreibt, indem es das Selbstbewußtsein unter der Perspektive seiner Erschlossenheit denkt. Es ist nicht das als Subjekt zu verstehende bewußte Selbstverhältnis, das leistend die Differenz entwerfen könnte, in der das Sein des Seienden aus dem Woraufhin eines entworfenen Horizontes her verständlich werden kann. Das bewußte Selbstverhältnis, das sich zu sich und zu sich in seiner Welt verhält, ist dem Gedankengang von SuZ zufolge selbst »eingeschrieben« in eine Entwurfsstruktur, in der sich jene Differenz eröffnet, die erst ein solches »Verhältnis« ermöglicht. Das Selbstverhältnis wird unter der Perspektive seiner Erschlossenheit gedacht als Differenz eines Entwurfs, in dem die Differenz im Selbstverhältnis, das sich ebenso wie die Welt, in der es sich findet, von sich unterscheidet, geschieht, indem im Selbstverhältnis das »Da« des Seins geschieht. Mit dieser Differenz, in der das Dasein sich in seinem Sein versteht, weil es auf sein Sein aus dem Woraufhin eines primären Entwurfs her zu- und zurückkommen kann, wird aber nicht ein weltloser Selbstbezug gedacht, sondern das bewußte Selbstverhältnis in seiner Einheit mit dem Bezug auf sich in seiner Erfahrung der Welt. Mit der »Sorge« wird das Sein des Daseins nicht nur durch das Sich-vorweg-sein beschrieben, sondern durch dessen Einheit mit dem In-der-Welt-sein und dem Sein bei Seiendem in der Welt. Diese einheitliche, aber doch artikulierte Struktur des Daseins in seinem Sein soll aus jenem primären Entwurf eines Woraufhin verständlich werden, der schließlich als Zeitlichkeit formuliert wird.

7. Sein und Lichtung

Vor den Ausführungen über die Eigentlichkeit und die Phänomenalität des Daseins und über die Bedeutung der Zeitlichkeit als Sinn von Sein hatten wir in Kap. 3.2 unter dem Titel »In-der-Welt-sein und Erschlossenheit« Heideggers zentrale Fragestellung in SuZ mit Hilfe einer Passage aus § 28 erörtert. Es war auch schon darauf hingewiesen worden, daß der darin deutlich werdende gedankliche Horizont Heideggers weiteren Denkweg über SuZ hinaus konturieren wird. Dieser Zusammenhang läßt sich anhand der dort verwendeten Begrifflichkeit verdeutlichen. Das Dasein ist als In-der-Welt-sein je das »Da« des Seins; und der Ausdruck »Da« meint die wesenhafte Erschlossenheit des Daseins, durch die es in eins mit dem Da-sein von Welt für es selbst »da« ist. Für diese existenzial-ontologische Struktur des Daseins verwendet Heidegger bereits in SuZ den Ausdruck »Lichtung«, der in seinem späteren Denken die Frage nach der Differenz bezeichnen wird, die Bewußtsein und Selbstbewußtsein unter der Perspektive seiner Erschlossenheit ermöglicht: "Es ist »erleuchtet«, besagt: an ihm selbst als In-der-Welt-sein gelichtet, nicht durch ein anderes Seiendes, sondern so, daß es selbst die Lichtung ist." (133) Das Dasein ist seine Erschlossenheit, indem es sein Da "von Hause aus" mitbringt, und so kann es schon in SuZ als die »Lichtung« bezeichnet werden.

Der in SuZ nicht näher bestimmte Begriff der »Lichtung« bezeichnet in Heideggers späterer Philosophie das Problem, das wir bisher als die Frage nach dem bewußten Selbstverhältnis unter der Perspektive seiner Erschlossenheit in SuZ verfolgt haben. Diese Frage wird von Heidegger deshalb als Frage nach dem Sinn von Sein gestellt, weil die Differenz und Identität, mit der das Selbstverhältnis sich in einem von sich unterscheidet und mit sich identifiziert, nach dem Stand des Denkens von SuZ gleichbedeutend ist mit der Möglichkeit des Begegnens von Seiendem bloß als Seiendes, als ohne eine Bestimmung, die es als weltliches Seiendes vom Horizont einer bestimmten geschichtlichen Welt her erfahren läßt. Diese Identifizierung der inneren Differenz des bewußten Selbstverhältnisses, in der der Anfang von Bewußtsein geschieht, mit der ursprünglichen Differenz, in der Seiendes bloß als Seiendes begegnet, ist dann nicht unplausibel, wenn die Frage nicht nach der inneren Struktur des Selbstbewußtseins steht, sondern nur nach der ursprünglichen Erschlossenheit, in der ein bewußtes Selbstverhältnis möglich wird. Dann ist das Fehlen selbstbewußtseinstheoretischer Erörterungen im engeren Sinne dadurch gerechtfertigt, daß die Frage in SuZ eine Stufe früher ansetzt, nämlich bei dem Problem der Eröffnung jener ursprünglichen Differenz in Bewußtsein und Selbstbewußtsein, deren Identität dann in Strukturerörterungen zum Thema werden kann.

Aus den vorangegangenen Erörterungen ist jedoch auch deutlich geworden, daß die Frage nach der »Lichtung« und der Erschlossenheit des bewußten Selbstverhältnisses bereits in SuZ nicht als anthropologische Frage nach dem Menschen als einem Seienden in der Welt gestellt wurde. Die Stelle in § 28, an der Heidegger den Begriff der Lichtung zur Bezeichnung seiner zentralen Fragestellung verwendet, macht dies auch sehr deutlich. Das Dasein ist die Lichtung, indem es nicht weltliches Seiendes, sondern In-der-Welt-sein ist, und dies ist die Bestimmtheit, in der es das »Da« des

132

Seins ist, also der »Ort«, an dem das Sein insofern »da« sein kann, als in ihm Seiendes bloß als Seiendes begegnen kann. Die Frage nach der Lichtung kann deshalb bereits in SuZ weder als Frage nach dem Wesen des Menschen, noch als Frage nach der Subjektivität des Subjekts aufgefaßt werden. Die erstere Interpretation würde die Frage nach dem Sein des »Da« zur Frage nach dem Sein eines bestimmten Seienden in der Welt herabsetzen. Die letztere Interpretation dagegen würde nicht eine Frage nach der Erschlossenheit bzw. der Lichtung als solcher voraussetzen, sondern eine Untersuchung der bestimmten Struktur des bewußten Selbstverhältnisses verlangen, aus der die apriorische Verfassung der erfahrbaren Welt abgeleitet oder zumindest begründet werden müßte.

Wenn das »Da« des Seins in einem Sinn als dem Horizont, von dem her das Begegnen von Seiendem als Seiendes verständlich werden kann, zum Verständnis kommt, so kann damit also nur die Lichtung selbst und als solche nach ihrem Sinn zu verstehen gesucht werden. Die Frage nach der Lichtung ist die Frage nach dem Sinn, in dem im Dasein das Sein »da« sein kann. In dem Zusammenhang, in dem der Begriff der Lichtung in SuZ eingeführt wird, enthält er damit eine Ambivalenz, die das Unternehmen von SuZ insgesamt kennzeichnet. Die Frage steht nach dem Horizont des Begegnens von Seiendem als Seiendes, also nach dem Sinn eines »Da« des Seins. Damit wird so gefragt, daß keine innerweltliche Bestimmtheit in die Fragestruktur eingehen kann. Trotz dieses Ausschlusses aller Bestimmtheit, die Seiendem zugeschrieben werden kann, wird jedoch eine bestimmte Antwort gesucht, die den Sinn von Sein begrifflich bestimmen können soll. Mit diesem Problem versuchte Heidegger bereits in der Daseinsanalyse umzugehen, indem er das »Da« des Seins aus der Bewegungsstruktur von Verfallen und Eigentlichkeit zu verstehen suchte. Damit wurde seine sinnhafte Bestimmtheit aus einer Zurücknahme des Selbstverständnisses des Daseins, das sich zunächst und zumeist aus dem weltlichen Seienden und damit als weltliches Seiendes versteht, in eine Eigentlichkeit gewonnen, in der die weltliche Bestimmtheit nicht dementiert, sondern aufgehoben ist. Entsprechend wurde der Sinn von Sein als Zeitlichkeit und nicht als Zeit angegeben. Damit sollte einerseits dem Sinn von Sein eine verständliche Bestimmtheit verschafft werden, andererseits aber sollte diese Bestimmtheit nicht den Status annehmen, der für innerweltliches Seiendes gilt.

Wenn Heidegger nun nach SuZ ein neues Denken versucht, das sich im Verhältnis zu der Untersuchung der Frage nach dem Sinn von Sein, wie sie in SuZ vorgenommen wurde, als eine »Kehre« darstellt, so liegt darin keine Abkehr von der Fragestellung von SuZ. Es wird vielmehr die Frage nach der Erschlossenheit und der Lichtung fortgeführt, aber in veränderter Form zu beantworten gesucht. In der »gekehrten« Untersuchungsform wird gerade die Frage nach dem »Da« des Seins und nach einem Verständnis für den »Ort« des Begegnens von Seiendem als Seiendes fortgesetzt. In der Tat wies Heidegger auch später noch darauf hin, die »Kehre« sei "nicht eine Änderung des Standpunktes von »Sein und Zeit«, sondern in ihr gelangt das versuchte Denken erst in die Ortschaft der Dimension, aus der »Sein und Zeit« erfahren ist."[24] Wenn auch erst die Frage nach der ontologischen Differenz als solcher nach dem

---

[24] Brief über den Humanismus (1946), in: Wegmarken, GA 9, S. 328

Sein als solchem und seiner eigenen Wahrheit frägt, so beansprucht Heidegger doch, darin solle die Frage nach dem Sinn von Sein bewahrt sein.[25] Heidegger beanspruchte also nicht, nach SuZ über diese Frage hinaus gekommen zu sein, sondern vielmehr in die Sache dieser Frage hinein.[26]

7.1 Transzendenz und Unverborgenheit

Der Sinn von Sein sollte in SuZ das ursprüngliche Begegnen von Seiendem als Seiendes im »Da« des Seins zum Verständnis bringen können. Es sollte »auf den Begriff gebracht« werden, daß bei allem Begegnen von Seiendem als Seiendes Sein im vorhinein schon verstanden sein muß. Diesen Unterschied von Sein und Seiendem, der ein Verstehen von Sein gewähren kann, nennt Heidegger nach SuZ "ontologische Differenz". Hier ist wiederum eine Kontinuität mit SuZ hinsichtlich der fundamentalen Fragestellung und eine Verschiebung der Problembehandlung von der Möglichkeit einer Antwort her zu sehen. Man könnte Heideggers ganzes späteres Denken von dem Problem her zu verstehen suchen, diese Differenz als solche zu bedenken, also nicht als einen vorhandenen Unterschied zwischen bestimmten Entitäten, sondern als den waltenden Unterschied von Sein und Seiendem.[27] Der Weg zu dem Problem, das Heidegger mit dem Ausdruck »ontologische Differenz« bezeichnet, beginnt also mit dem Zusammenhang zwischen der Entdecktheit des Seienden und der Erschlossenheit des Seins, das im Sinn von Sein zu einem Verständnis kommen sollte.[28] Diese Unterscheidung wird auch im Umkreis der Schriften aus der Zeit der »Kehre« beibehalten. Nun wird die Struktur des Zusammenhangs von Entdecktheit des Seienden und Erschlossenheit seines Seins jedoch mit dem Ausdruck »Unverborgenheit« bezeichnet. Ontische und ontologische Wahrheit werden damit in einem einheitlichen Gedanken zu fassen versucht, indem in der Unverborgenheit von Seiendem eine Unverborgenheit seines Seins entdeckt wird, obwohl die Unverborgenheit von Sein immer Unverborgenheit des Seins von Seiendem ist.[29] Diese Zusammengehörigkeit besteht aufgrund ihres Bezugs zur ontologischen Differenz.[30] Eine Anmerkung in Heideggers Handexemplar von »Vom Wesen des Grundes« weist dementsprechend aus späterer Sicht darauf hin, daß die Unterscheidung ontische versus ontologische Wahrheit nur eine Verdoppelung der Unverborgenheit darstellte.[31]

Schon in SuZ wurde darüber hinaus ein Begriff eingeführt, der in Heideggers späteren Schriften eine zentrale Rolle gewinnt. Die Bestimmung von Wahrheit als Entdeckendsein in SuZ sollte nur die notwendige Interpretation dessen darstellen, "was

[25] In diesem Zusammenhang sind vor allem die Auskünfte in den Protokollen des Seminars in Le Thor 1969 interessant, in: Seminare, GA 15, bes. S. 335, 344/345.
[26] Brief über den Humanismus (1946), in: Wegmarken, GA 9, S. 343
[27] Vom Wesen der Wahrheit (1930), in: Wegmarken, GA 9, S. 201
[28] Die Grundprobleme der Phänomenologie (1927), GA 24, S. 102
[29] Vom Wesen des Grundes (1929), in: Wegmarken, GA 9, S. 133/134
[30] Vom Wesen des Grundes (1929), in: Wegmarken, GA 9, S. 134
[31] Anmerkung aus dem Handexemplar der 1. Auflage ,Vom Wesen des Grundes', in: Wegmarken, GA 9, S. 131

134

die älteste Tradition der antiken Philosophie ursprünglich ahnte und vorphänomenologisch auch verstand" (219). Hier liegt in SuZ ein weiterer Keim des später versuchten Denkens der Erschlossenheit als Unverborgenheit. Dieses Verständnis der ältesten Tradition bezieht sich auf den Begriff der Aletheia, der an dieser Stelle aufgefaßt wird als "das Seiende im Wie seiner Entdecktheit" (219). Im weiteren Gedankengang von SuZ wird dann behauptet, die Interpretation des Wahrheitsbegriffes in § 44 stelle die "phänomenale Ausweisung" der zu Beginn von SuZ vorgenommenen Interpretation von Logos und Aletheia dar (220). Das Wahrsein des Logos soll danach bedeuten, das Seiende "aus seiner Verborgenheit herausnehmen und es als Unverborgenes (...) sehen lassen, entdecken" (33).

In dem 1929 geschriebenen Text über das »Wesen des Grundes« wird als "Bezirk" der Frage nach dem Wesen des Grundes schließlich die "Transzendenz" herausgestellt,[32] und daraus soll das Wesen der Wahrheit seine innere Möglichkeit schöpfen.[33] Die vorprädikative Offenbarkeit von Seiendem, die bereits nach SuZ von der Satzwahrheit vorausgesetzt wird, wird jetzt ontische Wahrheit genannt, die im Sichbefinden geschieht.[34] Diese Wahrheit gewinnt ihre Möglichkeit aber erst in der Enthülltheit des Seins, die Heidegger hier als ontologische Wahrheit bezeichnet.[35] Diese Zusammengehörigkeit von ontischer und ontologischer Wahrheit gewinnt ihren Sinn jedoch erst aus ihrem Bezug zur ontologischen Differenz, d.h. zum Unterschied von Sein und Seiendem.[36] Wenn die Transzendenz nun als "Grund" der ontologischen Differenz bezeichnet wird,[37] so erscheint nun das Wesen der Wahrheit als Unverborgenheit und nach seiner ursprünglichen Bedeutung als Aletheia in der Transzendenz gegründet.

Nun ist damit der Gedankengang von SuZ nicht sehr weit verlassen. Dies wird deutlich, wenn die Grundstruktur von Transzendenz in dem von Heidegger gemeinten Sinn näher betrachtet wird. Unter der Perspektive auf die Erschlossenheit des bewußten Selbstverhältnisses handelt es sich um das Grundverhältnis des In-der-Welt-seins und damit um die in SuZ analysierte Grundverfassung des Daseins.[38] Auch nach der Struktur der Transzendenz ist das Dasein als eine Struktur aufzufassen, die erst im »Überstieg« ihre »Relata« ermöglicht. In der hier gemeinten Transzendenz wird jedes Seiende »überstiegen«, das innerweltliche Seiende ebenso wie das »Selbst« des Daseins. In diesem Überstieg konstituiert sich erst Selbstheit, und dieses Transzendieren "betrifft je in eins auch Seiendes, das das Dasein »selbst« nicht ist;

---

[32] Vom Wesen des Grundes (1929), in: Wegmarken, GA 9, S. 126
[33] Vom Wesen des Grundes (1929), in: Wegmarken, GA 9, S. 135
[34] Vom Wesen des Grundes (1929), in: Wegmarken, GA 9, S. 130/131
[35] Vom Wesen des Grundes (1929), in: Wegmarken, GA 9, S. 131; in einem Handexemplar der 1. Auflage von 1929 findet sich die Anmerkung: "Unklar! Ontologische Wahrheit ist Enthüllen der Seiendheit - durch die Kategorien - aber Seiendheit als solche bereits eine bestimmte Wahrheit des Seyns, Lichtung seiner Wesung. Diese Unterscheidung ‚ontisch-ontologische Wahrheit' ist nur eine Verdoppelung der Unverborgenheit und bleibt zunächst im Platonischen Ansatz stecken. Damit nur aus dem Bisherigen her die Richtung der Überwindung gewiesen, aber nicht eine Überwindung aus ihrem eigenen Grunde vollzogen und gegründet."
[36] Vom Wesen des Grundes (1929), in: Wegmarken, GA 9, S. 134
[37] Vom Wesen des Grundes (1929), in: Wegmarken, GA 9, S. 135
[38] Vom Wesen des Grundes (1929), in: Wegmarken, GA 9, S. 139

genauer: im Überstieg und durch ihn kann sich erst innerhalb des Seienden unterscheiden und entscheiden, wer und wie ein »Selbst« ist und was nicht".[39] Wenn Dasein nun In-der-Welt-sein ist und darin sich als Selbst in der Transzendenz "zeitigt",[40] so hat die Welt den Grundcharakter des "Unwillen von ...",[41] indem sie in der Transzendenz erschlossen wird. Damit ist die Bedingung für die Entdeckbarkeit von Seiendem in der Welt, daß dessen Offenbarwerden gleichzeitig das Existieren des Daseins ist, "das als existierendes trans-zendiert".[42]

Über diesen Zusammenhang von ursprünglicher Wahrheit und Transzendenz hinaus wird in »Wesen des Grundes« die Transzendenz und damit die Differenz des In-der-Welt-seins auch noch durch den Gedanken der »Freiheit« erläutert. Der Ursprung der Konzeption von Begründung in der Ausweisung der Erfahrung von Seiendem und von Grund überhaupt soll in der "Freiheit" als Transzendenz liegen.[43] Vorweg muß zum Verständnis dieses Begriffs jedoch beachtet werden, daß Heidegger in einer späteren Korrektur zu der Schrift »Vom Wesen der Wahrheit«, wo die Freiheit als das Wesen der Wahrheit bezeichnet wird, diesen Begriff in folgendem Sinne zurückgenommen hat: "In dem Aufsatz »Vom Wesen der Wahrheit« habe ich dort, wo ich von der »Freiheit« spreche, die Lichtung im Blick gehabt, nur daß auch hier die Wahrheit immer hinterher kam".[44] Die Begriffe der »Freiheit« und der »Wahrheit« sind deshalb unter der Perspektive einer Frage nach der Weiterführung der Frage nach dem Sinn von Sein nach SuZ in erster Linie mit Hilfe der Konzeption der »Offenheit« zu erläutern, in der sich die Erschlossenheit des Daseins für das Begegnen von Seiendem bloß als Seiendes wiedererkennen läßt.

In »Vom Wesen der Wahrheit« steht die Frage nach dem Zusammenhang der Bestimmung des Wesens der Wahrheit als Übereinstimmung von Denken und Sein mit der "Auslegung des Wesens des Seins alles Seienden, die jeweils eine entsprechende Auslegung des Wesens des Menschen als des Trägers und Vollziehers des intellectus einschließt".[45] Von der Beziehung der Übereinstimmung geht Heidegger hier rasch über zu einer Diskussion des Verhältnisses von Vorstellen und Vorgestelltem.[46] Damit sind keine "Bewußtseinsinhalte" gemeint, vielmehr soll Vorstellen als Vor-stellen heißen: "Entgegenstehenlassen des Dinges als Gegenstand".[47] Die Vor-stellung wird damit nicht als repraesentatio aufgefaßt, sondern als ein »Stellen«, das schon als solches eine zumindest rudimentäre Bestimmtheit einschließt. In der Relation, die der Möglichkeit der prädikativen Wahrheit vorausliegt, muß das gemeinte Ding als Gegenstand entgegenstehen können, d.h. es muß selbst unabhängig von dem Subjekt sein, dem es entgegensteht. Aber das Vor-stellen in der Relation einer Übereinstimmung von Denken und Sein bedeutet auch ein Entgegenstehen*lassen*. Das

---

[39] Vom Wesen des Grundes (1929), in: Wegmarken, GA 9, S. 138
[40] Vom Wesen des Grundes (1929), in: Wegmarken, GA 9, S. 157
[41] Vom Wesen des Grundes (1929), in: Wegmarken, GA 9, S. 157
[42] Vom Wesen des Grundes (1929), in: Wegmarken, GA 9, S. 159
[43] Vom Wesen des Grundes (1929), in: Wegmarken, GA 9, S. 165
[44] Seminar Martin Heidegger/Eugen Fink (1966/1967), Heraklit, in: Seminare, GA 15, S. 262
[45] Vom Wesen der Wahrheit (1930), in: Wegmarken, GA 9, S. 181
[46] Vom Wesen der Wahrheit (1930), in: Wegmarken, GA 9, S. 184
[47] Vom Wesen der Wahrheit (1930), in: Wegmarken, GA 9, S. 184

136

Seiende, das vor-stellt, muß darin den Gegenstand selbst sein *lassen* können. Heidegger formuliert das sich aus der Frage nach der Möglichkeit einer prädikativen Wahrheit ergebende Problem so: "Das Entgegenstehende muß als das so Gestellte ein offenes Entgegen durchmessen und dabei doch in sich als das Ding stehen bleiben und als ein Ständiges sich zeigen".[48] Dies ist möglich, wenn das "Durchmessen" sich innerhalb eines "Offenen" vollzieht.

Die Offenheit dieses Offenen soll aber nun vom Vorstellen nicht geschaffen, sondern nur als ein "Bezugsbereich" übernommen werden.[49] Dies ist insofern mit dem Denken von SuZ kompatibel, als auch in SuZ die Differenz des In-der-Welt-seins nicht als eine Erzeugung durch das Dasein als Subjekt verstanden werden konnte, sondern nur als die Struktur des »Da« des Seins, in dem Seiendes als solches begegnen kann. Das »Offene« ist dementsprechend nun eine Bezeichnung für das ursprüngliche Begegnen von Seiendem, das nach Heidegger nicht in der Aussage und ihrem Vorstellen geschehen kann. Die Beziehung des vorstellenden Aussagens auf das Ding ist vielmehr nur der Vollzug jenes Verhältnisses, das in der Offenheit des Daseins geschieht. Das Verhältnis der Übereinstimmung von Denken und Sein zum Offenen ist damit das eines Vollzuges einer vorauszusetzenden Struktur. Die Bedingung alles »Verhaltens« und damit auch des vorstellenden Aussagens ist, "daß es, im Offenen stehend, je an ein Offenbares als ein solches sich hält".[50] Der nächste Satz identifiziert das Offenbare dann mit dem Seienden. Das »Offene« kann demnach verstanden werden als der »Raum« der Begegnung mit dem Seienden als solchen.

Die Aussage hat demnach ihre Richtigkeit "zu Lehen von der Offenständigkeit des Verhaltens, ... , denn nur durch diese kann überhaupt Offenbares zum Richt-maaß werden für die vorstellende Angleichung".[51] Die Offenständigkeit der ursprünglichen Wahrheit ist also so geartet, daß sie Seiendes ursprünglich mit Richtmaßcharakter begegnen läßt. Wenn das offenständige Verhalten sich dieses Maß anweisen lassen muß,[52] so kann daraus aber nicht die Theorie entnommen werden, daß zum offenständigen Verhalten per se die Übereinstimmungsbeziehung von Denken und Sein gehört; die Offenständigkeit bedeutet lediglich den Bezug zu Seiendem als solchem. Nichtsdestoweniger aber soll die Offenständigkeit des Verhaltens das »Wesen« der Wahrheit ausmachen, weil nur durch sie die Richtigkeit der Aussage möglich wird.[53] Offenständigkeit heißt also, zum Seienden offenständig sein und sich darin an ein Seiendes als Offenbares halten. Damit wird die Frage untersucht "nach dem Grunde der inneren Möglichkeit des offenständigen und ein Richtmaß vorgebenden Ver-

[48] Vom Wesen der Wahrheit (1930), ln: Wegmarken, GA 9, S. 184; eine Anmerkung in Heideggers Handexemplar der 3. Auflage von 1954 erläutert das "Entgegen" durch "Die Offenheit eines Entgegen".
[49] Vom Wesen der Wahrheit (1930), in: Wegmarken, GA 9, S. 184
[50] Vom Wesen der Wahrheit (1930), in: Wegmarken, GA 9, S. 184
[51] Vom Wesen der Wahrheit (1930), in: Wegmarken, GA 9, S. 185; in einer Anmerkung zu seinem Handexemplar der 3. Auflage von 1954 ergänzte Heidegger den Ausdruck "Offenständigkeit" mit "und diese in der Lichtung".
[52] Vom Wesen der Wahrheit (1930), in: Wegmarken, GA 9, S. 185
[53] Vom Wesen der Wahrheit (1930), in: Wegmarken, GA 9, S. 185

haltens, welche Möglichkeit allein der Satzrichtigkeit das Ansehen leiht, überhaupt das Wesen der Wahrheit zu erfüllen".[54] Dieses Verhalten eines Sich-freigebens soll nun selbst nur möglich sein als "Freisein zum Offenbaren eines Offenen".[55] Erst aus diesem Zusammenhang ist der Satz zu verstehen: "Das Wesen der Wahrheit ist die Freiheit".[56] Es wurde bereits darauf hingewiesen, daß Heidegger später diese Freiheit als »Lichtung« verstanden wissen wollte. Vor diesem Hintergrund kann weiter geklärt werden, in welchem Zusammenhang der Begriff der »Freiheit« hier mit der zentralen Frage Heideggers nach der Differenz steht, in der Seiendes als Seiendes begegnen kann, welche Differenz in SuZ als »Da« des Seins untersucht wurde. Freiheit wird verstanden als "Freiheit für das Offenbare eines Offenen",[57] und vom Offenbaren hieß es, es werde seit langem »das Seiende« genannt.[58] Diese Freiheit zum Offenbaren eines Offenen wird in »Vom Wesen der Wahrheit« als Möglichkeitsbedingung der Wahrheit als Übereinstimmung von Denken und Sein entwickelt. Als diese Möglichkeitsbedingung wird sie gedacht, weil sie das jeweilige Seiende das Seiende sein läßt, das es ist.[59] Deshalb wird Freiheit nun charakterisiert als "das Seinlassen von Seiendem" und als "Sicheinlassen auf das Seiende" und zwar auf "das Seiende ... als das Seiende, das es ist".[60] Freiheit heißt also "die Eingelassenheit in die Entbergung des Seienden als eines solchen", in der sich das Sein-lassen "dem Seienden als einem solchen" aussetzt.[61] Der Begriff der Freiheit ist demnach Heideggers neue Formulierung für die zentrale Fragestellung nach dem Begegnen von Seiendem als Seiendes, das abkünftig ebenso in der falschen wie in der wahren Aussage geschieht.

Aber darüber hinaus kann an dieser Stelle auch der Ansatzpunkt für eine neue Begrifflichkeit gefunden werden, mit der die in SuZ zentrale Frage nach dem Sinn von Sein unter dem Titel »Lichtung« fortgesetzt wird. Neu ist diese Begrifflichkeit vor allem insofern, als nun die Struktur einer Verschlossenheit eigens als Wesenselement der Erschlossenheit ausgearbeitet wird. Dieser Gedankengang findet zunächst unter dem Titel der »Unverborgenheit« statt, die von der Verborgenheit her verstanden wird. Dies entspricht weitgehend der von Heidegger in der frühen griechischen Philosophie diagnostizierten privativen Bedeutung der Wahrheit als Aletheia. In ihrem Bezug auf Verborgenheit deutet die Unverborgenheit bereits vor auf die Philosophie der Seinsvergessenheit, worunter nicht eine Nachlässigkeit der Philosophen vor Heidegger zu verstehen ist, sondern eine Weise des Geschicks, in dem sich abendländisch das Sein entborgen hat, so daß Seiendes als Seiendes nur begegnen konnte,

---

[54] Vom Wesen der Wahrheit (1930), in: Wegmarken, GA 9, S. 185
[55] Vom Wesen der Wahrheit (1930), in: Wegmarken, GA 9, S. 186
[56] Heidegger hatte diesen Satz in der 1. Auflage von 1943 so formuliert; in späteren Auflagen ebenso wie in den ‚Wegmarken' findet sich die korrigierte Fassung: "Das Wesen der Wahrheit, als Richtigkeit der Aussage verstanden, ist die Freiheit" (WW, GA 9, S. 186); in Heideggers Exemplar von 1954 findet sich zum Begriff der Freiheit einige Zeilen weiter die Anmerkung "Freiheit und Lichtung des sich verbergenden Bergens (Ereignis)".
[57] Vom Wesen der Wahrheit (1930), in: Wegmarken, GA 9, S. 187
[58] Vom Wesen der Wahrheit (1930), in: Wegmarken, GA 9, S. 184
[59] Vom Wesen der Wahrheit (1930), in: Wegmarken, GA 9, S. 188
[60] Vom Wesen der Wahrheit (1930), in: Wegmarken, GA 9, S. 188
[61] Vom Wesen der Wahrheit (1930), in: Wegmarken, GA 9, S. 189

indem die Unverborgenheit in sich die Verweisung auf eine interne Verborgenheit enthält. Damit weist die Begrifflichkeit der Unverborgenheit auch schon auf das Denken der geschichtlichen und geschicklichen Entbergung des Seienden, wie es Heideggers Spätphilosophie prägen wird.

Diese neue Begrifflichkeit beginnt mit einer Untersuchung über die Möglichkeit der Unwahrheit. Der geschichtliche Mensch kann "im Seinlassen des Seienden das Seiende auch nicht das Seiende sein lassen, das es ist und wie es ist".[62] Die Begründung dafür lautet grundsätzlich: die Wahrheit ist im Wesen Freiheit. Wenn demnach die Unwahrheit der eksistenten Freiheit entspringt, die nicht eine menschliche Eigenschaft ist, sondern in der das Dasein gerade die Weltoffenheit und damit die ursprüngliche Wahrheit ist, so daß "der Mensch nur als Eigentum dieser Freiheit eksistiert und so geschichtsfähig wird",[63] so kommt die Unwahrheit aus dem Wesen der ursprünglichen Wahrheit selbst. Nur "weil Wahrheit und Unwahrheit im Wesen sich nicht gleichgültig sind, sondern zusammengehören", soll die Möglichkeit angelegt sein, "daß überhaupt ein wahrer Satz in die Schärfe des Gegenteils zum entsprechenden unwahren Satz" treten kann.[64]

Bereits in SuZ war ein Element von »Unwahrheit« als konstitutiv für die Erschlossenheit als ursprüngliche Wahrheit herausgestellt worden. Der Grund dafür war das Verfallen des Daseins (221/222), das als Strukturelement des In-der-Welt-seins auch die Bedingung der Verständlichkeit eines Sinnes von Sein darstellte. Verfallen bedeutete in SuZ ein Sich-Verstehen des seinsverstehenden Daseins aus dem begegnenden Seienden, so daß das Begegnen sich selbst aus dem Begegnenden versteht (129ff). In dieser Verfallensstruktur war auch der Ansatz für eine ontologische Interpretation gesehen worden, die das Dasein als innerweltliches Seiendes auffaßt und sein Sein als Vorhandenheit (130). Was im Verfallen verborgen wird, ist also das eigentliche Sein des Daseins, das in sich In-der-Welt-sein ist. Da die Frage nach dem Sinn von Sein aber nur über das »Da« des Seins als Stätte des Begegnens von Seiendem als Seiendes führt, so ist damit der Weg zu einer Interpretation des Sinnes von Sein als Verstehen von Sein versperrt. Was im Verfallen verborgen bleibt, ist also das Sein nach seiner Sinnhaftigkeit, obwohl diese nur über die Bewegungsstruktur von Verfallen und Eigentlichkeit zu einem verständlichen Ausdruck kommen kann.

Wir könnten den Übergang zum Bedenken der Unverborgenheit als solcher nun zu verstehen suchen als Unternehmen, die Seinsvergessenheit als solche in ihrer positiven Bedeutung zu untersuchen und nicht nur als Folge des Phänomens des Verfallens als einer bestimmten Selbstverständnisweise des Daseins. Die Fragestellung nähert sich der Seinsvergessenheit im Vergleich zu der Thematik des Verfallens und der Uneigentlichkeit von SuZ gewissermaßen von der anderen Seite an. Damit wird im Grunde die oben bereits erwähnte Schwierigkeit eigens aufgenommen. In SuZ sollte ein Sinn von Sein zum Ausdruck und damit zur Bestimmtheit gebracht werden, der als solcher gerade jede Bestimmtheit abweist, die dem Bereich des bestimmten Seienden und nicht dem Seienden als Seiendes angehört. Deshalb kamen die Unter-

---

[62] Vom Wesen der Wahrheit (1930), in: Wegmarken, GA 9, S. 191
[63] Vom Wesen der Wahrheit (1930), in: Wegmarken, GA 9, S. 191
[64] Vom Wesen der Wahrheit (1930), in: Wegmarken, GA 9, S. 191

suchungen von SuZ ins Ziel mit einer Angabe für den Sinn von Sein, der von einer Relation des bestimmten Seienden abgeleitet war, der aber doch nicht diese Relation ausdrücken sollte. Heidegger sprach deshalb von Zeitlichkeit statt von Zeit und entwickelte die letztere als Verfallensform der ersteren, obwohl die erstere doch in ihrer Bedeutung auf die letztere Bezug nehmen mußte.

Wenn nun die Unverborgenheit in sich den Bezug auf eine wesentliche Verbergung haben soll, so beginnt diese Überlegung mit dem Gedanken, daß das »Ganze«, das im Ausdruck "Offenbarkeit des Seienden im Ganzen" genannt wird, aus dem offenbaren Seienden nicht zu fassen ist.[65] Indem dieses Seiende seingelassen wird, "verbirgt es das Seiende im Ganzen",[66] also gerade das, was alles offenständige Verhalten des Menschen und damit alles Begegnen von Seiendem als Seiendes möglich macht. Das Seinlassen "ist in sich zugleich ein Verbergen",[67] nämlich des Seienden im Ganzen. Es ist also zu fragen, was "Seiendes im Ganzen" bedeutet. Es muß dasjenige sein, das das Seiende als Seiendes zugänglich werden läßt. Dies kann aus einem späteren Text bestätigt werden: der Ausdruck "das Seiende im Ganzen" heißt im Sprachgebrauch der Metaphysik Sein.[68] Damit gehört diese Struktur in die ursprüngliche Wahrheit. Die "Verborgenheit des Seienden im Ganzen, die eigentliche Un-wahrheit, ist älter als jede Offenbarkeit von diesem und jenem Seienden".[69] Um Seiendes seinlassen zu können, muß also das Sein verborgen sein. Damit verwahrt jedes Seinlassen einen Bezug zur Verbergung,[70] indem es nur möglich ist im Bereich des Offenen des Seins, das das Seiende zugänglich werden läßt. Diese "Verbergung" ist das "erstlich Verborgene".[71]

Die Verbergung des Verborgenen ist fundiert im "Insistieren" des Daseins, in dem das Dasein "sich verstehend auf dem besteht, was das wie von selbst und an sich offene Seiende bietet".[72] Wenn die "insistente Zuwendung zum Gangbaren und diese ek-sistente Wegwendung vom Geheimnis"[73] zusammengehören, so entspricht dies in SuZ der Zusammengehörigkeit der beiden Seiten dessen, was dort Verfallen hieß und zur Struktur der Erschlossenheit und damit zur Seinsverfassung des Daseins gehörte. Diese Entsprechung zum Verfallen unter dem Vorzeichen eines eigenen Bedenkens der Verborgenheit nennt Heidegger nun die "Irre".[74] Wie in SuZ das Verfallen und die Uneigentlichkeit, so gehört auch diese "zur inneren Verfassung des Daseins, in das der geschichtliche Mensch eingelassen ist", und sie fügt mit die Offenheit des Daseins.[75] Auf dieser Grundlage kommt es nun zu der Behauptung, die

[65] Vom Wesen der Wahrheit (1930), in: Wegmarken, GA 9, S. 193
[66] Vom Wesen der Wahrheit (1930), in: Wegmarken, GA 9, S. 193
[67] Vom Wesen der Wahrheit (1930), in: Wegmarken, GA 9, S. 193
[68] Nietzsches Wort ‚Gott ist tot' (1943), in: Holzwege, GA 5, S. 236
[69] Vom Wesen der Wahrheit, in: Wegmarken, GA 9, S. 193
[70] Vom Wesen der Wahrheit (1930), in: Wegmarken, GA 9, S. 194
[71] Vom Wesen der Wahrheit (1930), in: Wegmarken, GA 9, S. 194
[72] Vom Wesen der Wahrheit (1930), in: Wegmarken, GA 9, S. 196
[73] Vom Wesen der Wahrheit (1930), in: Wegmarken, GA 9, S. 196
[74] Vom Wesen der Wahrheit (1930), in: Wegmarken, GA 9, S. 196
[75] Vom Wesen der Wahrheit (1930), in: Wegmarken, GA 9, S. 196

"Entbergung des Seienden als eines solchen ist in sich zugleich die Verbergung des Seienden im Ganzen".[76]

Die sog. »Kehre« in Heideggers Denken kann aus der Perspektive dieses Zusammenhangs als Integration der Seite der Verborgenheit in die Offenheit des Seins selbst verstanden werden. Damit ist ein mögliches Mißverständnis noch besser vermieden, als dies in SuZ gelang. Dort war zwar auch bei genauer Lektüre deutlich, daß das Verfallen keine subjektive Unzulänglichkeit darstellt, die das Dasein vermeiden kann, indem es besser auf seine Eigentlichkeit achtet. Aber viele Stellen eröffneten doch bei isolierter Auffassung die Möglichkeit, sowohl das Verfallen als auch die Rückkehr des Daseins zu seiner Eigentlichkeit als dem Menschen anheim gestellte Selbstverständnismöglichkeiten zu verstehen. Damit konnte aber letztlich die ganze Fragestruktur einschließlich der Antwort von SuZ von einer subjektiven Entscheidung des Daseins über sein Selbstverständnis abhängig aufgefaßt werden. Sachlich war ein solches Verständnis allerdings durch den Zusammenhang des Gedankenweges von SuZ ausgeschlossen. Ohne die Seite des Verfallens und die Bewegungsstruktur von Verfallen und Eigentlichkeit wäre keine mit der Sache kongruierende Methode durchzuführen gewesen, und der Sinn von Sein hätte keine begriffliche Bestimmtheit finden können.

Nunmehr betont Heidegger jedoch: "Die Freiheit, aus der in-sistenten Eksistenz des Daseins begriffen, ist das Wesen der Wahrheit (im Sinne der Richtigkeit des Vorstellens) nur deshalb, weil die Freiheit selbst dem anfänglichen Wesen der Wahrheit, dem Walten des Geheimnisses in der Irre entstammt".[77] Zunächst ist daran zu erinnern, daß das Wesen der Wahrheit zu verstehen ist als die Offenständigkeit, die die Möglichkeitsbedingung der Wahrheit als Übereinstimmung von Denken und Sein darstellt. Darüber hinaus aber soll das anfängliche Wesen der Wahrheit als Offenheit selbst nun das "Walten des Geheimnisses in der Irre" heißen.[78] Es ist nicht zu leugnen, daß Heidegger hier beginnt, sich in bisweilen reichlich dunklen Worten auszudrücken, und diese Tendenz wird sich in seinem weiteren Denkweg bekanntlich noch verstärken. An dieser Stelle soll jedoch nur zum Ausdruck kommen, daß in der Zugänglichkeit von Seiendem als Seiendes das Sein waltet, das dabei selbst verborgen ist und gerade und nur in dieser Verborgenheit die Offenheit konstituiert. Das Begegnen von Seiendem als solchen geschieht in der Vergessenheit des Seins, obwohl erst das Sein die Verstehensleistung ermöglicht, in der Seiendes zugänglich wird.

Daraus läßt sich Heideggers Selbstinterpretation verstehen, derzufolge in der Schrift »Vom Wesen der Wahrheit« zwar die sogenannte »Kehre« stattfinden soll, die aber nicht eine Änderung des Standpunktes von SuZ darstellt, sondern in ihr soll das versuchte Denken erst in die »Ortschaft der Dimension« gelangen, aus der SuZ erfahren ist.[79] Diese »Ortschaft« wird hier dadurch bezeichnet, daß die Offenheit des Offenen von jedem offenständigen Verhalten "je nur als ein Bezugsbereich bezogen

[76] Vom Wesen der Wahrheit (1930), in: Wegmarken, GA 9, S. 198
[77] Vom Wesen der Wahrheit (1930), in: Wegmarken, GA 9, S. 198
[78] Vom Wesen der Wahrheit (1930), in: Wegmarken, GA 9, S. 198
[79] Brief über den Humanismus (1946), in: Wegmarken, GA 9, S. 328

und übernommen wird".[80] Für die Analytik des Daseins bedeutet dies nun: "das Verhalten des Menschen ist durchstimmt von der Offenbarkeit des Seienden im Ganzen",[81] die aber nicht menschlich geschaffen ist, sondern als »Da« des Seins erst alles
menschliche Verhalten zu Seiendem als Seiendes ermöglicht. Dies stimmt durchaus
mit früheren Erklärungen Heideggers überein. Das Sein gibt sich an sich, wenn es
sein Seiendes zugänglich macht, und es gibt Sein nur, "wenn Wahrheit, d.h. wenn
Dasein existiert",[82] obwohl die Wahrheit doch die "Voraussetzung für unsere eigene
Existenz" ist,[83] und in »Kant und das Problem der Metaphysik« wurde ausgeführt, der
Mensch sei nur Mensch aufgrund des Daseins in ihm.[84]

Für das Dasein bedeutet dies nun, daß es in seinem Sein explizit als »Ek-sistenz«
und damit als "Aus-setzung in die Entborgenheit des Seienden als eines solchen"
verstanden wird.[85] Die »Ek-sistenz« beginnt mit der Erfahrung der Unverborgenheit,
die als Erfahrung selbst geschichtlich ist. Diese Geschichtlichkeit des »Da« des Seins
ist vermutlich eine der wichtigsten gedanklichen Entwicklungen, die die »Kehre« und
damit die Gedankenentwicklung über SuZ hinaus bestimmen. Zwar war die Geschichtlichkeit des Daseins auch in SuZ zum Thema geworden, aber erst, nachdem
die Zeitlichkeit als Sinn von Sein entwickelt worden war und es dann darum ging,
die Zeit als Form des Selbstverständnisses des Daseins als Seiendes in der Welt als
Derivat der Zeitlichkeit verständlich zu machen. Jetzt dagegen heißt es: die "anfängliche Entbergung des Seienden im Ganzen, die Frage nach dem Seienden als solchem
und der Beginn der abendländischen Geschichte sind das selbe".[86] Alle Geschichte
wird begründet und ausgezeichnet durch den Bezug zum Seienden als einem solchen
im Ganzen, der durch das Da-sein gewährt wird.

Wir könnten darin bereits eine erste Ersetzung der Antwort auf die Frage nach dem
Sinn von Sein, wie sie in SuZ mit der Struktur der Zeitlichkeit gegeben wurde, in der
Fortführung von Heideggers Denken sehen. Wenn das »Da« des Seins in einer geschichtlichen Eröffnung stattfindet, so ist damit eine Bestimmtheit des Sinnes von
Sein als des Verständnishorizontes des Begegnens von Seiendem als Seiendes angegeben, die mit der Struktur der Zeitlichkeit, wie sie aus der Sorgestruktur des In-der-
Welt-seins entwickelt wurde, nicht von vornherein kompatibel erscheint. Darüber
hinaus wird es auch zweifelhaft, ob die Bestimmtheit der Geschichtlichkeit der Offenheit des »Da« des Seins überhaupt mit der Angabe der Bestimmtheit einer bestimmten Struktur vereinbar sein kann, wie sie etwa in SuZ mit der Konzeption der
Zeitlichkeit vorgenommen wurde. Wird der Gedanke der Geschichtlichkeit konsequent durchgeführt, so wird die Überlegung einen Schritt zurücktreten und den
Seinssinn der Zeitlichkeit selbst als eine geschichtliche Eröffnung des Verständnisses
von Sein verstehen müssen. Mit dieser Überlegung aber wird ausgeschlossen, daß
der Horizont des Verstehens von Seiendem als Seiendes als letzte Bestimmtheit die

---

[80] Vom Wesen der Wahrheit (1930), in: Wegmarken, GA 9, S. 184
[81] Vom Wesen der Wahrheit (1930), in: Wegmarken, GA 9, S. 193
[82] Die Grundprobleme der Phänomenologie (1927), GA 24, S. 25
[83] Die Grundprobleme der Phänomenologie (1927), GA 24, S. 315
[84] Kant und das Problem der Metaphysik (1929), GA 3, S. 234
[85] Vom Wesen der Wahrheit (1930), in: Wegmarken, GA 9, S. 189
[86] Vom Wesen der Wahrheit (1930), in: Wegmarken, GA 9, S. 190

142

Struktur der Zeitlichkeit annehmen kann.[87] Heidegger wird in seinem späteren Denken das Thema »Sein und Zeit« deshalb in veränderter Form wieder aufnehmen, wenn er das spezifisch abendländische Erfahren von Seiendem geleitet sieht von einem Verständnis von Sein unter der Perspektive der Gegenwart als Anwesen.

Hier in der Schrift »Vom Wesen der Wahrheit« liegt der wichtigste Gehalt der »Kehre« jedoch in dem Gedanken, das "ek-sistente, entbergende Dasein besitzt den Menschen".[88] Wenn die ursprüngliche Wahrheit "die Entbergung des Seienden, durch die eine Offenheit west", genannt werden kann,[89] so ek-sistiert der Mensch aus der ursprünglichen Wahrheit, also aus dem Dasein, das »in« der Wahrheit ist. Aus diesem Verständnis des Daseins und damit des Begegnens von Seiendem als Seiendes aus der ursprünglichen Wahrheit kommt Heidegger zu dem Zusammenhang des "Wesens der Wahrheit mit der Wahrheit des Wesens".[90] Wenn das anfängliche Wesen der Wahrheit aber das "Walten des Geheimnisses in der Irre" ist, so wird die Frage nach dem Dasein und seinem Sein auch ein "Ausblick in das Geheimnis aus der Irre".[91] Die Frage nach diesem »Walten« ist als Frage nach der anfänglichen Wahrheit die Frage nach dem Sein. Wenn die Frage nach der ursprünglichen Wahrheit nun auf die Frage nach der Wahrheit des Wesens und damit des Seins zurückgeführt wird,[92] so ist das Wesen der Wahrheit nun in einem verbalen Sinne zu denken als "das sich verbergende Einzige der einmaligen Geschichte der Entbergung des »Sinnes« dessen, was wir das Sein nennen".[93]

Der Gedanke eines notwendigen Zusammenhanges der ursprünglichen Wahrheit und der Offenheit des Seins für ein Verstehen des Horizontes für ein Begegnen von Seiendem als Seiendes mit der Seinsvergessenheit und der Verborgenheit des Entbergenden im Entbergen bleibt im weiteren Denken Heideggers erhalten. Das Phänomen, das in SuZ Verfallen genannt wurde, wird später charakterisiert als "Vergessen der Wahrheit des Seins zugunsten des Andrangs des im Wesen unbedachten Seienden",[94] und gerade deshalb bezeichnet das Verfallen "ein wesenhaftes Verhältnis des Menschen zum Sein innerhalb des Bezugs des Seins zum Menschenwesen".[95] Die Bewegung von "Lichtung und Verbergung" im primären Begegnen von Seiendem ist das Geschehnis der Unverborgenheit. Das Wesen der ursprünglichen Wahrheit "ist in sich selbst der Urstreit, in dem jene offene Mitte erstritten wird, in die das

---

[87] In seinem Handexemplar der 1. Auflage von ‚Vom Wesen des Grundes' merkte Heidegger später an: "Zeitigung der Temporalität als Vorname der Wahrheit des Seyns", wobei "Vorname" wohl im Sinne eines ‚vorläufigen Namens' und ‚Platzhalter' für die danach entwickelte Fragestellung aufgefaßt werden soll (in: Wegmarken, GA 9, S. 159); 1941 findet sich die Formulierung: "Zeit als Vorname des Entwurfsbereiches der Wahrheit des Seins; ‚Zeit' ist das ekstatische Inzwischen (Zeit-Raum); nicht das Worinnen des Seienden, sondern Lichtung des Seins selbst." (Die Metaphysik des deutschen Idealismus (1941), GA 49, S. 160)

[88] Vom Wesen der Wahrheit, in: Wegmarken, GA 9, S. 190

[89] Vom Wesen der Wahrheit (1930), in: Wegmarken, GA 9, S. 190

[90] Vom Wesen der Wahrheit (1930), in: Wegmarken, GA 9, S. 198

[91] Vom Wesen der Wahrheit (1930), in: Wegmarken, GA 9, S. 198

[92] Vom Wesen der Wahrheit (1930), in: Wegmarken, GA 9, S. 200

[93] Vom Wesen der Wahrheit (1930), in: Wegmarken, GA 9, S. 200

[94] Brief über den Humanismus (1946), in: Wegmarken, GA 9, S. 332

[95] Brief über den Humanismus (1946), in: Wegmarken, GA 9, S. 332

Seiende hereinsteht und aus der es sich in sich selbst zurückstellt".[96] Indem die
Aletheia "Un-verborgenheit des Seienden bringt, stiftet sie erst Verborgenheit des
Seins".[97] Den ambivalenten Charakter des in SuZ Verfallen genannten Geschehens
bringt Heidegger an der gleichen Stelle so zum Ausdruck: "Das Sichversehen des
Menschen entspricht dem Sichverbergen der Lichtung des Seins".[98]

Damit ist in einem ersten Zugang die Richtung der »Kehre« in Heideggers Denken
nach SuZ angegeben, und es ist vorläufig deutlich geworden, wohin das »gekehrte«
Denken unterwegs ist, wenn es die Frage nach dem Horizont für das Verstehen von
Seiendem als Seiendes weiter untersucht. In SuZ stand diese Frage nach der Aufklärung jener Differenz, in der das bewußte Selbstverhältnis sich unter der Perspektive
seiner Erschlossenheit von sich unterscheidet und mit sich identifiziert. Mit dieser
Frage unterscheidet sich Heidegger von der idealistischen Philosophie, die die Bestimmtheit dieser Differenz benutzt, um apriorische Möglichkeitsbedingungen der
Erfahrung zu entwickeln, die einem bewußten Selbstverhältnis nach der Struktur
seiner Ich-Identität möglich ist. Wenn Heidegger nach der Dimension dieser Differenz als solcher frägt, so wird nicht die Erfahrbarkeit von bestimmtem Seienden zum
Thema, sondern das Begegnen von Seiendem bloß als Seiendes und damit vor aller
weltlichen und begrifflichen Bestimmtheit. Dieses Begegnen konnte nur mit Hilfe
der Verfassung des Daseins als In-der-Welt-sein aufgeklärt werden, weil das Dasein in der Fundamentalanalyse selbst als Seiendes erscheint, weil es sich in seiner
Bestimmtheit aus dem weltlichen Seienden versteht. Auf die Differenz als solche und
damit auf das Begegnen von Seiendem als Seiendes konnte die Untersuchung aber
nur kommen, indem sie jene Selbstverständnisweise im Selbstverständnis des Daseins selbst als nur ein Extrem einer Bewegungsstruktur aufwies, zu der ebenso ein
Selbstverständnis des Daseins in seiner Eigentlichkeit und Ganzheit gehörte.

Bisher ist deutlich geworden, daß die zentrale Fragestellung aus SuZ sich auch in
der nachfolgenden Gedankenentwicklung Heideggers fortsetzt. Dies gilt auch über
die Veränderung seines Denkens hinweg, für die Heidegger selbst den Ausdruck der
»Kehre« einführte. Vor allem sollte einsichtig werden, daß »Kehre« nicht als »Abkehr« verstanden werden darf. Aber auch wenn »Kehre« als »Rückkehr« in die Herkunft der Dimension verstanden werden muß, aus der her die Frage von SuZ ihren
Sinn gewinnt, so kann dies den Sinn einer »Umkehr« doch nur dann annehmen, wenn
der zentrale Gedankengang von SuZ im Sinne einer Transformation der Subjektphilosophie aufgefaßt wird - also dann, wenn aus Heideggers an manchen Stellen
mißverständlicher Ausdrucksweise aus der Perspektive einer transzendentalphilosophischen Frage nach der apriorischen Bestimmtheit des weltlichen Seienden eine
Tendenz zur Ausarbeitung von erfahrungsvorgängigen Eigenschaften des bestimmten Seienden entnommen wird. Aus den Erörterungen der vorangegangenen
Kapitel sollte deutlich geworden sein, daß dies nicht dem zentralen Gedankengang
von SuZ entspricht.

[96] Der Ursprung des Kunstwerkes (1935/36), in: Holzwege, GA 5, S. 42; in einer Anmerkung zu
einem Exemplar von 1960 hatte Heidegger zu "Urstreit" hinzugefügt: "Ereignis".
[97] Der Spruch des Anaximander (1946), in: Holzwege, GA 5, S. 337
[98] Der Spruch des Anaximander (1946), in: Holzwege, GA 5, S. 337

Das Denken der »Kehre« ist demnach in Bezug auf die zentrale Fragestellung, die Heidegger in seiner Philosophie verfolgt, auch dann nicht sehr weit von dem gedanklichen Ansatz von SuZ entfernt, wenn Heidegger statt vom Sinn von Sein von der Erschlossenheit des Seins als solcher unter Titeln wie Offenheit, Wahrheit und Freiheit spricht. Daß der Sinn und damit die Verständlichkeit von Sein, die die im Sinne des weltlichen Seienden bestimmungslose Differenz eines Begegnens von Seiendem als Seiendes ermöglicht, keine subjektive Leistung des Daseins als eines Seienden innerhalb der Welt darstellen kann, dies war aus der Gedankenentwicklung von SuZ bereits sehr deutlich zu entnehmen. Das Denken der »Kehre« wendet sich jedoch insofern von SuZ ab, als es die in die Erschlossenheit des Seins eingeschlossene Verbergung nun als konstitutives Element der Offenheit des Seins selbst zu denken beginnt. Diese Veränderung des Gedankens läßt sich im Terminus »Unverborgenheit«, der ursprünglich nur die Übersetzung von Aletheia sein sollte, gut zum Ausdruck bringen. Die Erschlossenheit des Seins ist nun in sich selbst durch eine Verborgenheit bestimmt, gegen die sie sich absetzen muß, um selbst die Unverborgenheit sein zu können.

Darüber hinaus aber ist es die Geschichtlichkeit der Unverborgenheit, die nun zum bestimmenden Element von Heideggers Denken wird. Damit wird nicht die Fragestellung als solche verändert, aber die Suche nach einer Antwort muß eine andere Gestalt annehmen. Die Zeitlichkeit kann nun nicht mehr als Sinn von Sein angegeben werden, weil der Sinn von Sein selbst in seiner eigenen Geschichtlichkeit untersucht werden soll. In seiner späteren Philosophie wird Heideggers Denken in erster Linie damit beschäftigt sein, nach Phänomenen zu suchen, aus denen die Ankunft von geschichtlichen Formen der Unverborgenheit des Seins verständlich werden kann. Mit diesen Phänomenen wird insofern nach der fundamentalen Konzeption von Heideggers Philosophie diejenige Untersuchung fortgesetzt, die in SuZ mit dem Seinssinn der Zeitlichkeit bereits zu einem Ergebnis gekommen schien. Wir haben weiter oben schon darauf hingewiesen, daß dieses Fortdenken letztlich in der unbefriedigenden Situation begründet ist, mit Zeitlichkeit nur einen weltlich bestimmten Sinn für das weltlich unbestimmte Verständnis von Sein in seinem »Da« finden zu können.

7.2 Ereignis und Differenz

Mit der Transformation der Konzeption des Sinnes von Sein in die Frage nach der Offenheit, der Wahrheit und der Freiheit des Seins ist die Fortführung der Fragestellung von SuZ in Heideggers späterer Philosophie jedoch noch nicht zu Ende. Heidegger fand nach der »Kehre« zu verschiedenen Denkversuchen, die jene Differenz, die in SuZ als Begegnen von Seiendem als Seiendes aus einem Verständnis von Sein verständlich werden sollte, so zu erörtern versuchten, daß zum einen die in der »Kehre« entwickelten neuen Elemente angemessen aufgenommen und zum Ausdruck gebracht werden konnten; dies betrifft insbesondere die der Unverborgenheit inhärente Verborgenheit des Seins und seine immanente Geschichtlichkeit. Er hat in den neuen Denkversuchen die zentrale Fragestellung zum anderen so zu erörtern versucht, daß neue Phänomene gedacht werden konnten, mit denen die Struktur der Differenz in ihrer geschichtlichen Ankunft besser verständlich werden sollte. Bevor wir uns in Kap. 7.3 dem Versuch zuwenden, solche Phänomene ausfindig zu machen, muß deshalb nach einigen Hinsichten versucht werden, die Richtung der Fortführung der Frage nach dem Sinn von Sein unter den veränderten Bedingungen des Denkens nach der »Kehre« anzugeben.

Die Verborgenheit in der Unverborgenheit des Seins wird in ihrer geschichtlichen Gestalt einer Seinsvergessenheit von Heidegger unter dem Titel »Metaphysik« untersucht, worunter grundsätzlich alles Denken zu verstehen ist, das nach dem Seienden als solchen und deshalb nach dem Sein des Seienden frägt, um in der Antwort auf das Seiende zurückzukommen. Die äußerste Vollendung der Metaphysik führt in dem menschlichen Selbstverständnis, das durch die Technik als Weise der Entbergung geprägt ist, einerseits zur vollendeten Seinsvergessenheit, andererseits aber zu einem Ausblick in eine mögliche Erfahrung des Seins als Unverborgenheit. Das Wesen der Technik bezeichnet Heidegger als das "Ge-stell" und meint damit, daß mit dem entsprechenden Selbstverständnis des Daseins das Seiende »hingestellt« ist, indem es »gestellt« wird, wie der Jäger seine Beute stellt.[99] Das Seiende wird darin schon als bestimmtes abstrakt aufgefaßt, indem es von allen Bezügen abgeschnitten wird, die es im lebensweltlichen Zusammenhang bestimmen, also in der Terminologie von SuZ: von allen Um-zu-Bezügen, durch die es Bedeutsamkeit und damit sprachlichen Sinn erhält.

Dem widerspricht nicht, daß der technische Gegenstand andererseits gerade in seinen Funktionen aufgeht und insofern auch einen Bezug zur Konzeption des »Zeug« und des Zuhandenen als des primär Erfahrenen aus SuZ aufweist. Er entspricht nämlich andererseits dem auch in SuZ thematischen bloß vorhandenen, objektiven Seienden, das aus seinen Bezügen herausgelöst erscheint und deshalb als die Abstraktion eines Objektes erscheint. Der technische Gegenstand unterscheidet sich davon jedoch dadurch, daß er nicht erst aus einer Zuhandenheit herausgenommen wird, um dann als Abstraktion zum Thema zu werden, sondern von vornherein als solche Abstraktion das wird, was er ist. Er ist nur »vorhanden«, ohne je »zuhanden« gewesen zu sein. Insofern enthält er die lebensweltlichen Bezüge auch nicht mehr privativ; er ist nicht ein von seinen Bezügen abgeschnittenes »Zeug«, sondern ist ein »Zeug« und ein »Zuhandenes«, das unmittelbar vorhandenes Objekt ist. Für das Selbstverständnis des Daseins bedeutet das, daß es sich in der Welt des Seienden, mit dem es umgeht, nicht mehr in solchen Verweisungs- und Bedeutsamkeitsbezügen findet, die über ihr Wozu letztlich auf das Dasein selbst als auf ihr Dazu und Worumwillen verweisen. Es geht vielmehr in seinen lebensweltlichen Vollzügen nur noch mit Seiendem um, das von vornherein vorhandenes Objekt ist. Deshalb bleibt ihm in der technischen Welt nur die Möglichkeit, sich selbst in der »Rückstrahlung« von dem Seienden, mit dem es umgeht, als vorhandenes Objekt zu verstehen.

Wir könnten von SuZ her die Bedeutung der Technik als »Ge-stell« für das Selbstverständnis des Daseins also daraus zu verstehen suchen, daß mit der technischen Welt - anders als in der Welt des zuhandenen »Zeugs« - die Möglichkeit eines Selbst-

---

[99] Die Frage nach der Technik (1953), in: Vorträge und Aufsätze, GA 7, S. 20ff

verständnisses aus Verweisungs- und Bedeutsamkeitsstrukturen des Seienden verwehrt ist. In SuZ waren diese Strukturen aber fundamental für die zentrale Daseinsstruktur des In-der-Welt-seins, aus dem der Seinssinn des Daseins als Sorge und weiter schließlich der Seinssinn der Zeitlichkeit entwickelt wurde. Unter dieser Perspektive verwehrt die technische Welt dem Dasein, sich als In-der-Welt-sein zu verstehen, und gestattet ihm nur ein Selbstverständnis als Seiendes in der Welt. Offenbar kann unter dieser Perspektive die Parallele zwischen der Herrschaft der technischen Welt und dem Verfallen des Daseins an das begegnende Seiende gezogen werden. In beiden Fällen versteht das Dasein sich nicht als Stätte, an dem das Sein sich öffnet, um das Begegnen von Seiendem als Seiendes freizugeben, d.h. nicht als »Da« des Seins, sondern als bestimmtes Seiendes in der bereits eröffneten Welt, und »vergißt« so die Eröffnung dieser Welt selbst. Deshalb ist die technische Welt für Heidegger das Paradigma für das Wesen der Metaphysik, die von Sein nur spricht, indem sie es in Analogie zu einem bestimmten Seienden auffaßt.

Die Herrschaft der Technik verbirgt also "das Entbergen als solches und mit ihm Jenes, worin sich Unverborgenheit, d.h. Wahrheit ereignet".[100] Das »Ge-stell« als Entbergungsweise der Technik birgt in sich die Gefahr der absoluten Seinsvergessenheit. Aber sie birgt in sich ebenso die Möglichkeit der Rückkehr aus dieser Vergessenheit, weil gerade die Frage nach dem Wesen der Technik uns näherbringen kann, "daß und wie der Mensch dem Sein vereignet, das Sein aber dem Menschenwesen zugeeignet ist".[101] Obwohl die Technologie als die "Metaphysik des Atomzeitalters" bezeichnet wird,[102] so soll doch der Schritt zurück aus der Metaphysik in das Wesen der Metaphysik durch das Bedenken des Wesens der Technik gewonnen werden können. Dieser Zusammenhang läßt sich letztlich nur aus dem Verhältnis von Nähe und Ferne zwischen Kunstwerk und Technik verstehen. Dies wird weiter unten noch deutlicher werden, wenn die Fortsetzung der Frage nach dem Sinn von Sein aus SuZ in der Untersuchung des Phänomens des Kunstwerks als Weise der Einrichtung der Offenheit des Seins in die Unverborgenheit behandelt wird (Kap. 7.3). Wir können uns hier auf die obigen Bemerkungen beschränken. Die Technik ist in ihrer philosophischen Bedeutung für Heidegger also durchaus ambivalent. Das »Ge-stell« wird demnach nicht als ein Letztes angesehen, in dem die Welt in der vollendeten Metaphysik untergeht, sondern gerade sie soll uns jenes »zuspielen« können, "was die Konstellation von Sein und Mensch eigentlich durchwaltet".[103]

Die Aufgabe des Denkens besteht also nun darin, einen Weg in das »Wesen« der Metaphysik zu finden und mit dieser Aufklärung in einem gewissen Sinne zugleich über die Metaphysik und ihre Seinsvergessenheit hinaus zu gelangen. Diesen Weg bezeichnet Heidegger als Weg in das »Ereignis«. Gerade das »Ge-stell« als Wesen der Technik soll deshalb das "Vorspiel des Ereignisses" sein,[104] indem das »Ge-stell« vor der Verwandlung des Seins ins Ereignis steht.[105] Die Doppelgestalt der technischen

[100] Die Frage nach der Technik (1953), in: Vorträge und Aufsätze, GA 7, S. 28
[101] Identität und Differenz (1957), Pfullingen 1957, S. 28
[102] Identität und Differenz (1957), Pfullingen 1957, S. 48
[103] Identität und Differenz (1957), Pfullingen 1957, S. 28
[104] Identität und Differenz (1957), Pfullingen 1957, S. 29
[105] Zeit und Sein (1962), in: Zur Sache des Denkens, Tübingen 1969, S. 57

Entbergung besteht demnach darin, daß in ihr einerseits die äußerste Ausprägung des metaphysischen Denkens des Seins zu finden ist, daß sie andererseits aber die Vorform des "Ereignisses" darstellt.[106] Dieser Weg zum "Ereignis" ist in Heideggers späterer Philosophie nun der Weg aus der Seinsvergessenheit als "Weg von der Offenbarkeit des Seienden hin zu der im offenbaren Seienden verborgen bleibenden Offenbarkeit als solcher".[107] Das "Ereignis" ist so das "Ereignis der Wahrheit",[108] d.h. der Offenbarkeit als solcher. Was sich "ereignet", ist gerade, "daß Seiendes ist".[109] Unter dem Titel "Ereignis" versucht Heidegger demnach grundsätzlich weiterhin, jenes Verhältnis als solches zu bedenken, in dem der Mensch als »Da« des Seins das Seiende als Seiendes begegnen lassen kann. Im Vergleich zu SuZ kommt die Frage aber nun aus einer anderen Richtung. In SuZ stand die Frage in erster Linie nach demjenigen Verständnis, in dem der Horizont bestimmt wird, von dem her Seiendes als solches begegnen kann. Dieses Verständnis muß nicht als eine subjektive Leistung aufgefaßt werden, und in der vorangegangenen Darstellung des Denkweges von SuZ wurde die Analytik des Daseins ohne Rekurs auf subjektivistische Konnotationen interpretiert. Nichtsdestoweniger ging es in SuZ doch darum, die Struktur für eine sehr spezielle Verstehensleistung auszuarbeiten. Das Denken des »Ereignisses« dagegen will grundsätzlich darauf verzichten, eine solche Struktur anzugeben. Es reagiert damit auf die Schwierigkeiten, die sich aus dem Versuch ergeben müssen, den Horizont des Begegnens von Seiendem bloß als Seiendes durch eine Bestimmtheit angeben zu wollen, die aufgrund ihrer Bestimmtheit in sich den Bezug zu bestimmtem Seienden und nicht zum Horizont des Verstehens von Seiendem als Seiendes enthält. Unter dem Titel "Ereignis" dagegen soll das "Eignen", "worin Mensch und Sein einander ge-eignet sind",[110] als solches gedacht werden. Dieses »Eignen« soll demnach ein »Verhältnis« bezeichnen, das ohne Bestimmtheit stattfindet, und in dem sich der »Mensch« auch nicht im Sinne eines bestimmten Verstehens »verhält«.

Allerdings sollte daraus auch nicht das Mißverständnis entstehen, daß sich darin »das Sein« im Sinne eines Akteurs zwar menschlicher, aber doch grundsätzlich subjektiver Leistungen »verhalten« würde. Es geht im Denken jenes »Ver-eignens« vielmehr gerade darum, ein Verhältnis ohne sich Verhaltende zu denken. Mit dem Denken des »Ereignisses« wird so der Versuch unternommen, ein Verhältnis zu denken, das insofern ursprünglich ist, als die sich Verhaltenden erst in seinem Geschehen als solche entstehen, indem es sie aus sich entläßt. Darin bleibt aber der Bezug zur Frage nach dem Sinn des Horizontes, aus dem Seiendes als solches begegnen kann, erhalten. In SuZ war gerade deshalb vom Dasein und nicht vom Menschen die Rede, weil damit nicht ein bestimmtes in der Welt existierendes Seiendes bezeichnet werden sollte, sondern der »Ort« des »Da« des Seins, der nur als solcher »ek-sistiert«, indem in ihm das Sein »da« ist. Auch in SuZ ging es also darum, den schwierigen

---

[106] Zeit und Sein (1962), in: Zur Sache des Denkens, Tübingen 1969, S. 57

[107] Zeit und Sein (1962), in: Zur Sache des Denkens, Tübingen 1969, S. 32

[108] Die Frage nach der Technik (1953), in: Vorträge und Aufsätze, GA 7, S. 33

[109] Nachwort zu ‚Was ist Metaphysik?‘ (1943), in: Wegmarken, GA 9, S. 310

[110] Identität und Differenz (1957), Pfullingen 1957, S. 28

Gedanken zu denken, daß das Begegnen von Seiendem als Seiendes nicht im Ausgang von einem bestehenden Verhältnis verstanden werden kann, sondern nur in einem mit der Eröffnung eines Verhältnisses, das strukturidentisch mit jenem Begegnen sein muß. Es ist eben dieser Gedanke, den Heidegger unter dem Titel des »Ereignisses« fortzuführen unternimmt, indem er ihn radikaler von jeder Bestimmtheit des Seienden zu unterscheiden versucht, als dies in SuZ mit der Frage nach dem Sinn von Sein und mit der Antwort in der Zeitlichkeit als Verstehenshorizont des Begegnens von Seiendem als Seiendes gelungen war.

Es ist unter der Perspektive dieser Problemlage zu interpretieren, wenn Heidegger unter "Ereignis" zunächst den "Bezug" des Seins zum Menschenwesen versteht, aus dem die Zusammengehörigkeit des Seins mit dem Denken eingesehen werden kann, weil sie darin in einem ursprünglichen Sinne geschieht.[111] Es liegt also durchaus in der Fluchtlinie des Denkens von SuZ, wenn das »Ereignis« als das Sein in seiner »Wahrheit« bezeichnet wird, und "das Sein die Wahrheit seiner selbst ereignet und dieses das Ereignis ist, worin das Sein west".[112] Aber im Unterschied zur Frage nach dem Sinn soll mit dem "Ereignis" nach dem gefragt werden können, das das "Es gibt" im "Es gibt Sein" gewährt. Dieses »Gewähren« enthält die Bedeutung der ursprünglichen Wahrheit, die nun als Ereignis gedacht wird. Insofern nach dem »Gewähren« eines »Es gibt« gefragt wird, ist darin aber keine Aktivität eines Akteurs mit Namen »Sein« oder »Mensch« oder auch »Ereignis« zu sehen. Der Ausdruck »Ereignis« soll eben dies betonen: das »Verhältnis«, in dem die Differenz geschieht, in der das Sein »da« sein kann, indem Seiendes als Seiendes begegnet, kann nicht als Aktivität gedacht werden, da mit jeder wie auch immer bestimmten Aktivität eine Bestimmtheit eingeführt werden müßte, mit der nicht nach dem Begegnen von Seiendem als Seiendes, sondern nach dem Erfahren von bestimmtem Seienden gefragt würde. Damit wäre die genuine Fragestellung Heideggers in eine prinzipiell transzendentalphilosophische transformiert. Insofern könnte man den Ausdruck »Ereignis« auch verstehen als einen der Versuche, die Heidegger während seines Denkweges unternommen hat, um genau diese Transformation zu verhindern.

Deshalb ist es wichtig, die grammatikalisch aktivischen Formulierungen nicht im Sinne der Zuschreibung von Handlungen zu einem Akteur mißzuverstehen. Wenn das »Ereignis« "das Freie der Lichtung, in die Anwesendes anwähren, aus der Abwesendes entgehen und im Entzug sein Währen behalten kann",[113] »ergibt«, so darin nicht ein Geben durch einen Handelnden mit Namen »Ereignis« gemeint. Darauf weist im übrigen auch die im »Ereignis« stattfindende Verborgenheit in der Unverborgenheit hin. Auch der Entzug des Seins in der Seinsvergessenheit soll »Ereignis« sein. Gerade in diesem Entzug wird der Bezug des Seins zum Menschen bewahrt und damit die Differenz eröffnet, in der Seiendes als Seiendes begegnen kann. Aus dieser Differenz ist zu verstehen, daß und wie der Mensch als »Ort« des »Da« des Seins ek-sistieren kann, denn "zeigend in den Entzug, ist der Mensch allererst

---

[111] Identität und Differenz (1957), Pfullingen 1957, S. 31
[112] Nietzsche. Zweiter Band, GA 6.2, S. 443
[113] Der Weg zur Sprache (1959), in: Unterwegs zur Sprache, GA 12, S. 247

Mensch".[114] Im Anschluß an SuZ könnten wir dies damit verstehen, daß der Mensch als »Da« des »Seins« aufgefaßt werden kann, wenn und indem er bestimmend in das Unbestimmte weist, aus dessen ihm unverfügbaren Horizont her er bestimmt. Und wiederum im Anschluß an SuZ und das dort erwähnte »Lichten« ist es zu verstehen, daß im »Ereignis« das Lichten der Lichtung als solches gedacht werden soll[115] als die "Ereignung" der "Wahrheit" als solche.[116] In einer komprimierten Formulierung bringt Heidegger dies so zum Ausdruck: "Der Bezug des Seins zum Menschenwesen, insgleichen damit einig der Bezug selbst, ist als die Wahrheit des Seins und als das Dasein des Menschen, Sein und Mensch in ihrer Bezogenheit überholend, weil zuvor in die Wahrheit als die Bergung der Verborgenheit und deren Wesung übereignend, das Ereignis."[117]

In SuZ wurde in der Frage nach dem Seienden als solchem nach dem Sinn von Sein gefragt, der als Verständnishorizont das Seiende als solches zugänglich macht. Die Frage stand nach dem, was das Seiende zu einem solchen macht (6), d.h. nach dem, was Sein »sein läßt«. Nach Heideggers späterem Verständnis des zeitlichen Sinnes des metaphysischen Seinsverständnisses als »Anwesen« kann dann von »Anwesenlassen«[118] die Rede sein. Unter dem Titel »Ereignis« soll nun über den zeitlichen Sinn des Verständnisses von Sein und über den zeitlichen Sinn des Seinsverständnisses der Metaphysik hinaus das »Seinlassen« eigens gedacht werden. Das »Seinlassen« eigens bedenken, heißt es nicht als das Seinlassen des bestimmten Seienden aufzufassen.[119] Das nun in die Frage gestellte »Seinlassen« ist das »Entbergen« selbst und als solches, das nicht aus dem »Entborgenen« verstanden werden kann. Die Frage nach dem »Ereignis« ist die Frage auch dem "Geben", das im Entbergen des Seienden als eines solchen das Sein "gibt".[120] Wenn damit das gedacht werden soll, was das Seinlassen von Seiendem als Seiendes ermöglicht, so geht es darin um den Charakter des »Lassens« im Sein und nicht um die Bestimmung des Seins nach seinem Sinn.[121] Das "Es gibt" des Ereignisses ist nur im Entbergen und nicht jenseits davon in einem bestimmten und isolierbaren Sinn zu finden: "Sein gibt Es als das Entbergen von Anwesen".[122] Deshalb soll nun das Sein aus dem »Ereignis« verstanden werden als eine "Gabe", die sich selbst gibt.

Damit fügt sich die Konzeption des »Er-eignisses« in die Gedankenentwicklung ein, die Heidegger in SuZ mit der Frage nach der Erschlossenheit des Seins begann und die wir eingangs bereits grundsätzlich als die Frage nach der Differenz als solcher bezeichnet hatten, nach jener Differenz also, in der Fragen nach Bewußtsein und Selbstbewußtsein unter der Perspektive der Erschlossenheit sinnvoll gestellt werden können, und die Heidegger am Anfang seines Denkweges und diesen Weg konturie-

---

[114] Was heißt Denken? (1952), in: Vorträge und Aufsätze, GA 7, S. 135
[115] Aus einem Gespräch von der Sprache (1953/54), in: Unterwegs zur Sprache, GA 12, S. 127
[116] Nietzsche. Zweiter Band, GA 6.2, S. 441
[117] Heraklit (1944), GA 55, S. 382
[118] Zeit und Sein (1962), in: Zur Sache des Denkens, Tübingen 1969, S. 5
[119] Zeit und Sein (1962), in: Zur Sache des Denkens, Tübingen 1969, S. 5, S. 40
[120] Zeit und Sein (1962), in: Zur Sache des Denkens, Tübingen 1969, S. 5
[121] Zeit und Sein (1962), in: Zur Sache des Denkens, Tübingen 1969, S. 40
[122] Zeit und Sein (1962), in: Zur Sache des Denkens, Tübingen 1969, S. 6

rend als Frage nach dem Horizont des Begegnens von Seiendem als Seiendes formuliert hatte. Das »Ereignis« ist ein Geschehen und "er-gibt das Freie der Lichtung, in die Anwesendes anwähren, aus der Abwesendes entgehen und im Entzug sein Währen behalten kann".[123] Im Ereignis geschieht nichts anderes als es selbst, so daß es letztlich nur in einem identischen Satz ausgedrückt werden kann: das Ereignis "ereignet".[124] Dieses Geschehen soll aber geeignet sein, das Denken fortzuführen, das bereits in SuZ begonnen wurde. Über die Konzeption der Lichtung hinaus gilt dies auch für die Aletheia. Die Lichtung ist das "reine Ereignen",[125] und mit dem Namen »Ereignis« soll das gesagt werden, "das sich in dem Namen a-letheia verbirgt".[126]

Der Ursprung des Problems der ontologischen Differenz war der Zusammenhang zwischen der Entdecktheit von Seiendem und der Erschlossenheit seines Seins,[127] in dem Sein Seiendes zu einem solchen machen kann. Die Konzeption der ontologischen Differenz meint also nicht nur den Unterschied von Sein und Seiendem, sondern sie enthält auch eine aktivische Bedeutung. Bereits in »Vom Wesen des Grundes« war dies deutlich, als Heidegger diesen Unterschied so verstanden wissen wollte, daß aufgrund der ontologischen Differenz die Unverborgenheit von Seiendem und die Unverborgenheit des Seins zusammengehören,[128] wodurch erst der Zugang zu Seiendem als Seiendes möglich wird. Noch später hieß es, die Unterscheidung von Sein und Seiendem soll den Bezug zum Sein und das Verhalten zum Seienden tragen.[129] Dieser Zusammenhang wird für Heidegger dann die eigentliche Sache des Denkens. Dessen Aufgabe ist es, "das Sein hinsichtlich seiner Differenz zum Seienden" zu bedenken und damit "die Differenz als Differenz".[130]

Unter der Perspektive auf Heideggers Denkweg nach der »Kehre« impliziert die Konzeption der ontologischen Differenz darüber hinaus auch die Unterscheidung zwischen dem metaphysischen Verständnis von Sein und dem nun als Aufgabe des Denkens bezeichneten "Seyn". Ersteres ist das, "was das Seiende bestimmt, sofern es Seiendes ist".[131] Den Ausdruck "Seyn" dagegen führt Heidegger nun ein, um den waltenden "Unterschied von Sein und Seiendem"[132] als "Gefüge und Fügung" von Sein und Seiendem zu bezeichnen.[133] Das "Ereignis" ist deshalb gerade jenes Geschehen, in dem dieses "Seyn" als "Seyn" und nicht als »Sein« erfahren werden kann.[134] Nichtsdestoweniger ist die Differenz zwischen Sein und Seiendem auch

[123] Der Weg zur Sprache (1959), in: Unterwegs zur Sprache, GA 12, S. 247
[124] Zeit und Sein (1962), in: Zur Sache des Denkens, Tübingen 1969, S. 24
[125] Aletheia (Heraklit, Fragment 16) (1954), in: Vorträge und Aufsätze, GA 7, S. 288
[126] Zeit und Sein (1962), in: Zur Sache des Denkens, Tübingen 1969, S. 25
[127] Die Grundprobleme der Phänomenologie (1927), GA 24, S. 102
[128] Vom Wesen des Grundes (1929), in: Wegmarken, GA 9, S. 134
[129] Nietzsche. Zweiter Band, GA 6.2, S. 184
[130] Identität und Differenz (1957), Pfullingen 1957, S. 43
[131] Seminar in Le Thor 1969, in: Seminare, GA 15, S. 326. Diese Stelle ist insofern aufschlußreich, als Heidegger unmittelbar zuvor auf die Kontinuität zu SuZ hingewiesen und das "anhaltende Nicht-verstandenwerden" von SuZ beklagt hatte: den Weg der Seinsfrage ist "die Frage nach dem Sein, so wie sie sich von ‚Sein und Zeit' bis heute entfaltet".
[132] Vom Wesen der Wahrheit, Anmerkung von 1949, in: Wegmarken, GA 9, S. 201
[133] Schelling. Vom Wesen der menschlichen Freiheit (1936), GA 42, S. 86
[134] Auszug aus Heideggers Seminar-Notizen 1941-43, veröffentlicht im Anhang von: Schellings Abhandlung Über das Wesen der menschlichen Freiheit, Tübingen 1971, S. 231

schon das Thema der Metaphysik, aber sie erscheint darin vom Seienden zum Sein hin verstanden als die Transzendenz und als das Meta-Physische, weshalb die Transzendenz "die innere Form der Metaphysik" darstellt.[135] Also ist die ontologische Differenz zwar der Grund aller Metaphysik,[136] aber deren Wesen besteht gerade im Ungedachtbleiben dieser Differenz als solcher. In der Metaphysik kommt die ontologische Differenz nur unerkannt im Denken des Seins als Seiendheit und als Apriori zu Tage.[137]

Das Denken des »Ereignisses« als Rückkehr aus der Seinsverlassenheit der Metaphysik und als "Einsprung in die Wahrheit des Seyns" erfordert deshalb eine Philosophie, in der "die Unterscheidung von Sein und Seiendem als solche erkannt, erfragt und zurückgenommen werden" kann, indem sie als solche verstanden wird.[138] Demnach ist das zu Denkende gerade die Vergessenheit der Differenz.[139] Wenn das Verstehen von Sein aber »gewährt« wird aus dem Unterschied von Sein und Seiendem, so bewahrt das Problem der ontologischen Differenz auch die Frage nach dem veritativen Charakter von Sein. Das Bedenken der Differenz als solcher frägt nach dem Sein als Sein "hinsichtlich des ihm eigenen Sinnes, d.h. seiner Wahrheit (Lichtung)".[140] Damit kehrt der Gedanke der ontologischen Differenz »gekehrt« auch wieder zur Offenbarkeit von Seiendem als Seiendes zurück. Die Unterscheidung von Sein und Seiendem "ermöglicht" das "Benennen und Erfahren und Begreifen des Seienden als eines solchen".[141]

Um den aktivischen Sinn zu bezeichnen, den die Konzeption der ontologischen Differenz nun innerhalb des Denken des »Ereignisses« annimmt, nennt Heidegger sie in ihrem »waltenden« Charakter nun auch »Zwiefalt« und »Unter-Schied«. Die »Zwiefalt« "entfaltet" die "Lichtung", "innerhalb derer Anwesendes als solches und Anwesen für den Menschen unterscheidbar werden".[142] Als Aletheia "gewährt" die Zwiefalt dem Sein das "Licht", in dem Seiendes erscheinen kann.[143] Die Aletheia "waltet" als Entbergung in der Entfaltung der Zwiefalt,[144] und das Anwesen von Anwesendem "beruht" in der Zwiefalt.[145] »Sein selbst« soll nun heißen "Anwesen des Anwesenden, d.h. die Zwiefalt beider aus ihrer Einfalt".[146] Sein und Seiendes "wesen" aus dem "Unter-Schied", d.h. der Zwiefalt.[147] Wenn Sein nunmehr der Ausdruck für die "entbergende Überkommnis" ist, durch die Seiendes "ankommt" in seiner Unverborgenheit, so ist der "Unter-Schied" in diesem Sinne aktivisch zu verstehen: er "vergibt erst und hält auseinander das Zwischen, worin Überkommnis und

---

[135] Zur Seinsfrage (1955), in: Wegmarken, GA 9, S. 397
[136] Nietzsche. Zweiter Band, GA 6.2, S. 186
[137] Nietzsche. Zweiter Band, GA 6.2, S. 189
[138] Die Metaphysik des deutschen Idealismus (1941), GA 49, S. 189/190
[139] Identität und Differenz (1957), Pfullingen 1957, S. 47
[140] Aus einem Gespräch von der Sprache (1953/54), in: Unterwegs zur Sprache, GA 12, S. 104
[141] Nietzsche. Zweiter Band, GA 6.2, S. 185
[142] Aus einem Gespräch von der Sprache (1953/54), in: Unterwegs zur Sprache, GA 12, S. 119
[143] Moira (Parmenides VIII, 34-41) (1952), in: Vorträge und Aufsätze, GA 7, S. 255
[144] Moira (Parmenides VIII, 34-41) (1952), in: Vorträge und Aufsätze, GA 7, S. 252
[145] Moira (Parmenides VIII, 34-41) (1952), in: Vorträge und Aufsätze, GA 7, S. 255
[146] Aus einem Gespräch von der Sprache (1953/54), in: Unterwegs zur Sprache, GA 12, S. 116
[147] Identität und Differenz (1957), Pfullingen 1957, S. 62

Ankunft zueinander gehalten, auseinander-zueinander getragen sind".[148] Die ontologische Differenz wird dementsprechend nun als der "entbergend-bergende Aus-
trag" von Sein und Seiendem bezeichnet, in dem die Lichtung "waltet".[149]
Wenn die Vergessenheit des Seins das »Ereignis« der Metaphysik darstellt, so ist
damit das Geschehen bezeichnet, in dem sich die Lichtung so vollzieht, daß sie mit
den zentralen Gedanken der Metaphysik, die das Sein vom Seienden her versteht,
verstanden werden kann. Mit der Konzeption der Seinsvergessenheit und der Verborgenheit in aller Unverborgenheit wird jedoch nun zum Ausdruck gebracht, daß
dieses abendländische wirksam gewordene Geschehen der Lichtung aus sich selbst
heraus auf die Möglichkeit verweist, das darin Ungedachte zu denken und damit in
der Rückkehr aus der Metaphysik und der Seinsvergessenheit ein neues »Ereignis«
der Lichtung geschehen zu lassen. Ein solches Geschehen wird aber nicht aus der
Handlung einer aus subjektiver Selbstermächtigung sich vollziehenden Überwindung
der Metaphysik entstehen können. Wenn die Metaphysik die abendländische Gestalt
des »Ereignisses« ist, dann kann sie nur aus sich selbst heraus »verwunden« werden.
Der Anfang damit ist offenbar schon gemacht, indem sie als eine mögliche, aber
nicht notwendige Gestalt des Sich-Ereignens der Differenz als Unter-Schied und
Zwiefalt begriffen wird. Das Sein als solches, die ontologische Differenz als solche,
das Walten des Unterschiedes von Sein und Seiendem als solcher, die »Überkommnis« des Seins, in der das Seiende »ankommt«, als solche, alle diese verschiedenen
Formulierungen der Frage nach dem Begegnen von Seiendem als Seiendes nach der
»Kehre« zielen deshalb letztlich auf ein Bedenken der Metaphysik und ihrer geschicklich-geschichtlichen Herkunft aus einem ursprünglichen »Ereignen«.
In Bezug auf den Ursprung der zentralen Fragestellung Heideggers in der Frage
nach dem Sinn von Sein stellt sich dieses Bedenken der Metaphysik als geschichtli-
ches Geschehen der Lichtung nun als eine kritische Revision der in SuZ gefundenen
Antwort dar. Als das Dasein als das »Da« des Seins auf den Verständnishorizont des
Begegnenlassens von Seiendem als Seiendes untersucht wurde, war daraus der Sinn
von Sein als Zeitlichkeit entwickelt worden. Mit der Konzeption der ontologischen
Differenz als solcher soll nun nach dem Sein als solchem und damit nach der Wahrheit des Seins gefragt werden können. In dieser Frage sieht Heidegger aber die Frage
nach dem Sinn von Sein bewahrt.[150] Wenn wir wiederum berücksichtigen, daß Heidegger sein Denken nach SuZ nicht darüber hinaus gekommen sah, sondern eher in
die »Sache« von SuZ hinein,[151] und wenn darüber hinaus das spätere Denken der
Aletheia das "und" in "Sein und Zeit" bedenken soll,[152] insofern das Ereignis Sein
und Zeit "in ihr Eigenes, d.h. in ihr Zusammengehören" bestimmt,[153] so stellt sich der
Status der Antwort auf die Frage nach dem Sinn von Sein aus SuZ nun so dar. Mit

---

[148] Identität und Differenz (1957), Pfullingen 1957, S. 62/63
[149] Identität und Differenz (1957), Pfullingen 1957, S. 63
[150] Seminar in Le Thor 1969, in: Seminare, GA 15, S. 335, 344/345
[151] "Über ‚Sein und Zeit' ist das Denken, das in der so betitelten Abhandlung einige Schritte versucht,
auch heute nicht hinausgekommen. Vielleicht ist es aber inzwischen um einiges eher in seine Sache
hineingekommen." (Brief über den Humanismus (1946), in: Wegmarken, GA 9, S. 343)
[152] Zeit und Sein (1962), in: Zur Sache des Denkens, Tübingen 1969, S. 47
[153] Zeit und Sein (1962), in: Zur Sache des Denkens, Tübingen 1969, S. 20

dem Walten des Unterschiedes von Sein und Seiendem wird nach der »Über-kommnis« gefragt, in der Sein auf zeitliche Weise »seingelassen« wird, nach dem »Ereignis« also, in dem Sein als Zeitlichkeit Seiendes »überkommt« und so »ankommen« läßt in einer Struktur des Begegnens von Seiendem als Seiendes im Dasein.

Heidegger hat den Gedanken nie aufgegeben, daß das Seiende als Seiendes in zeitlicher Struktur in einem Verstehenshorizont von Sein begegnet. Wir können hier davon absehen, daß sich dieser Gedanke in dem Denken nach der »Kehre« in Interpretationen der frühen Schriften der abendländischen Philosophie zu der Konzeption eines nicht notwendigen Anfangens der Unverborgenheit unter dem Vorzeichen des Gegenwärtigens und der Anwesenheit und damit des Vorranges des bestimmten Seienden entwickelt hat. Das zeithafte Sein wird nun "Anwesen" genannt und erscheint als das Sein des Abendlandes.[154] Wichtiger ist die Transformation dieses Gedankens von dem Status der intendierten Angabe einer Struktur des Verständnishorizontes von Sein in den Status einer Nachforschung in die geschichtlichen Anfänge des abendländischen Verständnisses von Sein und des Begegnens von Seiendem als Seiendes. Mit dem Ausdruck "Geschick des Seins" wollte Heidegger zunächst darauf hinweisen, daß das Sein zu denken ist "als sich-zusagendes, lichtendes Einräumen des Zeit-Spiel-Raumes für das je so oder so Erscheinende, das Seiende."[155] Darüber hinaus wird unter "Geschick" ein »Geben« verstanden, "das nur seine Gabe gibt, sich selbst dabei jedoch zurückhält und entzieht".[156] Offensichtlich wird damit das "Es gibt" des Seins selbst »geschicklich« charakterisiert. Sein und Seinsverstehen »gibt es« demnach nur in geschichtlichen Prägungen, deren Geschichtlichkeit »geschicklich« ist. Wenn das Walten der ontologischen Differenz aber das »und« von »Sein und Zeit« bestimmt,[157] so faßt Heidegger die zeitliche »Überkommnis« des Seins und damit auch die zeithafte »Ankunft« des Seienden nun als ein geschickhaftes »Ereignis« auf.

Mit dem Denken des »Ereignisses« soll die Geschichte des Seins jedoch auch als solche erscheinen können.[158] Demnach stellt das »Ereignis« keine neue seinsgeschichtliche Prägung des Seins dar. Mit dem Denken des »Ereignisses« soll das Denken vielmehr in und vor jenem stehen, "das die verschiedenen Gestalten des epochalen Seins zugeschickt hat".[159] Für das Denken des Ereignisses soll damit die Seinsgeschichte zu "Ende" sein.[160] Indem das Sein als Ereignis in den Blick kommt, verschwindet es als Sein.[161] Damit aber wird deutlich, daß das Sein der Metaphysik nur eine bestimmte Weise des "Seyns" darstellt.[162] Seyn als den waltenden Unterschied von Sein und Seiendem[163] gibt es je in »geschicklichen« Prägungen. Die je »zu-

---

[154] Zeit und Sein (1962), in: Zur Sache des Denkens, Tübingen 1969, S. 6/7
[155] Der Satz vom Grund (1957), GA 10, S. 112
[156] Zeit und Sein (1962), in: Zur Sache des Denkens, Tübingen 1969, S. 8
[157] Zeit und Sein (1962), in: Zur Sache des Denkens, Tübingen 1969, S. 20, S. 47
[158] Seminar in Le Thor 1969, in: Seminare, GA 15, S. 367
[159] Zeit und Sein (1962), in: Zur Sache des Denkens, Tübingen 1969, S. 44
[160] Zeit und Sein (1962), in: Zur Sache des Denkens, Tübingen 1969, S. 44
[161] Zeit und Sein (1962), in: Zur Sache des Denkens, Tübingen 1969, S. 46
[162] Anmerkung in Heideggers Handexemplar zur 1. Auflage (1950) der ,Holzwege', in: Holzwege, GA 5, S. 155
[163] Vom Wesen der Wahrheit, Anmerkung von 1949, in: Wegmarken, GA 9, S. 201

geschickten« Weisen des Entbergens sind bestimmte Weisen der »Entfaltung« der ontologischen Differenz. Was seiend heißt, ist damit wandelbar. Mit der ontologischen Differenz ist je das Sein geprägt, etwa als "hen, Logos, Idea, Ousia, Energeia, substantia, actualitas, perceptio, Monade, Gegenständlichkeit, als Gesetztheit des Sichsetzens, Wille zum Willen".[164] Was seiend heißt, "hat sich jedesmal schon aus der epochalen Lichtung von Sein entschieden".[165] Jede Weise des Denkens stellt sich demnach als Vollzug und Folge der Grundstellung zum Sein und zu der Weise dar, "wie das Seiende als ein solches offenbar ist, d.h. zur Wahrheit".[166] In dieser eigentlichen Geschichte wandelt sich das Unverborgene gemäß dem Sein des Seienden.[167]

Auch das Sein der Metaphysik als das Allgemeine zum Seienden kann damit aus der Geschichte des Seins aus dem "Seyn" verstanden werden. Weil die Metaphysik aber durch die Vergessenheit des Seins bestimmt ist, ist das Sein der Metaphysik nur die "verhüllte Wahrheit des Seins".[168] Aber auch in dieser Vergessenheit versteht Heidegger die Metaphysik "aus dem Geschick des Seins selbst ereignet" und damit als "eine Epoche der Geschichte des Seins selbst".[169] So verdankt auch das metaphysische Vorstellen die Sicht auf das Seiende als solches der "Lichtung" des Seins.[170] Auch das metaphysische Sein als das, "was das Seiende bestimmt, sofern es Seiendes ist",[171] ist »bestimmt« aus dem »Es gibt« des Seins im Walten der ontologischen Differenz. Damit wird aber kein »Jenseits« des Seins und kein höheres Sein supponiert, sondern die Frage steht nun gerade nach diesem Walten selbst, in dem das Sein Seiendes als solches bestimmt. Die eigentliche Frage nach dem Seienden ist also nun "die nach dem Wesen des Seyns und nach der Wahrheit dieses Wesens"[172] und d.h. nach der Zwiefalt und nach dem Unter-Schied in seinem Walten.

Dementsprechend ist nun auch das Wesen des Menschen als Dasein aus den geschichtlich-geschicklichen Gestalten des »Ereignens« im Unter-Schied und in der Zwiefalt bestimmt. Das Wesen des Menschen "bestimmt sich aus dem Wesen (verbal) der Wahrheit des Seins durch das Sein selbst",[173] d.h. durch das Walten der ontologischen Differenz. Dieses Walten ist die Entbergung von Seiendem in seinem Sein, womit der Mensch in der Unverborgenheit des Seienden steht "als der verborgenen Ortschaft, als welche das Sein aus seiner Wahrheit west".[174] Der Mensch wird so in die "Wahrheit" des Seins "gerufen", indem und wie er erfährt, "daß Seiendes ist".[175]

---

[164] Zeit und Sein (1962), in: Zur Sache des Denkens, Tübingen 1969, S. 7
[165] Der Satz vom Grund (1957), GA 10, S. 125
[166] Die Frage nach dem Ding (1935/36), GA 41, S. 96
[167] Nietzsche. Zweiter Band, GA 6.2, S. 267
[168] Nietzsche. Zweiter Band, GA 6.2, S. 3
[169] Nietzsches Wort ‚Gott ist tot', in: Holzwege, GA 5, S. 265
[170] Einleitung zu ‚Was ist Metaphysik' (1949), in: Wegmarken, GA 9, S. 365; Heidegger hatte im veröffentlichten Text zunächst davon gesprochen, das metaphysische Vorstellen verdanke diese Sicht dem "Licht" des Seins; in einer Anmerkung zu seinem Handexemplar von ‚Was ist Metaphysik' korrigierte er dann in "Lichtung".
[171] Seminar in Le Thor 1969, in: Seminare, GA 15, S. 326
[172] Schelling. Vom Wesen der menschlichen Freiheit (1936), GA 42, S. 112
[173] Nietzsche. Zweiter Band, GA 6.2, S. 172
[174] Nietzsche. Zweiter Band, GA 6.2, S. 323
[175] Nachwort zu ‚Was ist Metaphysik?' (1943), in: Wegmarken, GA 9, S. 307

Sein als das Walten der ontologischen Differenz wird nun verstanden als die "Dimension des Ekstatischen der Ek-sistenz",[176] womit das »Da« des Daseins "die Lichtung und Offenheit des Seienden, die der Mensch aussteht",[177] darstellt.

Auch darin läßt sich die Fortführung des in SuZ begonnenen Denkens erkennen, jedenfalls dann, wenn die Interpretation nicht den an manchen Stellen durchaus naheliegenden subjektivistischen Mißverständnissen erliegt. Als »Da« des Seins ist das Dasein auch in SuZ bereits der »Ort«, an dem das Sein in einem Verständnishorizont »da« sein kann, indem es Seiendes als solches begegnen läßt. Und auch in SuZ geht es bereits um das Denken der Differenz als solcher, die dort als Bewußtsein und bewußtes Selbstverhältnis unter der Perspektive seiner Erschlossenheit erscheint. Auch in SuZ kam dem »Da« des Seins keine Bestimmtheit zu, die das Dasein zu einer subjektiven Konstitutionsleistung für den Verständnishorizont des Sein befähigt hätte. Von einer Konstitutionsleistung konnte allerdings auch in umgekehrter Richtung keine Rede sein. Das Sein war als ein Verstehenshorizont gedacht worden, der Seiendes als solches begegnen lassen kann. Die Frage nach diesem Begegnen rechtfertigte sich aus ihrer Verständnisleistung für die Möglichkeit von Bestimmtheit überhaupt. Von dieser Differenz des Begegnens her war das Dasein und war das Sein verstanden worden, und aus diesem Gedankenzusammenhang hatte die zentrale Fragestellung Heideggers Sinn gewonnen.

Wenn nun der Gedankengang über die Antworten von SuZ über die Bestimmtheit des Verständnishorizontes von Sein als Zeitlichkeit hinaus zu einer Auffassung von Sein als geschichtlich-geschicklich bestimmtes Ereignis des Unter-Schiedes von Sein und Seiendem geführt hat, so ist offensichtlich nur die in SuZ gegebene Antwort auf die Frage nach dem Sinn von Sein zurückgenommen in die Frage nach derjenigen Überkommnis, in der das Sein auf zeitliche Weise ankommt. Die Antwort von SuZ stellt sich demnach retrospektiv ein in das Unternehmen einer Untersuchung der inneren Struktur der Metaphysik als der abendländisch bestimmend gewordenen Weise des Waltens der Differenz des Unter-Schiedes. Die Frage von SuZ dagegen wird auch dann noch fortgeführt, wenn der Ausdruck »Sinn« nicht mehr verwendet wird, weil mit ihm die Frage auf eine Bestimmtheit gelenkt wurde, die dem Verständnis von Sein nicht entsprechen kann, wenn alle Bestimmtheit in geschichtlich-geschicklichen Geschehnissen ankommt, so daß die Antwort notwendig das intendierte Bedenken von Bestimmtheit als solcher dementieren müßte.

7.3 Sinn und Geschick

In SuZ war die Frage nach dem Sinn von Sein im Ausgang von der Analytik des Daseins über das In-der-Welt-sein und seine Sorgestruktur mit der Struktur der Zeitlichkeit als Verständnishorizont des Begegnens von Seiendem als Seiendes beantwortet worden. Zeitlichkeit konnte damit als der fundamentale Horizont gelten, von dem her die Rede von einem »Da« des Seins Sinn gewinnen kann, so daß die zu Beginn von SuZ eingeführte Rede vom Dasein von diesem Ende her ihre Ausweisung

---

[176] Brief über den Humanismus (1946), in: Wegmarken, GA 9, S. 334
[177] Martin Heidegger/Eugen Fink, Heraklit (1966/1967), in: Seminare, GA 15, S. 204

finden konnte. In den vorangegangenen Ausführungen ist deutlich geworden, daß Heideggers Denken sich zwar nie von der zentralen Fragestellung von SuZ »abgekehrt« hat, daß die Transformation dieser Frage in Konzeptionen wie Transzendenz, Unverborgenheit, Ereignis und ontologischer Differenz als Unter-Schied jedoch die Antwort von SuZ weitgehend modifiziert und nach ihrem philosophischen Status auch zurückgenommen hat. Wenn das Sein in der Weise eines »Geschicks« das Seiende »überkommt«, indem es in geschichtlichen Gestalten des Waltens der ontologischen Differenz sein-lassend Seiendes entbirgt, so kann die Zeitlichkeit des Verständnishorizontes von Sein nicht mehr als *die* Struktur gelten, in der im Dasein Seiendes als solches begegnen kann.

Wenn der Zusammenhang des Argumentationsweges von SuZ beachtet wird, so kann die Transformation auch die Weise nicht unbeeinflußt lassen, wie vom Dasein als dem »Ort«, an dem das Sein »da« ist, die Rede sein kann. Das In-der-Welt-sein und die Sorgestruktur waren in SuZ ausgearbeitet worden als Ausdruck der Selbstverständnisweise des bewußten Selbstverhältnisses unter der Perspektive seiner Erschlossenheit. Darin sollte ein Zusammenhang zwischen einem bestimmtem Selbstverständnis aus dem bestimmten Seienden und der Rücknahme dieser Bestimmtheit in die Eigentlichkeit des Daseins dargestellt werden können, mit dessen Hilfe Heidegger die Unbestimmtheit eines Verständnisses, in dem Sein als der Horizont des Begegnens von Seiendem als Seiendes verstanden wird, mit einer Bestimmtheit vereinbar denken wollte, die aus dem Selbstverständnis des Daseins als ein Seiendes in der Welt entnommen und ebenso zurückgenommen werden mußte. Wenn nun die »Kehre« fordert, das Denken des Seins unter der Bestimmtheit des Seienden aufzugeben und das Sein auch in seinem »Da« strikt als solches zu denken, so muß der Gedankengang vom In-der-Welt-sein über die Sorgestruktur zur Zeitlichkeit als Verständnishorizont des Seins zwar nicht dementiert werden, aber er kann nicht mehr als ausreichend angesehen werden, um die Differenz zu denken, in der Dasein und Seiendes so auseinandertreten, daß Seiendes als solches begegnen und damit das Dasein als »Da« des Seins existieren kann. Das muß nicht heißen, daß die Fundamentalanalyse von SuZ der Sache nach zurückgenommen und für falsch erklärt werden müßte. Für Heideggers Denkentwicklung nach SuZ reichen die phänomenalen Explikationen des Selbstverständnisses des Daseins jedoch nicht mehr aus.

Wenn das Dasein nicht mehr von der Zeitlichkeit seines Seinsverständnisses her gedacht werden kann, so ist der Gedanke, der mit der Frage nach dem »Da« des Seins angefangen wurde, damit nicht zurückgenommen. Der Anspruch, nach der »Kehre« zunehmend »vom Sein her« denken zu wollen, kann nicht bedeuten, die Frage nach dem »Ort«, an dem das Sein »da« ist, zurückzunehmen. Es wurde bereits darauf hingewiesen, daß Heidegger in seiner späteren Philosophie sogar eigens den Ausdruck der »Ortschaft« des Seins, die es in einer »Topologie« zu vermessen gilt, für die Wahrheit und Erschlossenheit des Seins verwendet hat.[178] Ohne die Suche nach einem »Da« des Seins wird das Unternehmen, das Heideggers Denkentwicklung verfolgt, geradezu in sich sinnlos, weil es schon als philosophische Aufgabe nicht mehr

---

[178] Seminar in Le Thor 1969, in: Seminare, GA 15, S. 335

ausgedrückt werden kann. Aber die Aufgabe einer Erörterung des Daseins stellt sich in dem nach SuZ unternommenen Denken nun unter erschwerten Bedingungen. Kann keine aus dem innerweltlichen Seienden stammende Bestimmtheit für die Frage nach einem Sinn von Sein in Anspruch genommen werden, und kann damit auch das Selbstverständnis des Daseins aus dem begegnenden Seienden nicht einmal in Gestalt einer diese Bestimmtheit ebenso wieder aufhebenden Bewegungsstruktur herangezogen werden, so muß die Frage, wie das Sein »da« sein kann, anders beantwortet werden können, wenn Heidegger seine zentrale Fragestellung weiterführen will.

Auf diesem Weg ist Heidegger nicht zu einer einheitlichen Antwort gekommen. Möglicherweise ist darin aber kein Versagen des Denkens nach der »Kehre« zu sehen. Der Anspruch, den Sinn von Sein ohne Rekurs auf bestimmtes Seiendes zu denken, verwehrt gerade eine eindeutige Antwort, die als solche bestimmt genug sein müßte, um eine bestimmte Frage in ihr an ein Ziel kommen zu lassen, in dem sie als Frage verschwindet. Wenn es in Heideggers Denkentwicklung aber darum geht, eine Frage auszuarbeiten und damit offenzuhalten, so kann das Ziel nicht eine Antwort von dieser Art sein. Vor allem aber kann die Frage ihrem eigenen Sinn nach nicht in einer Bestimmtheit an ihr Ende kommen, die aus einem Seienden entnommen wird. Deshalb bleiben Heideggers Ansätze, nach SuZ das Ereignis des Geschehens des »Da« des Seins zu erörtern, im Status von Hinweisen, von Gedankenexperimenten oder, in seinem eigenen Ausdruck, von »Holzwegen«. Daß Heidegger daneben mit Hilfe von bisweilen waghalsig anmutenden Interpretationen der frühesten philosophischen Texte den geschicklichen Anfang des abendländischen Denkens in seiner Geschichtlichkeit ergründen wollte, um auf diese Weise die in der Philosophie wirksam gewordenen »Vorstellungen« über das Sein an ihren »Ort« als eine Gestalt des »Ereignisses« zurückzustellen, soll hier nur angemerkt werden.

Wir konzentrieren uns im folgenden auf einige Aspekte der Erörterung des Kunstwerkes und des »Dinges«, um Heideggers Denken über die Weisen einer Ankunft des »Ereignisses« nach SuZ darzustellen. Zu nennen wäre darüber hinaus vor allem das Bedenken der Sprache als »Sage« in ihrem Zusammenhang mit der Bestimmung der lebensweltlichen und wissenschaftlichen Aussagensprache als Demonstration einer bestimmten Vorstellungsweise des Seins. Auch die Erörterung des Kunstwerkes und des »Dinges« soll nicht den Eindruck erwecken, Heidegger habe diese Themen mit der Absicht gewählt, daraus eine systematische Theorie der Ankunft der Bestimmtheit des Seins in seiner Differenz zum Seienden zu entwickeln. Was das Kunstwerk betrifft, so muß darüber hinaus davor gewarnt werden, Heideggers Frage nach dem »Ursprung« des Kunstwerks als eine Theorie über das Wesen der Kunst oder des Schönen auffassen zu wollen. Auch das Sein des Kunstwerks im Sinne der traditionellen Ontologie zu ergründen, kann Heidegger nicht mehr wollen, wenn es ihm in der Erörterung des Kunstwerks gerade um die Weisen geht, in denen Sein geschicklich-geschichtlich »ankommt«, so daß die Differenz eröffnet wird, in der dem Dasein Seiendes als solches begegnen und damit die ursprüngliche Voraussetzung für ein bestimmtes Auffassen von Seiendem und für ein begrifflich bestimmtes Selbstverständnis geschehen kann.

Wenn die Frage nach dem Sein nach der »Kehre« in die Frage nach der ontologischen Differenz als solcher und als »Ereignis« transformiert wurde,[179] so wird das Kunstwerk zum Thema im Kontext des Problems, wie nach der »Überkommnis« des Seins, in der Seiendes als solches »ankommt«, gefragt werden kann. Das Kunstwerk repräsentiert eine der Möglichkeiten, die ontologische Differenz als solche zu bedenken, die Heidegger in der Erörterung von Weisen des geschicklich-geschichtlichen Waltens des Unterschiedes von Sein und Seiendem findet, in denen Seiendes als solches ursprünglich entborgen wird. Im Anschluß an den Denkzusammenhang von SuZ wäre dies also die Frage nach dem »Wie« der »Zuschickung« der zeithaften Entbergung von Seiendem als Seiendes. Es wird damit nach Weisen des Geschehens der Wahrheit als Unverborgenheit gefragt. In der Ausdrucksweise der späteren Philosophie Heideggers steht die Frage nach den Weisen des »Ereignisses«, in denen das Sein sich »geschicklich« gelichtet hat. Auch damit wird weiter nach dem Dasein und seinem Begegnen von Seiendem als Seiendes gefragt, aber nicht mehr nach einem Sinn von Sein als Horizont eines bestimmten Begegnens, sondern danach, wie der Sinn von Sein das Dasein erreicht. Dabei kann aber nicht von einem Dasein ausgegangen werden, das zuvor schon »vorhanden« wäre und dem der Seinssinn »zugeschickt« wird, sondern das Dasein selbst wird erst in der je zugeschickten Begegnensweise von Seiendem zum »Da« des Seins. Die »Zwiefalt« geschieht sich ereignend, indem sie einen »Bezug« zwischen Mensch und Sein eröffnet. Diesen »Bezug« versucht Heidegger mit Hilfe von Ereignisweisen der Unverborgenheit zu erörtern.

Wenn die ursprüngliche Wahrheit nunmehr die Weise sein soll, wie das Seiende als ein solches offenbar wird,[180] die Wahrheit aber im Lichten der »Zwiefalt« und im Walten der ontologischen Differenz geschieht, so muß, wenn das Kunstwerk die ins Werk gesetzte Wahrheit heißen kann, im Kunstwerk das »Geschehnis« der Wahrheit als Walten der »Zwiefalt« zu finden sein. Die Unverborgenheit und damit das Walten der »Zwiefalt« geschieht, "indem sie erwirkt wird durch das Werk".[181] In diesem »Erwirken« ist zunächst keine Aktivität in einem voluntaristischen oder subjektivistischen Sinne zu sehen. Die Unverborgenheit wird weder vom Menschen gemacht noch vom Subjekt konstituiert. Heidegger denkt mit »Erwirken« vielmehr an das »Brauchen« der Unverborgenheit durch das Dasein. In diesem »Brauchen« liegt eine Zusammengehörigkeit von Mensch und Sein, in der das Dasein sich ereignet und darin das Sein »hervorbringt«, ohne es in einer wie immer gearteten Aktivität erzeugen zu können. Auch und gerade wegen der Struktur eines »Schaffens«, in dem das »Hervorbringen« eines »Brauchens« geschieht, wird das Kunstwerk zu einem zentralen Thema in Heideggers Philosophie nach SuZ. Wenn Heidegger also davon spricht, daß die Griechen im »Kampf« zwischen Sein und Schein dem Seienden das Sein "abgerungen" und so das Seiende in die Unverborgenheit gebracht haben,[182] so muß beachtet werden, daß dieser »Kampf« nicht als ein Verhalten gegenüber dem

---

[179] Identität und Differenz (1957), Pfullingen 1957, S. 43
[180] Die Frage nach dem Ding (1935/36), GA 41, S. 96
[181] Einführung in die Metaphysik (1953), GA 40, S. 200
[182] Einführung in die Metaphysik (1953), GA 40, S. 113

schon Seienden verstanden wird, sondern darin "entspringen" erst die "Kämpfenden" und das "Seiende".[183]

Die Stellung des Kunstwerks in diesem Geschehen beginnt nun mit dem Gedanken, daß sich die "Offenheit" von Sein und Seiendem in ihrer Differenz in ihr Offenes einrichten muß. Damit die Offenheit geschehen kann, muß in ihr ein Seiendes sein, "worin die Offenheit ihren Stand und ihre Ständigkeit nimmt".[184] Unter dem Namen »Offenheit« ist hier die Rede von der Wahrheit. Unter "Wahrheit" aber ist das Geschehen des waltenden Unterschiedes von Sein und Seiendem zu verstehen. Der "Unter-Schied" waltet, indem das Sein über das Seiende kommt und darin das Seiende als Seiendes ankommt.[185] Indem das Walten der ontologischen Differenz aber gerade das Geschehen der Unverborgenheit als das "Anwesen des Seienden als solchen"[186] und demnach das Ereignis des »daß es ist« des Seienden darstellt, so muß dieses Walten sich im Seienden "eingerichtet" haben und folglich im Seienden selbst zu finden sein. Das Walten geschieht als "Einbau der Offenbarkeit des Seienden im Ganzen in das Seiende selbst, derart, daß dieses hierdurch erst sich als solches zeigt und fügt".[187]

Dieser »Einbau« der Unverborgenheit in das Unverborgene, in dem die Unverborgenheit eröffnet wird, geschieht nun, "indem das Walten sich als eine Welt erkämpft".[188] Das Seiende wird als solches eröffnet, indem die eröffnete Welt ins "Werk" gebannt wird.[189] Diesen "Kampf" (polemos) sieht Heidegger nun von den "Schaffenden" als Dichter, Denker und Staatsmänner ausgetragen.[190] In diesem »Kampf« wird je die Unverborgenheit in ein Werk erwirkt: in das Werk der Dichtung, des Denkens, der Polis und schließlich in "das Werk des Steins in Tempel und Standbild".[191] In der Schrift »Vom Ursprung des Kunstwerkes« nennt Heidegger des näheren die folgenden geschichtlichen Weisen der Einrichtung der "Wahrheit": das Sich-ins-Werk-Setzen der "Wahrheit" im Kunstwerk, die staatgründende Tat, die Nähe des Seiendsten des Seienden, das wesentliche Opfer, das Denken des Seins.[192] Heidegger hat diese verschiedenen Formen des »Erwirkens« eines »Werkes« im einzelnen sehr unterschiedlich und bisweilen in sehr zweifelhaften Zusammenhängen erörtert. Der gemeinsame Nenner ist jedoch die Behauptung, das darin liegende Schaffen teile in allen Formen "in das bisherige Seiende ein neues Sein aus und mit".[193]

Wir konzentrieren uns im folgenden zunächst auf das Kunstwerk. Dies ist insbesondere deshalb gerechtfertigt, weil die Kunst in jenem »Schaffen« der techne als

[183] Einführung in die Metaphysik (1953), GA 40, S. 66
[184] Der Ursprung des Kunstwerkes (1935/36), in: Holzwege, GA 5, S. 48
[185] Identität und Differenz (1957), Pfullingen 1957, S. 62
[186] Der Ursprung des Kunstwerkes, Zusatz von 1956, in: Holzwege, GA 5, S. 73
[187] Nietzsche. Erster Band, GA 6.1, S. 384
[188] Einführung in die Metaphysik (1953), GA 40, S. 66
[189] Einführung in die Metaphysik (1953), GA 40, S. 66
[190] Einführung in die Metaphysik (1953), GA 40, S. 66
[191] Einführung in die Metaphysik (1953), GA 40, S. 200
[192] Der Ursprung des Kunstwerkes (1935/36), in: Holzwege, GA 5, S. 49
[193] Nietzsche. Erster Band, GA 6.1, S. 347/348

"Ins-Werk-setzen-können des Seins als eines je so und so Seienden",[194] in dem sich die "Offenheit" in ihr Offenes einrichtet,[195] in einer ausgezeichneten Weise techne sein soll, indem sie das Sein am unmittelbarsten ins Werk setzt.[196] Zunächst liegt der Werkcharakter des Kunstwerks aber schon darin, daß es "das Sein in einem Seienden er-wirkt",[197] wodurch das Erscheinende "erst als Seiendes oder aber Un-seiendes bestätigt und zugänglich, deutbar und verstehbar" wird.[198] Die ausgezeichnete Stellung des Kunstwerks in diesem "Prozeß" besteht in seinem besonderen Verhältnis zu den Dingen, weil es "die Dinge zeigt, indem es sie in gewisser Weise schafft".[199] Hier kann Heideggers Interpretation von Nietzsches Auffassung des Künstlers herangezogen werden, derzufolge am Künstler das Sein "am unmittelbarsten und hellsten" aufleuchtet, weil er etwas hervorbringt und ins Sein setzt, das noch nicht ist und war; in diesem Geschehen wohnen wir dem Werden des Seienden bei und können sein Wesen ungetrübt ersehen.[200]

Ein wichtiger Grund für die Eignung des Kunstwerks für die Einrichtung der "Wahrheit" ins Werk liegt demnach zunächst in seiner Individualität. Kunst bedeutet "das Hervorbringen eines solchen Seienden, das vordem noch nicht war und nachmals nie mehr werden wird".[201] Das Kunstwerk repäsentiert in seinem individuellen Charakter eine Bestimmtheit durch ein unbestimmtes Bestimmen. Was es ist, ist es nicht unter allgemeinen Begriffen, sondern nur in diesem »individuellen« Bestimmen ohne Bezug auf eine Klasse des begrifflich bestimmten Seienden, in die es eingeordnet und so »als etwas« bestimmt werden könnte. Diese bestimmungslose Bestimmtheit des Kunstwerks geht darauf zurück, daß seine Auszeichnung als Erwirken des Seins im Seienden darin besteht, daß es die Dinge "zeigt, indem es sie in gewisser Weise schafft".[202] Im Unterschied zum technischen Gegenstand ist dieses Geschaffensein nun im Kunstwerk so in das Geschaffene hineingeschaffen, "daß es aus ihm, dem so Hervorgebrachten, eigens hervorragt".[203] Das Geschaffensein des technischen Gegenstandes dagegen geht gerade in dem adäquaten Umgang mit ihm unter, und wir sehen den technischen Gegenstand nicht in seiner Individualität an, sondern er wird nach einem Plan geschaffen, der ihn wiederholbar macht. Er ist also bestimmt, gerade indem das Bestimmen in ihm verschwindet. Das Kunstwerk läßt den »Stoff« "allererst hervorkommen und zwar im Offenen der Welt des Werkes",[204] während der technische Gegenstand, indem er seiner Bestimmung gemäß gebraucht wird, den »Stoff« gerade verschwinden läßt. Weil im Kunstwerk das "factum est" ins

[194] Einführung in die Metaphysik (1953), GA 40, S. 168
[195] Der Ursprung des Kunstwerkes (1935/36), in: Holzwege, GA 5, S. 48
[196] Einführung in die Metaphysik (1953), GA 40, S. 168
[197] Einführung in die Metaphysik (1953), GA 40, S. 168
[198] Einführung in die Metaphysik (1953), GA 40, S. 168
[199] Die Frage nach dem Ding (1935/36), GA 41, S. 210
[200] Nietzsche. Erster Band, GA 6.1, S. 66
[201] Der Ursprung des Kunstwerkes (1935/36), in: Holzwege, GA 5, S. 50
[202] Die Frage nach dem Ding (1935/36), GA 41, S. 210
[203] Der Ursprung des Kunstwerkes (1935/36), in: Holzwege, GA 5, S. 52
[204] Der Ursprung des Kunstwerkes (1935/36), in: Holzwege, GA 5, S. 32

Offene gehalten wird,[205] deshalb ist in ihm, "daß es als solches ist, das Ungewöhnliche".[206]

Wie das Ins-Werk-setzen der »Wahrheit« im Kunstwerk genauer zu verstehen ist, kann nur nachvollzogen werden, wenn berücksichtigt wird, daß "Wahrheit" hier stets im Sinne von "Lichtung" zu verstehen ist. Daß der Name »Wahrheit« dafür ungemäß ist, hat Heidegger in einer Anmerkung zu der Schrift »Vom Ursprung des Kunstwerks« später selbst eingeräumt.[207] Zum Werk gehört zunächst, daß es in "Bezügen" steht.[208] Als Beispiel führt Heidegger das Tempelkunstwerk an. Darin sollen die Lebensbezüge des Volkes, von dem und für das es errichtet wurde, "bezirkt" und so als seiende offenbar werden. Der Tempel fügt und sammelt "die Einheit jener Bahnen und Bezüge um sich, in denen Geburt und Tod, Unheil und Segen, Sieg und Schmach, Ausharren und Verfall dem Menschenwesen die Gestalt seines Geschickes gewinnen".[209] In diesen Bezügen geschieht die Welt eines geschichtlichen Volkes.[210] Durch diesen seienden Entwurf von Welt wird gleichzeitig auch eine "Befindlichkeit" inmitten des Seienden gegründet, und in diesen Bezügen gehen die Naturdinge "erst in ihre abgehobene Gestalt ein und kommen so als das zum Vorschein, was sie sind".[211] In dieser entwerfend-befindlichen Struktur gibt das Kunstwerk eines Tempels "den Dingen erst ihr Gesicht und den Menschen erst die Aussicht auf sich selbst".[212]

Diese Leistung kann das Kunstwerk erbringen, indem es eine "Welt" eröffnet und sie zugleich auf die "Erde" zurückstellt.[213] In diesen zwei Wesenszügen des Kunstwerkes muß nun seine besondere Bedeutung für die Eröffnung der Unverborgenheit zu finden sein. Zum einen geschieht im Werk das "Aufstellen einer Welt", und diese Welt richtet das Offene in seinem Gezüge ein.[214] Darin offenbart sich Seiendes. Zum anderen aber ist im Werk auch das "Herstellen der Erde".[215] Das Kunstwerk läßt nicht, wie etwa das Zeug, den "Stoff" verschwinden, "sondern allererst hervorkommen und zwar im Offenen der Welt des Werkes".[216] Das Kunstwerk ist also dadurch ausgezeichnet, daß es die Erde eine Erde sein läßt,[217] d.h. das "wesenhaft Unerschließbare"[218] wird erschlossen, indem es seingelassen wird. Diese Bewegtheit im Gegeneinander von Welt und Erde, wie sie im Kunstwerk zu finden ist, nennt Heidegger nun einen "Streit" und das Werksein des Werkes soll gerade in der

[205] Der Ursprung des Kunstwerkes (1935/36), in: Holzwege, GA 5, S. 52/53
[206] Der Ursprung des Kunstwerkes (1935/36), in: Holzwege, GA 5, S. 53
[207] Der Ursprung des Kunstwerkes, Anmerkung in Heideggers Handexemplar von 1960, in: Holzwege, GA 5, S. 1
[208] Der Ursprung des Kunstwerkes (1935/36), in: Holzwege, GA 5, S. 27
[209] Der Ursprung des Kunstwerkes (1935/36), in: Holzwege, GA 5, S. 28
[210] Der Ursprung des Kunstwerkes (1935/36), in: Holzwege, GA 5, S. 28
[211] Der Ursprung des Kunstwerkes (1935/36), in: Holzwege, GA 5, S. 28
[212] Der Ursprung des Kunstwerkes (1935/36), in: Holzwege, GA 5, S. 29
[213] Der Ursprung des Kunstwerkes (1935/36), in: Holzwege, GA 5, S. 34
[214] Der Ursprung des Kunstwerkes (1935/36), in: Holzwege, GA 5, S. 34
[215] Der Ursprung des Kunstwerkes (1935/36), in: Holzwege, GA 5, S. 34
[216] Der Ursprung des Kunstwerkes (1935/36), in: Holzwege, GA 5, S. 32
[217] Der Ursprung des Kunstwerkes (1935/36), in: Holzwege, GA 5, S. 32; zu seinem Handexemplar von 1960 fügte Heidegger zu "eine Erde sein" hinzu: "Ereignis".
[218] Der Ursprung des Kunstwerkes (1935/36), in: Holzwege, GA 5, S. 33

162

Bestreitung dieses Streites liegen.[219] Der "Streit" von Erde und Welt wird so erläutert: die "Welt" als das Sichöffnende duldet kein Verschlossenes, und die "Erde" als
die Bergende neigt dazu, die Welt in sich einzubeziehen.[220] In diesem Streit aber sind
"Welt" und "Erde" erst, was sie sind. Sie heben sich darin "in die Selbstbehauptung
ihres Wesens".[221] Damit geschieht im Kunstwerk jener »Kampf« (polemos) des Entbergens, in dem dem Seienden das Sein »abgerungen« wird.[222]
  Aufgrund dieser Auszeichnungen soll im Kunstwerk als einem Seienden das Walten von Sein und Seiendem in ihrem Unterschied stattfinden. Das Kunstwerk ist
demnach ein »seiendes Sein« als "eröffnendes Er-wirken des Seins im Seienden".[223]
Heidegger findet in der Struktur des Kunstwerkes also den Grundcharakter der
"Wahrheit" als Bewegung von Sein als der "entbergenden Überkommnis" und Seiendem als solchem "im Sinne der sich bergenden Ankunft".[224] "Wahrheit" heißt in
dem thematischen Zusammenhang "die Eröffnung des Seienden in seinem Sein",[225]
darin geschieht der "Urstreit" zwischen Lichtung und Verbergung, "in dem jene Mitte erstritten wird, in die das Seiende hereinsteht und aus der es sich in sich selbst
zurückstellt".[226] Darin ereignet sich die "Offenheit",[227] die sich als Walten der ontologischen Differenz ins "Offene" als dem Begegnen von Seiendem in seinem Sein
einrichten muß. Das Seiende, in dem eine solche "Wahrheit" sich einrichten kann,
muß deshalb "in sich die Wesenszüge des Streites haben",[228] und die "Wahrheit"
kann sich in ein hervorzubringendes Seiendes nur so einrichten, "daß der Streit in
diesem Seienden eröffnet, d.h. dieses selbst in den Riß gebracht wird".[229]
  Darin lichtet sich das Hervorgebrachte und zugleich die Offenheit des Offenen, in
das es hervorkommt.[230] Der "Riß" bzw. "Streit" im Kunstwerk nach der Seite seiner
"Wahrheit" als Gelichtetheit wird darin zugleich der Grundriß oder Aufriß, "der die
Grundzüge des Aufgehens der Lichtung des Seienden zeichnet".[231] Der eingerichtete,
in die Erde zurückgestellte und so festgestellte Streit wird damit zu einer "Gestalt".[232]
In diesem Sinne gründet die Kunst Geschichte.[233] Wenn sie geschieht, kommt in die
Geschichte ein "Stoß".[234] In ihr wird eine neue Wahrheit gegründet "in einem aus
dem Werk geschehenden Wandel der Unverborgenheit des Seienden und das sagt:
des Seins".[235] Heidegger findet im Kunstwerk also eine Weise, wie die "Wahrheit"

[219] Der Ursprung des Kunstwerkes (1935/36), in: Holzwege, GA 5, S. 35
[220] Der Ursprung des Kunstwerkes (1935/36), in: Holzwege, GA 5, S. 35
[221] Der Ursprung des Kunstwerkes (1935/36), in: Holzwege, GA 5, S. 35
[222] Einführung in die Metaphysik (1953), GA 40, S. 113, S. 66
[223] Einführung in die Metaphysik (1953), GA 40, S. 168
[224] Identität und Differenz (1957), Pfullingen 1957, S. 62
[225] Der Ursprung des Kunstwerkes (1935/36), in: Holzwege, GA 5, S. 24
[226] Der Ursprung des Kunstwerkes (1935/36), in: Holzwege, GA 5, S. 42
[227] Der Ursprung des Kunstwerkes (1935/36), in: Holzwege, GA 5, S. 48
[228] Der Ursprung des Kunstwerkes (1935/36), in: Holzwege, GA 5, S. 50
[229] Der Ursprung des Kunstwerkes (1935/36), in: Holzwege, GA 5, S. 51
[230] Der Ursprung des Kunstwerkes (1935/36), in: Holzwege, GA 5, S. 50
[231] Der Ursprung des Kunstwerkes (1935/36), in: Holzwege, GA 5, S. 51
[232] Der Ursprung des Kunstwerkes (1935/36), in: Holzwege, GA 5, S. 51
[233] Der Ursprung des Kunstwerkes (1935/36), in: Holzwege, GA 5, S. 65
[234] Der Ursprung des Kunstwerkes (1935/36), in: Holzwege, GA 5, S. 65
[235] Der Ursprung des Kunstwerkes (1935/36), in: Holzwege, GA 5, S. 60

seiend und geschichtlich wird, weil er im Kunstwerk das "Ereignis" im Walten des Unterschiedes von Sein und Seiendem "am Werk" sieht: die Kunst "gehört in das Ereignis, aus dem sich erst der »Sinn vom Sein« (vgl. »Sein und Zeit«) bestimmt".[236] Entsprechend der "Geschickhaftigkeit" des "Ereignisses" kann das Kunstwerk demnach als eine Weise des Geschichtlichwerdens des Geschickes, d.h. der nicht erklärbaren und nicht auseinander ableitbaren Weisen des Entbergens von Seiendem angesehen werden.

Im Ganzen der Künste soll die Dichtung als Sprachwerk jedoch eine ausgezeichnete Stellung einnehmen.[237] Der Grund dafür liegt im Charakter der Sprache, die Heidegger als jenes Geschehen auffaßt, "in dem für den Menschen jeweils erst Seiendes als Seiendes sich erschließt".[238] So ist die Sprache selbst Dichtung. Das "Bauen und Bilden dagegen geschehen immer schon und immer nur im Offenen der Sage und des Nennens".[239] In Zusammenhang mit seinen Hölderlin-Interpretationen spricht Heidegger sogar vom Dichter als "Begründer des Seyns"[240] oder auch "Stifter des Seyns".[241] Was der Dichter als unbestimmt Bestimmender stiftet, ist eine »Grundstimmung«,[242] die die Welt und damit auch das Seiende als ein solches eröffnet.[243] Die Grundstimmung stellt damit eine "Gründung des Seyns" dar,[244] indem sie den Bezirk eröffnet, innerhalb dessen überhaupt etwas »vor-gestellt« werden kann.[245] Dementsprechend soll die so gestiftete Grundstimmung geradezu einen Wandel des Daseins bewirken können, "der gleichkommt einer gänzlichen Umschaffung der Ausgesetztheit in das Seiende und damit einer Umprägung des Seyns".[246] Die Dichtung ist das "Grundgeschehnis" des Seyns als eines solchen,[247] und mit ihr wird "das Seiende erst zu dem ernannt, was es ist. So wird es bekannt als Seiendes".[248] Deshalb entspringt aus der Dichtung das geschichtliche Dasein der Völker.[249]

Von diesem Verständnis der Dichtung her versucht Heidegger die Sprache als ein »Verhältnis« zu denken, in dem das Wort nicht« einem Verhältnis zum Ding steht, sondern in dem das Wort selber dasjenige ist, "was das Ding als Ding hält und verhält".[250] In diesem »Verhältnis« hält das Gesprochene dem Sprechen und den Sprechenden solches entgegen, wozu sie sich sprechend verhalten können.[251] Die Sprechenden haben deshalb erst "im Sprechen ihr Anwesen".[252] Diese »reine Beziehung«

---

[236] Der Ursprung des Kunstwerkes, Zusatz von 1956, in: Holzwege, GA 5, S. 73

[237] Der Ursprung des Kunstwerkes (1935/36), in: Holzwege, GA 5, S. 61

[238] Der Ursprung des Kunstwerkes (1935/36), in: Holzwege, GA 5, S. 62

[239] Der Ursprung des Kunstwerkes (1935/36), in: Holzwege, GA 5, S. 62

[240] Hölderlins Hymnen ‚Germanien' und ‚Der Rhein' (1934/35), GA 39, S. 33

[241] Hölderlins Hymnen ‚Germanien' und ‚Der Rhein' (1934/35), GA 39, S. 214

[242] Hölderlins Hymnen ‚Germanien' und ‚Der Rhein' (1934/35), GA 39, S. 79, S. 144

[243] Hölderlins Hymnen ‚Germanien' und ‚Der Rhein' (1934/35), GA 39, S. 79, S. 140

[244] Hölderlins Hymnen ‚Germanien' und ‚Der Rhein' (1934/35), GA 39, S. 181

[245] Hölderlins Hymnen ‚Germanien' und ‚Der Rhein' (1934/35), GA 39, S. 140

[246] Hölderlins Hymnen ‚Germanien' und ‚Der Rhein' (1934/35), GA 39, S. 142

[247] Hölderlins Hymnen ‚Germanien' und ‚Der Rhein' (1934/35), GA 39, S. 147

[248] Erläuterungen zu Hölderlins Dichtung (1944), GA 4, S. 41

[249] Hölderlins Hymnen ‚Germanien' und ‚Der Rhein' (1934/35), GA 39, S. 51

[250] Das Wesen der Sprache (1957/58), in: Unterwegs zur Sprache, GA 12, S. 177, vgl. S. 166

[251] Der Weg zur Sprache (1959), in: Unterwegs zur Sprache, GA 12, S. 240

[252] Der Weg zur Sprache (1959), in: Unterwegs zur Sprache, GA 12, S. 239

nennt Heidegger den "Aufriß" und will damit die Einheit des Sprachwesens andeu-
ten.[253] Diese Einheit ist "das Gefüge eines Zeigens, darin die Sprechenden und ihr
Sprechen, das Gesprochene und sein Ungesprochenes aus dem Zugesprochenen ver-
fugt sind".[254] Diesen Zusammenhang bringt Heidegger mit dem Terminus "Sage"
oder auch "Zeige" zum Ausdruck.[255] "Sagen" heißt hier also ein "Zeigen, Erscheinen
lassen, lichtend-verbergend-freigebend Darreichen von Welt".[256] Als "Sage" spricht
die Sprache, der wir als bestimmte Seiende in unserem gegebenen Selbstverständnis
nachsprechen. Sie spricht, "indem sie als die Zeige, in alle Gegenden des Anwesens
reichend, aus ihnen jeweils Anwesendes erscheinen und verscheinen läßt".[257] Insofern leistet die »Sage« das gleiche wie das Kunstwerk: sie "fügt das Freie der Lichtung".[258]

Was die Sprache ist, soll demnach aus dem gedacht werden, was "das Währende,
uns in allem Angehende, weil alles Be-wegende" ist.[259] "Be-wegen" ist dabei zu
verstehen als "Wege allererst ergeben und stiften", "die Gegend mit Wegen verse-
hen".[260] Die Sprache gehört, indem sie Wege bahnt, "in dieses Wesende, eignet dem
alles Be-wegenden als dessen Eigenstes. Das All-Bewegende be-wegt, indem es
spricht".[261] Deshalb kann Heidegger nun versuchen, das »Ereignis« als die "Bewegung der Sage zur Sprache" zu denken,[262] womit das "An- und Abwesende in sein
jeweilig Eigenes gebracht" ist.[263] Das »Ereignis« ist unter diesem Gesichtspunkt also
weder die Sage als das unbestimmte Entbergen, noch die Sprache als fixierte Bestimmtheit des Entborgenen, sondern die Bewegung von der ersteren zur letzteren, in
der "Wege" werden, indem das Sein Seiendes "überkommt" und damit als solches
entbirgt. In der aus der Dichtung als Sprachkunstwerk entspringenden Sprache ist
demnach eben jenes zuvor in Zusammenhang mit der Bedeutung des Kunstwerks
erörterte Geschehen der ins Werk gesetzten Wahrheit aufbewahrt.

Das in der »Be-wegung« von der Sage zur Sprache geschehende »Ereignis« als
Walten des Unterschiedes von Sein und Seiendem ist das Geschehen des "Es gibt
Sein" im Sinne des "Es gibt"-Charakters des Seins selbst. Das Wort selber "gibt",
d.h. es "ist" nicht, sondern es vergibt das "ist".[264] Vom "Ereignis" wird deshalb nun
gesagt, es walte als die »Sage«,[265] und verleihe so "den Sterblichen den Aufenthalt in
ihrem Wesen".[266] Das Sprechen der Menschen ist dann zuerst ein Hören auf die "Sage" und in diesem Sinne ist es die Sprache allein, die eigentlich spricht.[267] Die "Sage"

---

[253] Der Weg zur Sprache (1959), in: Unterwegs zur Sprache, GA 12, S. 240
[254] Der Weg zur Sprache (1959), in: Unterwegs zur Sprache, GA 12, S. 240
[255] Der Weg zur Sprache (1959), in: Unterwegs zur Sprache, GA 12, S. 242
[256] Das Wesen der Sprache (1957/58), in: Unterwegs zur Sprache, GA 12, S. 202
[257] Der Weg zur Sprache (1959), in: Unterwegs zur Sprache, GA 12, S. 243
[258] Der Weg zur Sprache (1959), in: Unterwegs zur Sprache, GA 12, S. 246
[259] Das Wesen der Sprache (1957/58), in: Unterwegs zur Sprache, GA 12, S. 190
[260] Das Wesen der Sprache (1957/58), in: Unterwegs zur Sprache, GA 12, S. 186
[261] Das Wesen der Sprache (1957/58), in: Unterwegs zur Sprache, GA 12, S. 190
[262] Der Weg zur Sprache (1959), in: Unterwegs zur Sprache, GA 12, S. 249
[263] Der Weg zur Sprache (1959), in: Unterwegs zur Sprache, GA 12, S. 246
[264] Das Wesen der Sprache (1957/58), in: Unterwegs zur Sprache, GA 12, S. 182
[265] Das Wesen der Sprache (1957/58), in: Unterwegs zur Sprache, GA 12, S. 185
[266] Der Weg zur Sprache (1959), in: Unterwegs zur Sprache, GA 12, S. 248
[267] Der Weg zur Sprache (1959), in: Unterwegs zur Sprache, GA 12, S. 243, S. 254

stellt für Heidegger deshalb die ursprüngliche Weise des "Ereignisses" dar, seine
"Ur-Kunde".[268] Deshalb nennt er sie das "Haus des Seins".[269] In diesem Geschehen
der »Be-wegung« eröffnet sich das Sein, weil und indem es "bezirkt" wird; die Sprache ist der "Bezirk" des Seins, "der dadurch bezirkt wird (...), daß es im Wort
west".[270] Wenn der Mensch als Dasein das Seiende ist, »in dem« Seiendes begegnet,
so "wohnt" der Mensch in diesem Haus, d.h. in der Sprache.[271] Indem mit dem
»Ereignis« die Zusammengehörigkeit von Sein und Mensch gedacht werden soll, so
ist die Ek-sistenz als das "Stehen in der Lichtung des Seins"[272] in der Sprache be-
haust.[273] Deshalb ist das Sein als Sprache "die Dimension des Ekstatischen der Ek-sistenz".[274] In der Sprache sieht Heidegger also eine weitere Möglichkeit, das Ereignis
als Ereignis zu denken. Sie ist "die zarteste, aber auch die anfälligste, alles verhaltende Schwingung im schwebenden Bau des Ereignisses".[275]

In Heideggers Sprachauffassung besteht darüber hinaus ein unmittelbarer Bezug zu
seiner Rede vom "Ding", in der sein Denken vom Walten der Zwiefalt sich weiter
ausspricht. Das Walten des Wortes "blitzt auf als die Bedingnis des Dinges zum
Ding",[276] d.h. es "be-dingt" das "Ding" zum "Ding".[277] Was in diesem Walten erfahren wird, ist "ursprünglich" nicht das metaphysisch vorgestellte Seiende in seinem
Sein aus der Vergessenheit des Unterschiedes als solchem, sondern das "Ding". Das
sprachlich zu erfahrende "Lassen" im Seinlassen von Seiendem zeigt sich demnach
vom "Ereignis" her als Verhältnis von "Welt" und "Ding".[278] Wenn das Wort "be-
dingt", so ereignet der "Unter-Schied" als Walten der ontologischen Differenz "Dinge" und "Welt".[279] Der hier im Zusammenhang mit der ursprünglichen Wahrheit des
"Seyns" als Walten des Unterschiedes von Sein und Seiendem bedeutsame Status der
"Dinge" liegt darin, daß sie als "Dinge" Welt "ent-falten", d.h. "sie besuchen jeweils
die Sterblichen eigens mit Welt".[280] Mit dem "Ding" soll die "Innigkeit" von Welt
und Ding erfahren werden können. Sie "durchgehen" einander und durchmessen
dabei eine Mitte, in der sie einig sind.[281] In dieser Mitte, im Zwischen von Welt und
Ding waltet der "Unterschied": er hält "von sich her die Mitte auseinander, auf die zu
und durch die hindurch Welt und Dinge zueinander einig sind".[282] Der "Unter-
Schied" kommt nicht nachträglich zu Welt und Ding hinzu, sondern er "ermittelt als

---

[268] Der Weg zur Sprache (1959), in: Unterwegs zur Sprache, GA 12, S. 256
[269] Der Weg zur Sprache (1959), in: Unterwegs zur Sprache, GA 12, S. 255
[270] Wozu Dichter? (1946), in: Holzwege, GA 5, S. 310
[271] Brief über den Humanismus (1946), in: Wegmarken, GA 9, S. 313, S. 361
[272] Brief über den Humanismus (1946), in: Wegmarken, GA 9, S. 323/324
[273] Brief über den Humanismus (1946), in: Wegmarken, GA 9, S. 361
[274] Brief über den Humanismus (1946), in: Wegmarken, GA 9, S. 334
[275] Identität und Differenz (1957), Pfullingen 1957, S. 30
[276] Das Wort (1958), in: Unterwegs zur Sprache, GA 12, S. 224
[277] Das Wort (1958), in: Unterwegs zur Sprache, GA 12, S. 220
[278] Zeit und Sein (1962), in: Zur Sache des Denkens, Tübingen 1969, S. 41
[279] Die Sprache (1950), in: Unterwegs zur Sprache, GA 12, S. 22
[280] Die Sprache (1950), in: Unterwegs zur Sprache, GA 12, S. 20
[281] Die Sprache (1950), in: Unterwegs zur Sprache, GA 12, S. 22
[282] Die Sprache (1950), in: Unterwegs zur Sprache, GA 12, S. 22

166

die Mitte erst Welt und Dinge zu ihrem Wesen, d.h. in ihr Zueinander, dessen Einheit er austrägt".[283]

Es ist nicht leicht, Sinn in Heideggers merkwürdiger Rede vom "Ding" zu finden. Der Ausdruck soll verstanden werden aus dem althochdeutschen "thing" im Sinne von »Versammlung«. Wenn vom "Ding" also gesagt wird, es "dingt" und "ist" darin im Unter-Schied von Welt und Ding, so »versammelt« es.[284] In diesem Versammeln ereignet es. Die Frage, was es versammelt, führt allerdings auf die Rede vom "Geviert", in der noch schwieriger Sinn zu finden ist. Das Ding will Heidegger denken "aus dem Dingen als dem versammelnd-ereignenden Verweilen des Gevierts",[285] worunter die Versammlung von Erde und Himmel, Sterblichen und Göttern verstanden werden soll. Wir verzichten darauf, dies zu erläutern, und ziehen stattdessen Heideggers eigenes Beispiel eines gebauten Dinges heran. Als Ding "versammelt" die Brücke die Erde "als Landschaft um den Strom",[286] sie "versammelt" den Himmel, indem sie bereit ist für dessen Wetter, sie "versammelt" die Menschen durch ihre "Funktion", und schließlich soll sie auch noch die "Göttlichen" bei sich versammeln.[287] In diesem Wesen als Versammeln räumt das Brückending eine "Stätte" ein, aus der ein »Ort« entsteht, und daraus schließlich "bestimmen sich Plätze und Wege, durch die ein Raum eingeräumt wird".[288] Dieser Raum ist "etwas Eingeräumtes, Freigegebenes, nämlich in eine Grenze".[289]

Die "Versammlungen" des Dinges lassen sich nach diesem Beispiel als "Näherungen" im Sinne der Herstellung von Bezügen verstehen, in die das Ding nicht erst gestellt wird, sondern die es mit sich bringt, indem es ist. Hier kann rückgreifend der Zusammenhang zu der Interpretation des Raumes in SuZ hergestellt werden. Dort wurde das Dasein als "einräumend" bezeichnet und der Raum galt als "Konstituens der Welt" (101), in deren Verweisungszusammenhang Seiendes in Bedeutungen entdeckt werden kann. Die Räumlichkeit des Daseins sollte in der Weltlichkeit als Existenzial und damit als Seinscharakter des Daseins fundiert sein (§ 33). Dem Dasein war eine "wesenhafte Tendenz auf Nähe" und damit der Charakter der aktiv zu verstehenden »Ent-fernung« zugeschrieben worden (105). Indem dies aber nicht als Tun eines »in« der Welt vorhandenen Menschen verstanden werden konnte, sondern als Element des Geschehens, in dem der Mensch das Dasein ist, so mußte auch das »Einräumen« zum »Da« des Seins gehören. Diesen Seinscharakter des Daseins finden wir nun im "einräumenden" Ding in der Verwandlung wieder, die Heideggers Philosophie nach der »Kehre« prägt. Die Brücke wird nicht als ein räumlicher Gegenstand im an sich vorhandenen physikalischen Raum gedacht, sondern die Brücke ist ein Ort, der einen Raum "einräumt"; von ihr aus werden Plätze in ihrer Nähe und Entfernung "konstituiert". Daraus wird erst durch Abstraktionsleistungen das Denken in meßbaren Abständen und schließlich in den Begriffen des physikalischen Raumes

[283] Die Sprache (1950), in: Unterwegs zur Sprache, GA 12, S. 22
[284] Das Ding (1950), in: Vorträge und Aufsätze, GA 7, S. 175
[285] Das Ding (1950), in: Vorträge und Aufsätze, GA 7, S. 176
[286] Bauen Wohnen Denken (1951), in: Vorträge und Aufsätze, GA 7, S. 154
[287] Bauen Wohnen Denken (1951), in: Vorträge und Aufsätze, GA 7, S. 154/155
[288] Bauen Wohnen Denken (1951), in: Vorträge und Aufsätze, GA 7, S. 156
[289] Bauen Wohnen Denken (1951), in: Vorträge und Aufsätze, GA 7, S. 156

möglich. Die zunächst begegnenden alltäglichen Räume sind "von Orten eingeräumt; deren Wesen gründet in Dingen von der Art der Bauten".[290] Der Raum aber gehörte schon innerhalb des Denkens von SuZ in das primäre Begegnen von Seiendem (§ 22). Damit kann zumindest eingesehen werden, inwiefern für Heidegger der "dingende" und d.h. "versammelnde" Charakter des Dinges eine "konstituierende" Bedeutung für das Begegnenlassen von Seiendem als solchen hat.

Das "Ding" steht damit nach seinem Status in Heideggers späterer Philosophie in nächster Nähe zum Kunstwerk. Die "Dinge" sind "Orte" und der Raum entfaltet sich erst aus dem Walten von Orten einer Gegend.[291] Dies wird aber nun vom Kunstwerk gesagt. Der vergleichbare Status von "Ding" und Kunstwerk in Heideggers Denken läßt sich gut aus folgender Charakterisierung eines Kunstwerks, hier einer Plastik, entnehmen: sie ist "ein verkörperndes Ins-Werk-Bringen von Orten und mit diesen ein Eröffnen von Gegenden möglichen Wohnens der Menschen, möglichen Verweilens der sie umgebenden, sie angehenden Dinge".[292] Hieß das Kunstwerk zunächst die ins-Werk-gesetzte Wahrheit, so wird die Plastik nun gekennzeichnet als "Verkörperung der Wahrheit des Seins in ihrem Orte stiftenden Werk".[293] Wie das Kunstwerk nicht wäre ohne das ursprüngliche Dichten der Sprache,[294] so gilt dies auch vom "Ding": das "Nennen ... lädt die Dinge ein, daß sie als Dinge die Menschen angehen".[295] Das Nennen faßt Heidegger als ein "Heißen" auf und die Sprache spricht, "indem sie das Geheißene, Ding-Welt und Welt-Ding, in das Zwischen des Unter-Schiedes kommen heißt".[296] Das "Heißende" als »Rufendes« ist dabei der "Unterschied" selbst. Demnach "west" die Sprache "als der sich ereignende Unter-Schied für Welt und Dinge".[297]

Es mag sein, daß damit die Bedeutung des »Dinges« für Heidegger Spätphilosophie nicht zureichend interpretiert ist. Für die hier interessierende Frage nach Weisen des Walten des Unter-Schiedes und der Zwiefalt genügt jedoch die gewonnene Interpretation. Auch mit dem »Ding« wird demnach das geschicklich-geschichtliche Walten der ontologischen Differenz gedacht, indem sie die Menschen eigens mit Welt "besuchen".[298] Ähnlich wie im Falle des Kunstwerkes und der von der Sage her be-wegenden Sprache ist mit dem »Ding« die Entbergung in ein Entborgenes eingerichtet und das Sein in ein Seiendes, das gerade dadurch zu einem Seienden bzw. Entborgenen wird. Weder das Kunstwerk noch im besonderen das Sprachkunstwerk als Ursprung der Sprache können als Produkte des Menschen im Sinne eines weltlich bestimmten Seienden aufgefaßt werden. Von Heideggers Sprachverständnis her kann das Sich-Verstehen unter dem Begriff »Mensch« nicht als Tun eines »Menschen« gedacht werden. Das Sich-Bestimmen unter Begriffen wie »Mensch«, »animal ratio-

---

[290] Bauen Wohnen Denken (1951), in: Vorträge und Aufsätze, GA 7, S. 158
[291] Die Kunst und der Raum (1969), in: Aus der Erfahrung des Denkens, GA 13, S. 208
[292] Die Kunst und der Raum (1969), in: Aus der Erfahrung des Denkens, GA 13, S. 209
[293] Die Kunst und der Raum (1969), in: Aus der Erfahrung des Denkens, GA 13, S. 210
[294] Der Ursprung des Kunstwerkes (1935/36), in: Holzwege, GA 5, S. 62
[295] Die Sprache (1950), in: Unterwegs zur Sprache, GA 12, S. 19
[296] Die Sprache (1950), in: Unterwegs zur Sprache, GA 12, S. 26
[297] Die Sprache (1950), in: Unterwegs zur Sprache, GA 12, S. 27
[298] Die Sprache (1950), in: Unterwegs zur Sprache, GA 12, S. 20

nale« oder »Subjekt« etc. ist in Heideggers Spätphilosophie ein geschichtlich-geschickliches Ereignis aus einem unbestimmten Bestimmen, wie es etwa im Kunstwerk als Bestimmung des Unter-Schiedes und der Zwiefalt das Seiende »überkommt«. Mit dem »Dingen« des Dinges scheint Heidegger vor allem diese Unbestimmtheit des Ereignisses betonen zu wollen. Konnte das Kunstwerk noch als bestimmt durch den schaffenden Menschen als ein bestimmtes Seiendes und d.h. als Produkt aufgefaßt werden, so soll dies mit dem »Ding« ausgeschlossen werden. Insofern könnte im Bedenken des »Dinges« die höchste Stufe in Heideggers Versuchen gesehen werden, in denen er die entbergende Ankunft des Seins als eines unbestimmten Bestimmens in einem Bestimmten, das dadurch zu einem solchen wird, zu verstehen suchte. Das »Ding« gewinnt seinen philosophischen Status in Heideggers Denken also als eine Gestalt des »Ereignisses«, in der das Sein in der Zwiefalt und im Unter-Schied das Seiende überkommt, das darin als solches begegnen kann, und in der Dasein und Seiendes auseinandertreten in eine Dimension, in der sie sich aufeinander beziehen können. Wie Kunstwerk und Sprache als »Sage« und Dichtung ist es eine Gestalt der Aletheia und gehört in die Entfaltung der Lichtung der Unverborgenheit. Wie das Kunstwerk und die Sprache versammeln auch die »Dinge« ihre Bezüge in das "Ereignete".[299]

Heideggers Ausführungen über das Kunstwerk, die Sprache und das Ding mögen unter vielen anderen Perspektiven Interesse und Kritik finden. Wir haben hier nur ihren Status innerhalb von Heideggers Denken über das Begegnen von Seiendem als Seiendes erörtert, um die verwandelte Fortführung der Frage nach einem Sinn von Sein in der Spätphilosophie nach der »Kehre« darstellen zu können, und wir können nun von den Unterscheidungen absehen und uns auf das konzentrieren, was diesen Weisen der Ankunft von Unverborgenheit gemeinsam ist. Darin zeigt sich die charakteristische Abkehr von dem Versuch, die Struktur der Zeitlichkeit als Sinn von Sein anzugeben, aus dessen Verständnishorizont Seiendes als Seiendes begegnen kann. Die Eröffnung der Unverborgenheit wird nun als in einem Ereignis geschehend aufgefaßt, in dem ein interner Zusammenhang in die Welt kommt, aus dem sich einzelne Elemente herauslösen können. Das primäre Geschehen in der Offenheit einer Welt ist also das Erscheinen eines Zusammenhangs. Dieser Zusammenhang folgt einer Logik, die er selbst mitbringt, weil weder diese Logik noch die Welt selbst vor dem Zusammenhang sind. Würde dieser ursprüngliche Zusammenhang durch eine Zusammenfügung von Elementen hergestellt werden, so setzte dies diejenige Unterscheidung voraus, die hier unter dem Titel der ursprünglichen Erschlossenheit gemeint ist. Würde dieser Zusammenhang von einem leistenden Subjekt hergestellt, so würde ebenfalls die Erschlossenheit vorausgesetzt. Damit wäre der Zusammenhang nur von der objektiven Welt in die subjektive Welt verlegt. Das Dasein erscheint deshalb nun selbst als Geschehen eines ursprünglichen Zusammenhangs, der Unverborgenheit mit sich bringt.

Insbesondere die Bedeutung des Kunstwerkes für das Ereignis der Unverborgenheit besteht demnach darin, daß es das ursprüngliche Geschehen der Zusammen-

---

[299] Zeit und Sein (1962), in: Zur Sache des Denkens, Tübingen 1969, S. 45

hangsbildung in einer internen Logik, aus der sich erst Elemente herausbilden, als solches sichtbar macht. Das Kunstwerk ist nicht zusammengesetzt, sondern es setzt auseinander, indem es die Elemente aus seinem ursprünglichen Zusammenhang entläßt, die als so Entlassene nur aus der ursprünglichen Logik des Zusammenhangs bestimmt sind, aus dem sie stammen. Diese Elemente werden losgelöst aus diesem Zusammenhang zu Bestimmungen, die zwar für sich bestehen, aber ihre Eigenbedeutung weder aus einem Bezug auf an sich seiende Objekte in der Welt, noch aus dem Bezug auf die Leistung eines empirischen Subjekts erhalten, sondern aus dem Bezug auf den ursprünglichen Zusammenhang, in dem sie im Kunstwerk in die Welt gekommen sind. Das Kunstwerk stellt also eine Zusammenhangsbildung jenseits von objektiver und subjektiver Welt dar. Das Kunstwerk bringt seine Bestimmtheit mit sich, indem es inmitten der Welt eine neue Welt aus sich selbst heraus eröffnet.

Mit dem Kunstwerk wird eine Welt und ihre Unverborgenheit »geschaffen«. Aber in diesem Schaffen wird es ebenso von seinem Schöpfer abgelöst. Darin unterscheidet es sich vom technischen Artefakt, das bestimmt bleibt durch den Hersteller, den Zweck und durch die Personen, für die es gemacht wurde. Anders das Kunstwerk, das, einmal geschaffen, nicht mehr bestimmt ist durch einen Bezug auf den Künstler, auf einen Zweck oder ein Publikum, wenn es denn als Kunstwerk aufgefaßt wird. Das Kunstwerk bringt also auch eine Differenz zwischen dem Schöpfer und seinem Werk mit sich. Mit dem Kunstwerk tritt im Schaffen ein Abbruch des Schaffens ein, in dem eine Welt entsteht, wo doch nur Materie, also ein Seiendes, bearbeitet wurde. Das Kunstwerk entsteht, indem es sich vom Künstler distanziert und eine Welt mit sich bringt, in der er nur noch in einer Differenz vorkommt, nachdem sich das von ihm Geschaffene von ihm und von seiner Welt gelöst hat und ihm mit einer eigenen Welt gegenübertritt. Die Kunstwerke sind also geschaffene Werke ohne Subjekt. Mit ihnen wird etwas geschaffen, das aus dem Schaffenden nicht abgeleitet oder erklärt werden kann.

Damit gewinnt der Gedanke der Welt eine neue Bedeutung. In SuZ war das für die Entwicklung der Seinsstruktur des Daseins entscheidende In-der-Welt-sein durch eine Bewegung zwischen den zwei Polen Verfallen und Eigentlichkeit ausgezeichnet. Mit dem Kunstwerk wird nun zu denken versucht, wie die Dimension dieser Bewegung eröffnet wird. Das Kunstwerk bringt ja nicht nur seine Welt mit sich, sondern auch seine »Erde« als »Verschließung«, die in dem verwandelten Zusammenhang von Heideggers Denken nun als Fortführung der Konzeption des Verfallens aus SuZ angesehen werden kann. Mit dem Kunstwerk versucht Heidegger also nun das »Zwischen« als solches und damit die Zwiefalt und den Unter-Schied zu denken, weil er im Kunstwerk ein Seiendes findet, das seine Welt mit sich bringt, aus der seine Bestimmtheiten Bedeutung gewinnen, indem sie aus der Welt entlassen werden, mit sie »in« die Welt gekommen sind. Im Kunstwerk wird also die Welt in einem bestimmten Seienden innerhalb der Welt erfahrbar, aus der sich die Erfahrbarkeit von Seiendem überhaupt entfaltet.

8. Das Dasein und sein Wissen

8.1 Dasein und Wahrheit

In Heideggers Denken nach der »Kehre« sollte zunächst die Frage nach der »Wahrheit« des Seins die Frage nach dem Sinn von Sein als dem Horizont des Begegnens von Seiendem als Seiendes in einem »Da« des Seins fortsetzen: "Die Wahrheit des Seyns, dasjenige, was Seyn in seinem Wesen überhaupt offen und demzufolge verstehbar macht, nennen wir den »Sinn« des Seyns".[300] Der Ausdruck »Sinn« von Sein schien Heidegger nun unangemessen, weil er es ermöglichte, den Entwurf, in dem Sein verstanden wird, zu sehr als menschliche Leistung und als Struktur der Subjektivität zu verstehen: "Um diesem Fehlgriff zu begegnen und dem »Entwurf« die Bedeutung zu erhalten, in der er genommen wurde (die der eröffnenden Erschließung), hat das Denken nach »Sein und Zeit« den Ausdruck »Sinn von Sein« durch »Wahrheit des Seins« ersetzt."[301] Wenn nach SuZ stattdessen von "Wahrheit des Seins" gesprochen wurde, so sollte Wahrheit als Unverborgenheit und Lichtung verstanden werden: "Wahrheit des Seins besagt Lichtung des Seins".[302] Um diesen Sinn herauszustellen und um zu verhindern, daß Wahrheit als Richtigkeit und Übereinstimmung von Denken und Sein verstanden werden könnte, hatte Heidegger dann auch diese Bezeichnung vermieden und Wahrheit des Seins erläutert durch "Ortschaft" des Seins, "Wahrheit als Örtlichkeit des Seins" oder "Topologie des Seyns".[303] "Wahrheit des Seins" sollte nun angemessen von einem Bewahren aus verstanden werden, "in dem das Sein als Sein gewahrt wird".[304] Die "Kehre", "in der das Denken sich immer entschiedener dem Sein als Sein zuwendet",[305] bedeutet demnach eine Akzentverschiebung gegenüber der Frage nach dem Sinn von Sein: "Indem es das Wort Sinn von Sein zugunsten von Wahrheit des Seins aufgibt, betont das aus »Sein und Zeit« hervorgegangene Denken künftig mehr die Offenheit des Seins selbst als die Offenheit des Daseins angesichts der Offenheit des Seins".[306] Die Frage von »Sein und Zeit« interpretierte Heidegger rückblickend als "die Frage nach der Offenheit des Seins und nach der Wesung dieser Offenheit".[307]

Ob darin jedoch eine grundsätzliche Neuorientierung des in SuZ versuchten Denkens liegt, kann bezweifelt werden. Eine solche Auffassung kann im Grunde nur vertreten werden, wenn dem subjektivistischen Mißverständnis gefolgt wird, das SuZ zwar an vielen Stellen nahelegt, das sich aus dem Zusammenhang des Gedankengangs jedoch deutlich widerlegt. Schon in SuZ wurde die ursprüngliche Wahrheit als Voraussetzung unserer Existenz bezeichnet, weil durch Wahrheit erst Voraussetzung ermöglicht wird als "Verstehen von Seiendem in seinen Seinszusammenhängen"

---

[300] Schelling. Vom Wesen der menschlichen Freiheit (1936), GA 42, S. 110

[301] Seminar in Le Thor 1969, in: Seminare, GA 15, S. 335

[302] Seminar in Le Thor 1969, in: Seminare, GA 15, S. 345

[303] Seminar in Le Thor 1969, in: Seminare, GA 15, S. 335

[304] Seminar in Zähringen 1973, in: Seminare, GA 15, S. 373

[305] Seminar in Le Thor 1969, in: Seminare, GA 15, S. 345

[306] Seminar in Le Thor 1969, in: Seminare, GA 15, S. 345

[307] Die Metaphysik des deutschen Idealismus (1941), GA 49, S. 157

(228). Dieses Sichvoraussetzen liegt in der Seinsstruktur des Daseins, der »Sorge« als Sichvorwegsein (228). Wenn »Sorge« aber die in SuZ entwickelte Möglichkeitsstruktur des Begegnens von Seiendem als Seiendes ist, wie sie dem Dasein zugehört, so kann diese Struktur selbst nur unter der Voraussetzung der ursprünglichen Wahrheit als solche möglich sein. Dementsprechend führt Heidegger kurz darauf aus: die Wahrheit "ist die Voraussetzung für unsere eigene Existenz".[308] Also ist der Mensch, indem er Seiendes als ein solches seinlassen kann, er ist also nur Mensch aufgrund des Daseins in ihm.[309] Wenn in SuZ das Wesen des Daseins "Existenz" als Zu-Sein genannt wurde, so ist der Weg nicht sehr weit zu der Erläuterung der Existenz als "Ek-sistenz" im Sinne der "Aussetzung in die Entborgenheit des Seienden".[310] Damit besitzt die Freiheit als "das ek-sistente, entbergende Da-sein", die durch den Begriff des Wesens der Wahrheit bezeichnet wird, den Menschen.[311] Entsprechend ist die Entschlossenheit, die in SuZ »eigentliche Wahrheit« genannt wurde, die "Entborgenheit des menschlichen Daseins für die Lichtung des Seins".[312] Das Dasein ist als das in sich offene Da die Stätte, "die sich das Sein zur Eröffnung ernötigt".[313]

Der Übergang zum späteren Denken über das Dasein und über den Menschen ist also keineswegs eine Abkehr vom Denken von SuZ, wenn das subjektivistische Mißverständnis von SuZ vermieden wird. Das Wesen des Menschen soll sich nun "aus dem Wesen (verbal) der Wahrheit des Seins durch das Sein selbst" bestimmen,[314] denn das Sein selbst nimmt "zur Gründung seiner Wahrheit im Seienden das Menschenwesen in den Anspruch".[315] Darin ist die fundamentale Fragestellung von SuZ aufbewahrt, denn mit der Erfahrung des "daß Seiendes ist" ist der Mensch in seinem Wesen in die Wahrheit des Seins gerufen.[316] So ist der Mensch, indem er ek-sistiert,[317] und er "west so, daß er das »Da«, d.h. die Lichtung des Seins ist".[318] Seinsverständnis heißt nun "der ekstatische Bezug zur Lichtung des Seins".[319] Das in SuZ noch mögliche voluntaristische Mißverständnis wird nun deutlicher ausgeschlossen: "Der Mensch ist vielmehr vom Sein selbst in die Wahrheit des Seins »geworfen«, daß er, dergestalt ek-sistierend, die Wahrheit des Seins hüte, damit im Lichte des Seins das Seiende als das Seiende, das es ist, erscheine".[320] Während in SuZ noch das Mißverständnis entstehen konnte, die Entschlossenheit als die eigentliche Erschlossenheit sei ein Entschluß des Menschen, so äußert sich Heidegger nun deutlicher: "über die Unverborgenheit, worin sich jeweils das Wirkliche zeigt oder entzieht, verfügt der

[308] Die Grundprobleme der Phänomenologie (1927), GA 24, S. 315
[309] Kant und das Problem der Metaphysik (1929), GA 3, S. 234
[310] Vom Wesen der Wahrheit (1930), in: Wegmarken, GA 9, S. 189
[311] Vom Wesen der Wahrheit (1930), in: Wegmarken, GA 9, S. 190
[312] Einführung in die Metaphysik (1953), GA 40, S. 23
[313] Einführung in die Metaphysik (1953), GA 40, S. 214
[314] Nietzsche. Zweiter Band, GA 6.2, S. 172
[315] Nietzsche. Zweiter Band, GA 6.2, S. 447
[316] Nachwort zu ‚Was ist Metaphysik?' (1943), in: Wegmarken, GA 9, S. 307
[317] Brief über den Humanismus (1946), in: Wegmarken, GA 9, S. 329
[318] Brief über den Humanismus (1946), in: Wegmarken, GA 9, S. 325
[319] Brief über den Humanismus (1946), in: Wegmarken, GA 9, S. 327; zur ersten Veröffentlichung dieses Textes von 1949 führt Heidegger zu "Bezug" aus: "Ungenau, besser: ekstatisches Innestehen in der Lichtung."
[320] Brief über den Humanismus (1946), in: Wegmarken, GA 9, S. 330

Mensch nicht".[321] Wenn der Mensch nun als der "Hirt des Seins" bezeichnet wird,[322] so wird damit eine neue Bedeutung der »Sorge« verbunden: "Als der Eksistierende steht der Mensch das Dasein aus, indem er das Da als die Lichtung des Seins in »die Sorge« nimmt".[323] Die »Relativität« des Seins zum Dasein aus SuZ (vgl. 212) wird nun so reinterpretiert: "nur solange die Lichtung des Seins sich ereignet, übereignet sich Sein dem Menschen",[324] und das Wesen des Seins braucht das Menschenwesen, "um als Sein nach dem eigenen Wesen inmitten des Seienden gewahrt zu bleiben und so als das Sein zu wesen".[325] Die Unverborgenheit hat sich also immer schon ereignet, "so oft sie den Menschen in die ihm zugemessenen Weisen des Entbergens hervorruft", und in seinem Entbergen entspricht der Mensch nur dem "Zuspruch der Unverborgenheit".[326]

Während in SuZ jedoch nach dem Sinn von Sein gefragt wurde, indem das Dasein auf sein Sein, aus dessen Horizont es Seiendes als solches begegnen lassen kann, analysiert wurde, so wird die Frage nach der Unverborgenheit nun gestellt, indem nach dem »Lassen« des Seins im »Da« des Seins gefragt wird. Die Frage nach der Unverborgenheit als solcher ist die Frage nach dem »Walten« und dem »Es gibt« im »Da« des Seins und damit in der geschichtlichen Zuschickung von Gestalten des Waltens der ontologischen Differenz als Unterschied von Sein und Seiendem. Antworten auf die Frage nach der Unverborgenheit als solcher wurden gesucht, indem geschicht-lich-geschickliche Weisen des Waltens der »Zwiefalt« und des »Unter-Schiedes« von Sein und Seiendem interpretiert wurden, vor allem das Kunstwerk, das »Ding« und die Sprache. Im Bedenken dieser ausgezeichneten Erfahrungsweisen der Welt soll die Möglichkeit gegeben sein, "daß der Mensch eher und mehr und stets anfänglicher auf das Wesen des Unverborgenen und seine Unverborgenheit sich einläßt, um die gebrauchte Zugehörigkeit zum Entbergen als sein Wesen zu erfahren".[327] In der Kunst, in der Sprache und im »Ding« erfährt der Mensch also sein Wesen als das im Walten der Differenz geschickhafte Da des Seins.

In Heideggers Spätphilosophie frägt die »eigentliche« Frage nach dem Seienden al-so nicht nach dem Seienden als solchen, sondern "nach dem Wesen des Seyns und nach der Wahrheit dieses Wesens".[328] »Seyn« steht nun für den waltenden Unter-schied von Sein und Seiendem,[329] in dem die Lichtung der Aletheia als Entfaltung der Zwiefalt geschieht. Mit dem Bedenken der Unverborgenheit als solcher will Hei-degger darin nun das »Lassen« des Seins als solches denken. Die Offenheit im Sinne der Unverborgenheit läßt das Seiende als ein solches anwesen.[330] In diesem Sinne "enthält und gibt" die "Wahrheit" nun das, was ist,[331] nämlich "das Seiende, inmitten

---

[321] Die Frage nach der Technik (1953), in: Vorträge und Aufsätze, GA 7, S. 18
[322] Brief über den Humanismus (1946), in: Wegmarken, GA 9, S. 331
[323] Brief über den Humanismus (1946), in: Wegmarken, GA 9, S. 327
[324] Brief über den Humanismus (1946), in: Wegmarken, GA 9, S. 336
[325] Die Kehre (1949), in: Die Technik und die Kehre, Pfullingen 1962
[326] Die Frage nach der Technik (1953), in: Vorträge und Aufsätze, GA 7, S. 19
[327] Die Frage nach der Technik (1953), in: Vorträge und Aufsätze, GA 7, S. 27
[328] Schelling. Vom Wesen der menschlichen Freiheit (1936), GA 42, S. 112
[329] Vom Wesen der Wahrheit, Anmerkung von 1949, in: Wegmarken, GA 9, S. 201
[330] Wozu Dichter?, in: Holzwege, GA 5, S. 284
[331] Nietzsche. Erster Band, GA 6.1, S. 448

dessen der Mensch selbst ein Seiender ist, so zwar, daß er sich zum Seienden verhält".[332] Die Aletheia enthebt "Anwesendes der Verborgenheit"[333] und ist als Anwesenlassen zu denken.[334] Demnach "gewährt die Aletheia, die Unverborgenheit als
Lichtung gedacht, erst die Möglichkeit von Wahrheit".[335] Wird die Unverborgenheit
als solche zu denken versucht, so geschieht dies, indem ihre Ankunft in Weisen des
Anwesenlassens interpretiert wird. Deshalb wird vom Kunstwerk auch gesagt, in ihm
werde die »Wahrheit« als die Unverborgenheit des Seienden ins Werk gesetzt.

Damit wird Heidegger durch die »Sache« seines Denkens zu einer Konzeption von
Wahrheit geführt, die nicht der geläufigen Konzeption einer Übereinstimmung von
Denken und Sein folgt. Die Übereinstimmung sollte dieser Tradition zufolge zwischen einem in Aussagen ausgedrückten Denken und dem Seienden nach seinem
Sein geschehen. Wenn Heidegger seine Frage nach dem Sein als solchem entwickelt,
dann ist diese Konzeption offenbar grundsätzlich verlassen. Dies hat Heidegger bereits in SuZ in seiner Erörterung des Zusammenhangs von Dasein und Wahrheit zu
reflektieren versucht, ohne dort zu einem befriedigenden Ergebnis zu gelangen. Dies
hatte vor allem mit einer begrifflichen Unklarheit zu tun, die wiederum auf die in
SuZ stets präsente Gefahr des subjektivistischen (Selbst-)Mißverständnisses des dort
versuchten Denkens zurückgeführt werden kann. In seiner späteren Philosophie hat
Heidegger radikaler formuliert, daß eine Konzeption von Wahrheit als Übereinstimmung von Aussagesätzen und Seiendem für das Denken des Sein nicht verwendet werden kann. Das Denken des Seins kann deshalb auch keine Verbindlichkeit in
Aussagen beanspruchen. Spricht die Sprache in Aussagesätzen, die sich an Seiendes
anmessen können sollen, so ist sie dem Denken des Ereignisses unangemessen.[336]
Die Erörterungen über das Kunstwerk, die Sprache als »Sage« und über das »Ding«
können als Realisierung und Konsequenz dieser Sachlage gesehen werden, die sich
aus Heideggers genuiner Fragestellung ergibt.

Für die Wahrheit als Anmessung der Aussage an das Seiende gilt also: "Der Schritt
zurück aus dem vorstellenden Denken der Metaphysik verwirft dieses Denken nicht,
aber er eröffnet die Ferne der Wahrheit des Seins, in der das Entsprechen steht und
geht".[337] Die Bestimmung der Wahrheit als Eigenschaft einer Aussage ist demnach
einerseits aus der primären Eröffnung der Unverborgenheit abgeleitet, aber innerhalb
einer bestimmten Zuschickung des Seins doch unvermeidlich.[338] Dieser Konzeption
von Wahrheit wird ihr Ort und ihre Berechtigung angewiesen, indem ihre Fähigkeit
begründet wird, vom Seienden so zu reden, wie es ist. Heidegger erhebt damit den
Anspruch, daß sich die Elemente der die Auffassung der Wahrheit als Übereinstimmung von Denken und Sein fundierenden Struktur nur zureichend nach ihrer geschicklich-geschichtlichen Herkunft bestimmen lassen, wenn "wir die Aletheia grie-

[332] Nietzsche. Erster Band, GA 6.1, S. 448
[333] Logos (Heraklit, Fragment 50) (1951), in: Vorträge und Aufsätze, GA 7, S. 225
[334] Seminar in Le Thor 1969, in: Seminare, GA 15, S. 332
[335] Das Ende der Philosophie und die Aufgabe des Denkens (1966), Zur Sache des Denkens, Tübingen 1969, S. 76
[336] Zeit und Sein (1962), in: Zur Sache des Denkens, Tübingen 1969, S. 45
[337] Das Ding (1950), in: Vorträge und Aufsätze, GA 7, S. 186
[338] Vom Wesen des Grundes (1929), in: Wegmarken, GA 9, S. 130

chisch als Unverborgenheit erfahren und sie dann, über das Griechische hinaus, als Lichtung des Sichverbergens denken".[339]

Damit gelangen wir aber nur dorthin, "wo wir eigentlich schon sind".[340] Die Verbindlichkeit der Konzeption von Wahrheit als Übereinstimmung von Denken und Sein läßt sich also nur aus einer bestimmten Gestalt der Unverborgenheit begründen, nicht aber aus dem Denken der Unverborgenheit selbst und als solcher. Es ist möglich, sich mit der Konzeption der Wahrheit als adaequatio intellectus et rei an das Seiende zu wenden und von ihm zu sagen, »wie es ist«, weil diese Wahrheitskonzeption in jene Struktur des Begegnens von Seiendem eingeordnet ist, die als ein abendländisches Geschick darüber entscheidet, was seiend heißt. Wir können also mit dem »Instrument« der bestimmenden Aussage, die mit dem Seienden begründet übereinstimmen soll, vom bestimmten Seienden sprechen, weil die Aletheia die Wahrheit als adaequatio und certitudo "gewährt"[341] und weil im Walten des Unterschiedes von Sein und Seiendem die Zusammengehörigkeit von Vernehmen und Sein abendländisch so geschickhaft geworden ist, daß darin die Wahrheit als adaequatio abkünftig eingeordnet ist.[342] So gründet letztlich der Anspruch auf Verbindlichkeit eines »rationalen« Denkens in der Aletheia als der Unverborgenheit als solcher in ihren geschickhaften Weisen:[343] "Das lichtende Bergen ist, d.h. läßt wesen die Übereinstimmung zwischen Erkenntnis und Seiendem".[344] Daraus ergibt sich für Heidegger: "Die Vernunft und ihr Vorstellen sind nur eine Art des Denkens und keineswegs durch sich selbst bestimmt, sondern durch jenes, was das Denken geheißen hat, in der Weise der Ratio zu denken".[345]

Mit dieser Bestimmung eines im Sinne der Übereinstimmung von Denken und Sein wahrheitsdifferenten und bestimmenden Behauptens in sprachlicher Darstellung stellt Heidegger auch die Frage nach dem Status seines eigenen Philosophierens bzw. »Denkens« als eines Versuches, im endlichen Sprechen etwas Bestimmtes »über« die Lichtung der Unverborgenheit zu sagen. Heidegger war sich dieser Schwierigkeit durchaus bewußt: "Ein Versuch, vom Vorstellen des Seienden als solchen in das Denken an die Wahrheit des Seins überzugehen, muß, von jenem Vorstellen ausgehend, in gewisser Weise auch die Wahrheit des Seins noch vorstellen, so daß dieses Vorstellen notwendig anderer Art und schließlich als Vorstellen dem zu Denkenden ungemäß bleibt".[346] Offensichtlich hängt dieses Problem mit der Sprache zusammen, die ein solches Philosophieren verwenden kann. Einerseits sind nach Heideggers Auffassung die abendländischen Sprachen "in je verschiedener Weise Sprachen des metaphysischen Denkens". Andererseits aber soll es "offen bleiben", "ob diese Spra-

---

[339] Das Ende der Philosophie und die Aufgabe des Denkens (1966), Zur Sache des Denkens, Tübingen 1969, S. 79

[340] Identität und Differenz (1957), Pfullingen 1957, S. 25

[341] Das Ende der Philosophie und die Aufgabe des Denkens (1966), Zur Sache des Denkens, Tübingen 1969, S. 76

[342] Nietzsche. Erster Band, GA 6.1, S. 475

[343] Das Ende der Philosophie und die Aufgabe des Denkens (1966), Zur Sache des Denkens, Tübingen 1969, S. 75

[344] Vom Wesen der Wahrheit, Anmerkung von 1949, in: Wegmarken, GA 9, S. 201

[345] Zur Seinsfrage (1955), in: Wegmarken, GA 9, S. 388

[346] Einleitung zu ‚Was ist Metaphysik' (1949), in: Wegmarken, GA 9, S. 377

chen andere Möglichkeiten des Sagens, u.d.h. zugleich des sagenden Nichtsagens gewähren".[347]

Diese Offenheit bedeutet nicht ein unausgeführtes Theorieelement in Heideggers Sprachphilosophie, sondern ist die Konsequenz aus seinem Denken der Sprache vom Kunstwerk, vom »Ding« und insbesondere von der Dichtung als dem Sprachkunstwerk her. Wenn das "Er-Eignis" in der "Be-wegung der Sage zur Sprache" ankommt und damit dem Denken »Wege« bereitet,[348] so geschieht in ihm ein Bestimmen, das von der »Zeige«, in der unbestimmt-bestimmend Welt »gegeben« wird, zum Wort als Zeichen für ein bestimmtes Seiendes führt. Auch die Sprache bleibt insofern offen, als die »Zeige« in ihrem unbestimmt-bestimmenden Charakter die Sprache nicht zu einer vorstellend-bezeichnenden Wahrheitskonzeption »be-wegen« muß. Insofern kann die Offenheit der Sprache auch die Offenheit für eine nicht-metaphysische Sprachauffassung sein. Die Möglichkeit, in der Sprache etwas so zu sagen, daß die Lichtung der Unverborgenheit zur Sprache kommt, in der der unbestimmte Grund derjenigen Sprachauffassung ruht, die die Wahrheitskonzeption als Übereinstimmung von Denken und Sein bestimmt, ist in Heideggers Denken über die Sprache impliziert. Nichtsdestoweniger wird damit für dieses Denken die begründende Ausweisung seiner Bestimmtheit gemäß dieser Wahrheitskonzeption unmöglich. Eine solche Ausweisung kann sich letztlich nur »zeigen«. Deshalb gewinnt in Heideggers Spätwerk der Versuch immer größere Bedeutung, mit Hilfe der Phänomene der Kunst, des »Dinges« und der Dichtung bzw. der Sprache als »Sage« eine neue Auffassung über die geschicklich-geschichtliche Herkunft von Bestimmtheit und sprachlicher Wahrheit zur Geltung zu bringen.

8.2 Dasein und Subjekt

Trotz dieser fundamentalen Zweifel an der Angemessenheit einer in der Form von Aussagesätzen sprachlich ausgedrückten Wahrheit für eine Untersuchung, die von der Frage nach dem Sinn von Sein ausgehend zum Bedenken der Unverborgenheit des Seins als Sein und nicht als Seiendes führte, ist »ursprüngliche Wahrheit« doch einer der Begriffe, mit denen Heidegger über die Entwicklung seines Denkens hinweg immer wieder das genuine Thema seines Denkens zu umschreiben versuchte. Der »Sinn von Sein« sollte angemessener zu verstehen sein als »Wahrheit des Seins«,[349] aber auch andere Begriffe wie Erschlossenheit, Offenständigkeit, Entbergung, Unverborgenheit, Freigabe bzw. »Freiheit«, Lichtung, Aletheia und schließlich auch das »Ereignis«, in dem die »Ereignung« der Wahrheit als solche und damit das Lichten der Lichtung als solches gedacht werden sollte,[350] und auch die »Gegend« oder »Gegnet« als das "verborgen Wesende der Wahrheit"[351] stellen »Denk-Wege« dar, die Heidegger mit »Wahrheit« gleichgesetzt oder doch wenigstens durch »Wahr-

[347] Identität und Differenz (1957), Pfullingen 1957, S. 72
[348] Der Weg zur Sprache (1959), in: Unterwegs zur Sprache, GA 12, S. 249
[349] Seminar in Le Thor 1969, in: Seminare, GA 15, S. 335
[350] Aus einem Gespräch von der Sprache (1953/54), in: Unterwegs zur Sprache, GA 12, S. 127
[351] Zur Erörterung der Gelassenheit (1944/45), in: Aus der Erfahrung des Denkens, GA 13, S. 64

heit« erläutert hat. Nun hätte Heidegger nicht immer neue »Wege« oder auch »Holzwege« eingeschlagen, wenn das genuine Thema seines Denkens genauso gut durch
einen einzigen Begriff hätte genannt werden können. Alle diese Wege sollten das
Denken jedoch in einer Richtung voranbringen, die "weg von der Offenbarkeit des
Seienden hin zu der im offenbaren Seienden verborgen bleibenden Offenbarkeit als
solcher" führt.[352] In diese Richtung fügt sich auch die »Kehre« ein, die Heidegger
selbst ja nicht als eine sachliche Neuorientierung, sondern als eine Neugewichtung
des der Sache nach bereits in SuZ Gedachten sah, wodurch stärker die "Offenheit des
Seins selbst als die Offenheit des Daseins angesichts der Offenheit des Seins" betont
werden sollte.[353]

Der Begriff einer »ursprünglichen Wahrheit« behält seine durchgehende Bedeutung
darüber hinaus auch für dasjenige Seiende, dessen Sein in SuZ zur Aufklärung des
Sinnes von Sein überhaupt führen sollte. Das »Dasein« sollte in seiner Analytik den
Sinn von Sein freigeben können, weil in ihm das Sein sinnhaft in einem Verständnishorizont »da« ist. Die Frage nach dem »Da« des Seins führt letztlich in die gleiche
Richtung, die Heidegger später mit der »im offenbaren Seienden verborgen bleibenden Offenbarkeit als solcher« bezeichnet hat. Entsprechend bleibt das »Dasein« auch
nach SuZ und der »Kehre« der »Ort«, an dem nach dem Sinn, der Offenbarkeit, der
Unverborgenheit, der Lichtung und der Wahrheit des Seins gesucht werden kann.
Daß der Entwurf, in dem Sein verstanden wird, nicht als menschliche Leistung aufgefaßt werden kann, konnte im Grunde nur durch das subjektivistische Mißverständnis von SuZ übersehen werden. Schon in SuZ wurde das Dasein als »Wahrsein«, als
»Erschlossenheit« und als »Lichtung« bezeichnet (133). »Gekehrt« sollte die »Entschlossenheit« als die »eigentliche Wahrheit« in SuZ dann als "Ent-borgenheit des
menschlichen Daseins für die Lichtung des Seins" verstanden werden,[354] in der das
Sein "zur Gründung seiner Wahrheit im Seienden das Menschenwesen in den Anspruch" nimmt.[355] Der Mensch ist so die "Lichtung des Seins".[356] In seinem Entbergen entspricht der Mensch nur dem "Zuspruch der Unverborgenheit".[357] Das »Da«
des Daseins gilt in Heideggers Spätphilosophie nun als "die Lichtung und Offenheit
des Seienden, die der Mensch aussteht".[358]

Gerade unter der Perspektive der Zusammengehörigkeit von Dasein und Wahrheit
steht Heideggers Denken nun in einem Verhältnis der Kontinuität und der Reflexion
zu dem transzendentalphilosophischen und idealistischen Denken, das Heidegger
selbst in seiner Selbstabgrenzung gegen die Geschichte der Philosophie mehr verdeckt als erhellt hat. Wir haben in der Erörterung des fundamentalen Gedankens von
SuZ des öfteren Heideggers Gegenstellung gegen die Philosophie des Subjekts zur
Verdeutlichung herangezogen. Dies setzt offenbar voraus, daß Heideggers Philosophie zumindest so weit an die zentralen Gedankengänge der Subjektphilosophie an-

---

[352] Zeit und Sein (1962), in: Zur Sache des Denkens, Tübingen 1969, S. 32
[353] Seminar in Le Thor 1969, in: Seminare, GA 15, S. 345
[354] Einführung in die Metaphysik (1953), GA 40, S. 23
[355] Nietzsche. Zweiter Band, GA 6.2, S. 447
[356] Brief über den Humanismus (1946), in: Wegmarken, GA 9, S. 325
[357] Die Frage nach der Technik (1953), in: Vorträge und Aufsätze, GA 7, S. 19
[358] Martin Heidegger/Eugen Fink, Heraklit (1966/1967), in: Seminare, GA 15, S. 204

zuschließen ist, daß eine Abgrenzung davon sinnvoll zur Erläuterung seines eigenen Denkens verwendet werden kann. Dann kann es jedoch auch nicht bei einer bloßen Gegenstellung bleiben, auch wenn dies Heideggers Selbstverständnis zumindest in den späten Phasen seines Denkens sicher besser entspricht. Steht Heideggers Denken in einer Kontinuität mit den zentralen transzendentalphilosophischen und idealistischen Gedankengängen, so muß die Abgrenzung dazu besser im Sinne einer Reflexion verstanden werden können. Es soll deshalb abschließend versucht werden, Heideggers Frage nach der Zusammengehörigkeit von Dasein und Wahrheit als Weiterdenken der Frage nach dem Subjekt in einem Verhältnis der Kontinuität und der Reflexion zu dem transzendentalphilosophischen und idealistischen Zentralgedanken zu erörtern.

Dem idealistischen Grundgedanken zufolge ist »wahr« im primären Sinn nur das Ich, weil in ihm Denken und Sein unmittelbar identisch sind; darüber hinaus kann von Wahrheit nur im abgeleiteten Sinn gesprochen werden, wenn aus der Identität von Denken und Sein begriffliche Bestimmtheiten entwickelt werden, in denen die Welt gemäß den Bedingungen zugänglich wird, die sich aus der ursprünglichen Identität von Denken und Sein im Ich ergeben. Dieser Gedanke wird von Kant entfaltet, indem die Begriffe aller Urteilsformen, mit denen wir wahrheitsdifferent urteilen können, von dem »Ich denke« als »Vehikel aller Begriffe« abhängig dargestellt werden.[359] Fichte und Schelling unternehmen es, aus dem Selbstbezug des Ich eine sich zum System schließende Sequenz begrifflicher Bestimmtheiten zu entwickeln, in denen sich uns die Welt in ihrer Wahrheit eröffnen soll. Hegel schließlich entdeckt im Selbstbewußtsein einerseits den »Begriff des Geistes«,[360] sieht jedoch andererseits gleichzeitig die Notwendigkeit, den Anfang mit dem Selbstbewußtsein aufgrund von dessen inneren Strukturproblemen in einer »Phänomenologie des Geistes« über sich hinauszuführen bis zum Gedanken des »absoluten Geistes«, der nur durch einen argumentativen Anfang in absoluter Unbestimmtheit und ohne Struktur im Ausdruck »Sein« zu einer Entwicklung reiner Begriffe entfaltet werden kann, in denen die Wahrheit der Welt offenbar wird, indem der Geist darin aus sich selbst das andere seiner selbst in der Form begrifflicher Bestimmtheiten schafft.

Von Descartes bis Hegel versuchte sich auf diese Weise die Subjektphilosophie zu begründen, indem sie ihren argumentativen Anfang in einer Identität von Denken und Sein fand, die nur noch philosophisch entwickelt werden mußte, um die Welt mit Hilfe eines Folge von Begriffen, die als solche schon eine Einheit von Denken und Sein enthalten, in ihrer Wahrheit offenbar werden zu lassen. Als »Wahrheit« kann deshalb aber auch im idealistischen Denkzusammenhang die »Dimension« bezeichnet werden, die als »Begegnungsraum« für Erfahrung »eröffnet« wird, indem die Bedingungen der Möglichkeit der Erfahrung - die ebenso Bedingungen der Möglichkeit der Gegenstände der Erfahrung sind[361] - aus der Identität von Denken und Sein im selbstbewußten Ich entwickelt werden und deshalb mit ihrem Ursprung an

---

[359] Kritik der reinen Vernunft, B 399, B 406
[360] Phänomenologie des Geistes, Gesammelte Werke 9, hrsg. v. W. Bonsiepen u. R. Heede, Hamburg 1980, S. 108
[361] Kritik der reinen Vernunft, B 197

diese ursprüngliche Identität gebunden bleiben. Das subjektphilosophische Projekt erschöpft sich ja keineswegs in dem Anspruch, mit dem Status apriorischer und notwendiger Geltung auftretende begriffliche Bestimmtheiten entwickeln zu können, in denen das Sein durch begriffliche Fixierung »gestellt« wird. Im Grunde kann Heideggers Kritik einer darin beanspruchten »Selbstermächtigung« des Subjekts auch nur spätere Verfallsformen des Subjektgedankens treffen. Das idealistische Subjekt ist schon seiner selbst so wenig mächtig, daß es zu seinem Selbstverständnis einer Sequenz begrifflicher Formen bedarf, die gültig nur sind, weil sie mit dem Sein, das mit dem Sich-Wissen identisch ist, schon gegeben sind und deshalb gerade nicht zu seiner Verfügung stehen. Es kann diese Begriffe zwar explizieren, aber nicht im Sinne einer Selbstermächtigung produzieren. Wollte die idealistische Subjektphilosophie von »Produzieren« im Sinne einer Disponibilität für das Subjekt sprechen, so müßte sie den Gedanken eines Subjekts »hinter« dem Subjekt denken. Dieser Gedanke würde jedoch gerade den gedanklichen Ausgangspunkt in der Identität von Sich-Wissen und Sein dementieren.

Die Dimension der Wahrheit wird in der idealistischen Subjektphilosophie also zwar »eröffnet« durch eine Explikation apriorischer und erfahrungskonstitutiver Begriffe, aber in dieser Explikation wird implizite doch stets auch jene Differenz gedacht, in der »Seiendes als solches« begegnen kann, also die Offenbarkeit und die Lichtung als Dimension der Differenz, in der sich das »Bestimmt-sein-für« des subjektphilosophischen Grundgedankens realisiert. Dieser Aspekt des zentralen Gedankens der idealistischen Subjektphilosophie wird auch dadurch nicht dementiert, daß diese Differenz letztlich als Differenz des Ich von sich gedacht wird, die in der begrifflichen Auseinanderlegung der Möglichkeit der Erfahrbarkeit der Welt zur Explikation kommt. Der Versuch eines Verständnisses dieser Differenz in der Identität des Sich-Wissens hat diese Philosophie zwar in eine Fülle von Schwierigkeiten gebracht, aber im Denken dieser Differenz dokumentiert sich doch der Versuch, gerade in der Entwicklung eines Verständnisses für Wahrheit als solche die Lichtung und Offenbarkeit des Seins zu bedenken. Im Grunde ist der Gedanke von Wahrheit als »Lichtung« und »Erschlossenheit« damit aber schon bei Kant angelegt, wenn er die Möglichkeit von Erfahrung durch die Voraussetzung einer kategorialen Struktur erklärt, die ihre Begründung letztlich als Denkvoraussetzung der Identität des »Ich denke« in der universellen »Mir-Zugehörigkeit« aller Vorstellungen besitzt.

Die Erfahrbarkeit der Welt wird damit als fundiert durch die kategoriale Verfaßtheit des selbstbezüglichen Ich gedacht. Es ist diese Erfahrbarkeit der Welt, die Heidegger als Geschehen einer »Lichtung« zu denken begann. Daß diese Erfahrbarkeit nur zu verstehen ist aus der ursprünglichen Identität von Denken und Sein und damit aus der ursprünglichen Wahrheit, dies macht es möglich, die Dimension der Erfahrbarkeit und damit der Lichtung schon bei Kant als Dimension der Wahrheit aufzufassen. »Wahrheit« in diesem Sinne ist damit auch die Dimension, in der das Subjekt und die objektive Welt auseinandertreten. Sie ist die Dimension der Differenzierung zwischen Subjektivität und Objektivität als der gedanklichen Bestände, die es erlauben, vom Subjekt und von einer von ihm geschiedenen und unablösbar auf es bezogenen objektiven Welt zu sprechen. Diese Dimension als »Wahrheit« zu bezeichnen ist legitim, insofern sie auf einer Entwicklung jener ursprünglichen Identität von Denken und Sein beruht, die den Bedeutungskern von Wahrheit darstellt und im Selbstbezug des Ich so zur Wirklichkeit kommt, daß daraus diese Identität und damit die Wahrheit selbst zu einer Dimension entfaltet werden kann.

Heideggers Philosophie stellt sich vor diesem Hintergrund als eine Reflexion auf das Geschehen der Eröffnung des Seins dar, das in den transzendentalphilosophischen und idealistischen Gedankengängen durch die Explikation eines apriorisch notwendigen Bereichs begrifflicher Bestimmtheit im Reiche des Wissens in der Ableitung von der leistenden Strukturierung durch das Bewußtsein zu verstehen versucht wurde, für das diese Bestimmtheiten Bewußtseinsinhalte sind. Heideggers Frage nach der »Offenheit«, der »Erschlossenheit« und der »Wahrheit« des Seins setzt nun diesen transzendentalen und idealistischen Gedanken voraus. Ohne jene kopernikanische Wende, der zufolge das Subjekt die Welt nach ihrer apriorischen und objektiven Qualität bestimmt, wäre Heideggers Frage und damit auch die Eigenart seines Philosophierens überhaupt nicht zu verstehen. Der Gedanke eines Bewußtseins-, Wissens- oder Erkenntnisverhältnisses zu einer an-sich-seienden und »realistisch« dem Wissenden und Erkennenden begegnenden Welt würde die Frage nach der »Offenheit« oder »Erschlossenheit« nicht zu stellen erlauben. Die Dementierung einer Subjekt-Objekt-Beziehung, also jeder Beteiligung des Erkennenden an der Bestimmung des Erkannten in Gestalt von dem Erkennenden zugehörenden Bedingungen der Möglichkeit der Erfahrung und ihrer Gegenstände, würde die Erkenntnisbeziehung letztlich reduzieren auf eine mit physikalischen Begriffen und Denkmitteln zu beschreibende Beziehung in der physikalischen Welt. Von »Offenheit« des Seins könnte dann aber nur noch im Sinne räumlicher und zeitlicher Differenziertheit zwischen »erkennenden« und »erkannten« Realitäten die Rede sein.

Weil die Erfahrbarkeit der Welt dem idealistischen Gedanken zufolge jedoch nur als Entwicklung der ursprünglichen Wahrheit über die Ausarbeitung von Möglichkeitsbedingungen der Erfahrung im Selbstbezug des Ich gedacht werden kann, deshalb kann Heideggers Denken der Wahrheit als Lichtung und Erschlossenheit des Seins nicht bruchlos an die zentralen Gedanken der idealistischen Philosophie angeschlossen werden. Für das transzendentalphilosophische und idealistische Denken ist die ursprüngliche Wahrheit nur in der Gestalt ihrer Entwicklung zu bestimmten Begriffen zu denken, in denen nicht die Eröffnung des Seins als solche zum Verständnis kommt, sondern in denen sich die Wahrheit der empirischen Welt nach den Möglichkeitsbedingungen ihrer Erfahrung in objektkonstituierenden Begriffen darstellt. Heideggers Fortdenken des subjektphilosophischen Grundverhältnisses muß deshalb zunächst dazu führen, daß ein »Subjekt« ohne jede Bestimmtheit durch objektkonstituierende Begriffe gedacht wird. Aus der subjektphilosophischen Perspektive wäre ein solcher Gedanke grundsätzlich nicht möglich, weil das Subjekt mit seiner apriorischen Verstehens- und Konstitutionsleistung von Objektivität kongruiert. In SuZ zeigt sich ein Rest dieses Gedankens noch in der Formulierung des Seins des Daseins in der Bestimmtheit als Zeitlichkeit. Der Fortgang von Heideggers Denken ist jedoch dann zu verstehen aus dem Bemühen, das »Subjekt« als den »Ort« der Ankunft von

Bestimmtheit zu denken, ohne dafür begriffliche Bestimmungen aus dem bestimmten Seienden heranziehen zu müssen.

Der Ausdruck »Dasein« bezeichnet also den Versuch, einen gegenüber dem idealistischen Denken angemesseneren Ausdruck für die Struktur zu finden, in der die »Aufgeschlossenheit« der Welt in der »Lichtung« der Unverborgenheit geschieht. Allerdings könnte »Erschlossenheit« zunächst auch als Name für das aufgefaßt werden, was in jener fundamentalen Relationalität entsteht, in der dem transzendentalphilosophischen und idealistischem Denken zufolge das Objekt »für« ein Subjekt wird, und in der die Welt »für« ein Subjekt wird, das im gleichen Geschehen »für sich« wird. »Erschlossenheit« könnte zunächst also auch als Name für das Geschehen von Bewußtsein und Selbstbewußtsein gelten. Dieses Geschehen von Bewußtsein und Selbstbewußtsein wird von Heidegger jedoch nun eigens in seiner Ereignung als Geschehen einer Relation und damit einer Differenz gedacht. Im Unterschied zur »klassischen« Bewußtseins- und Selbstbewußtseinsphilosophie sieht Heidegger in dieser Relation und Differenz also nicht einen Ausgangspunkt für die Entwicklung einer Philosophie, die zu Ergebnissen in Form der Bestimmung der begrifflichen Strukturen führen soll, in denen die Welt erfahrbar wird, indem sie sich in der Differenz des »für« einem Subjekt erschließt. Sein Interesse gilt von vornherein der Relation und Differenz als solcher, in der das Verhältnis eines Subjekts zu seinem Objekt und als Selbstbewußtsein zu sich selbst stattfinden kann.

Wenn Heidegger also nicht nach dem Bewußtsein bzw. dem Selbstbewußtsein frägt, sondern nach dem »Dasein«, so bedeutet dies nicht, daß das Konzept »Dasein« sachlich aus einer Gegenstellung gegenüber den Konzepten Bewußtsein bzw. Selbstbewußtsein stammen müßte. Die letzteren Konzepte werden damit auch nicht für falsch erklärt. Mit dem Titel »Dasein« will Heidegger vielmehr zum Ausdruck bringen, daß Bewußtsein und Selbstbewußtsein nicht ausreichend sind für ein Verständnis des Geschehens der Offenbarkeit als solcher. Dies liegt grundsätzlich daran, daß sie einen philosophischen Reflexionsverzicht bezeichnen. Mit diesen Begriffen wird versucht, aus der »Tatsache« der Erschlossenheit der Welt philosophisch Gewinn zu ziehen, indem diese »Tatsache« mit den Konzepten Bewußtsein und Selbstbewußtsein beschrieben wird und aus dieser Beschreibung deren Implikationen als apriorische und objektkonstituierende Begriffe entwickelt werden. Der Reflexionsverzicht besteht also darin, daß jene »Tatsache« als »Tatsache« aufgefaßt wird, ohne auf sie als solche und nach ihrer Herkunft zu reflektieren. Eine solche Reflexion kann sich jedoch nicht auf die Untersuchung der Struktur von Bewußtsein und Selbstbewußtsein beschränken. Auch eine solche Untersuchung würde die Tatsache nur als Tatsache nehmen und nicht als Geschehen, das als Geschehen und nicht nur nach seiner Struktur zu bedenken ist.

Mit der Frage nach dem »Da« des Seins und nach dem Sein des Daseins versucht Heidegger nun jene Reflexion in Gang zu bringen, auf die unter den Konzepten Bewußtsein und Selbstbewußtsein verzichtet wird. Er sucht damit die Eröffnung im Geschehen der Relation eines Bestimmt-seins für ein Subjekt und damit das Geschehen der Subjekt-Objekt-Differenz als solches zu bedenken, in dem die Welt als Objekt für ein Subjekt erschlossen wird. Dem Gedankengang dieser Fragerichtung zufolge verstehen wir, wie die Welt ursprünglich erschlossen ist und wie darin die Einheit von Relation und Differenz in der Subjekt-Objekt-Konstellation geschehen kann, innerhalb derer Bewußtsein und Selbstbewußtsein zu sinnvollen Konzepten werden, wenn wir verstehen, wie das Sein in dem Horizont »da« ist, von dem her das Dasein Sein verstehen kann. Die Frage nach der ursprünglichen Erschlossenheit frägt damit auch nach einer ursprünglichen Bestimmungsfähigkeit, denn die Differenz in der ursprünglichen Relation, in der ein Objekt für ein Subjekt und dieses für sich selbst ist, würde ohne eine sie strukturierende Bestimmtheit in eine ungeschiedene Identität zusammenfallen, die es ausschließen müßte, die Erschlossenheit als solche zu denken. Die Frage nach der ursprünglichen Erschlossenheit als solcher ist deshalb eo ipso auch die Frage nach der Genesis einer Bestimmtheit, die geeignet ist, die Differenz in der Relation Subjekt-Objekt bzw. Subjekt-Subjekt verständlich zu machen, ohne darin durch ein Verständnis der ursprünglichen Erschlossenheit aus den aus der Subjektivität des Subjekts entwickelten apriorischen Begriffen die Erschlossenheit als solche zu verdecken.

Wenn mit der Bestimmtheit, die für das Verstehen jener Differenz gedacht werden muß, die ursprüngliche Erschlossenheit als solche verständlich werden soll, so muß sie vom bestimmten Seienden her gedacht demnach als Unbestimmtheit erscheinen. In ihr muß also die selbst unbestimmte Entstehung einer solchen Bestimmtheit gedacht werden, die genau und nur jene Differenz in der ursprünglichen Erschlossenheit verständlich macht, in der ein Objekt für ein Subjekt und dieses für sich selbst werden kann. Die Frage nach dem »Da« des Seins ist damit als Frage nach der genuinen Bestimmtheit der ursprünglichen Differenz des »für« in der Subjektrelation die Frage nach einer ebenso ursprünglichen Ankunft von Bestimmtheit aus Unbestimmtheit. Heideggers Weiterführung des transzendentalphilosophischen und idealistischen Gedankens in der Frage nach der Erschlossenheit als solcher in einem »Geschehen«, das nicht aus dem Erschlossenen verstanden werden kann, wird damit zur Frage nach dem unbestimmten Anfang alles Bestimmens, durch den die Erschlossenheit, aus der die Möglichkeit eines bestimmten Verständnisses der Welt in der Subjekt-Objekt-Differenz entsteht, selbst in einer hinreichenden Bestimmtheit verstanden werden kann. Deshalb schließt die in SuZ leitende Frage nach dem Sein des Daseins den Versuch ein, für die Differenz des In-der-Welt-seins eine Bestimmtheit in einem Sinn von Sein in der Zeitlichkeit anzugeben. Aus dem gleichen Grund hat Heidegger später die Suche nach einem Sinn von Sein »gekehrt« als Frage nach dem »Ereignis« fortgeführt und Gestalten der Ankunft von Erschlossenheit wie das Kunstwerk, die Sprache als »Sage« und das »Ding« untersucht. Heideggers Denkweg führte damit von der subjektphilosophischen Frage, wie sich aus der Identität von Wissen und Sein im Ich ein »Ort der Wahrheit« gewinnen lassen könne, zu der Frage nach der Bestimmung des philosophischen Status eines »Ortes der Wahrheit« aus der Ankunft von Erschlossenheit als solcher. Die Frage nach dem »Ort der Wahrheit« wird auf diesem Denkweg deshalb zu der Frage nach der »Wahrheit« und der »Offenheit« des Seins.

Auswahlbibliographie

Apel, K.-O., Wittgenstein und Heidegger. Die Frage nach dem Sinn von Sein und der Sinnlosigkeitsverdacht gegen alle Metaphysik, in: Pöggeler, O. Hrsg., Heidegger. Perspektiven zur Deutung seines Werks, Köln 1969, S. 358-396

Bast, Rainer A./Delfosse, Heinrich P., Handbuch zum Textstudium von Martin Heideggers Sein und Zeit, Stuttgart/Bad Canstatt 1980

Beierwaltes, W., Heideggers Rückgang zu den Griechen, München 1995, Serie Sitzungsberichte der Bayerischen Akademie der Wissenschaften, Philosophisch-Historische Klasse; 1995,1

Biemel, W., Martin Heidegger. Selbstzeugnisse und Bilddokumente, Reinbek bei Hamburg 1999

Brandom, R., Heideggers Kategorien in Sein und Zeit, in: Deutsche Zeitschrift für Philosophie 45/1997, S. 531-549

Claesges, U., Heidegger und das Problem der Kopernikanischen Wende, in: Neue Hefte für Philosophie 23/1984, S. 75-112

Figal, G., Martin Heidegger zur Einführung, Hamburg 1999

Figal, G., Martin Heidegger. Phänomenologie der Freiheit, Frankfurt/Main 1988

Fleischer, M., Die Zeitanalysen in Heideggers Sein und Zeit, Würzburg 1991

Gander, H.-H., Selbstverständnis und Lebenswelt, Frankfurt 2001

Gethmann, C.-F. Verstehen und Auslegung. Das Methodenproblem in der Philosophie Martin Heideggers, Bonn 1974

Gethmann, C. F., Dasein, Erkennen und Handeln. Heidegger im phänomenologischen Kontext, Berlin 1993

Gethmann-Siefert, A./Pöggeler, O., Hrsg., Heidegger und die praktische Philosophie, Frankfurt 1988

Görland, I., Transzendenz und Selbst. Eine Phase in Heideggers Denken, Frankfurt/Main 1981

Graeser, A., Philosophie in Sein und Zeit: kritische Erwägungen zu Heidegger, Sankt Augustin 1994

Grondin, J., Von Heidegger zu Gadamer. Unterwegs zur Hermeneutik, Darmstadt 2001

Hackenesch, Chr., Selbst und Welt. Zur Metaphysik des Selbst bei Heidegger und Cassirer, Hamburg 2001

Han, Byung-Chul, Martin Heidegger: eine Einführung, München 1999

Haucke, K., Anthropologie bei Heidegger, in: Philosophisches Jahrbuch 105/1998, S. 321-345

Heinz, M., Zeitlichkeit und Temporalität, Würzburg/Amsterdam 1982

Herrmann, F.-W. von, Hermeneutische Phänomenologie des Daseins. Eine Erläuterung von Sein und Zeit, Frankfurt/Main 1987

Herrmann, F.-W. von, Weg und Methode: zur hermeneutischen Phänomenologie des seinsgeschichtlichen Denkens, Frankfurt/Main 1990

Herrmann, F.-W. von, Wege ins Ereignis: zu Heideggers Beiträgen zur Philosophie, Frankfurt/Main 1994

Herrmann, F.-W. von, Heideggers Philosophie der Kunst: eine systematische Interpretation der Holzwege-Abhandlung Der Ursprung des Kunstwerkes, Frankfurt/Main 1994

Herrmann, F.-W. von, Heideggers Grundprobleme der Phänomenologie: zur zweiten Hälfte von Sein und Zeit, Frankfurt/Main 1991

Herrmann, F.-W. von, Subjekt und Dasein. Interpretationen zu Sein und Zeit, Frankfurt/Main 1985

Herrmann, F.-W. von, Der Begriff der Phänomenologie bei Heidegger und Husserl, Frankfurt 1981

Inwood, M. J., Heidegger, Freiburg i.Br. 2001

Kisiel, Th. J., The genesis of Heidegger's Being and time, 1. paperback print, Berkeley 1995

Kogge, W., Verstehen und Fremdheit in der philosophischen Hermeneutik. Heidegger und Gadamer, Hildesheim 2001

Luckner, A., Martin Heidegger; Sein und Zeit. Ein einführender Kommentar, Paderborn 2001

Marx, W., Heidegger und die Tradition, Hamburg 1980

Merker, B., Selbsttäuschung und Selbsterkenntnis. Zu Heideggers Transformation der Phänomenologie Husserl, Frankfurt/Main 1988

Opilik, K., Transzendenz und Vereinzelung. Zur Fragwürdigkeit des transzendentalen Ansatzes im Umkreis von Heideggers Sein und Zeit, Freiburg/München 1993

Perpeet, W., Heideggers Kunstlehre, in: Pöggeler, Otto, Hrsg., Heidegger. Perspektiven zur Deutung seines Werks, Köln 1969, S. 217-241

Pöggeler, O., Heidegger in seiner Zeit, München 1999

Pöggeler, O., Der Denkweg Martin Heideggers, Stuttgart 1994

Pöggeler, O., Hrsg., Heidegger. Perspektiven zur Deutung seines Werks, Weinheim 1994

Pöggeler, O., Hermeneutik der technischen Welt: eine Heidegger-Interpretation, Lüneburg 2000

Pöggeler, O., Heidegger und die hermeneutische Philosophie, Freiburg 1983

Pöggeler, O., Neue Wege mit Heidegger, Freiburg 1992

Prauss, G., Erkennen und Handeln in Heideggers Sein und Zeit, Freiburg 1996

Rentsch, Th., Hrsg., Martin Heidegger. Sein und Zeit, Berlin 2001 Reihe Klassiker auslegen

Riedel, M., Hören auf die Sprache: die akroamatische Dimension der Hermeneutik, Frankfurt/Main 1990

Römpp, G., Verstehen von Sein. Heidegger und die Frage eines philosophischen Anfangs, in: Allgemeine Zeitschrift für Philosophie 14/1989 (3), S. 35-56

Römpp, G., Wesen der Wahrheit und Wahrheit des Wesens. Über den Zusammenhang von Wahrheit und Unverborgenheit bei Heidegger, in: Zeitschrift für philosophische Forschung 40/1986,S. 181-205

Römpp, G., Truth and Interpersonality. An Inquiry into the Argumentative Structure of Heidegger's Being and Time, in: International Philosophical Quarterly 29/1989, S. 429-447

Römpp, G., Is there an Overcoming of Metaphysics in Heidegger?, in: Journal of the British Society for Phenomenology 18/1987, S. 162-175

Rosen, St., The question of being: a reversal of Heidegger, New Haven 1993

Schulz, W., Über den philosophiegeschichtlichen Ort Martin Heideggers, in: Pöggeler, Otto, Hrsg., Heidegger. Perspektiven zur Deutung seines Werks, Köln 1969, S. 95-139

Seubold, G., Kunst als Enteignis: Heideggers Weg zu einer nicht mehr metaphysischen Kunst, Bonn 1996

Thurnher, R., Wandlungen der Seinsfrage: zur Krisis im Denken Heideggers nach Sein und Zeit, Tübingen 1997

Trawny, P., Martin Heideggers Phänomenologie der Welt, Freiburg 1997

Trawny, P., Hrsg., "Voll Verdienst, doch dichterisch wohnet der Mensch auf dieser Erde". Heidegger und Hölderlin, Frankfurt/Main 2000

Trawny, P., Die Armut der Geschichte. Zur Frage nach der Vollendung und Verwandlung der Philosophie bei Heidegger, in: Zeitschrift für philosophische Forschung 53/1999, S. 405-427

Veauthier, F. W., Hrsg., Martin Heidegger. Denker der Post-Metaphysik: Symposium aus Anlaß seines 100. Geburtstags, Heidelberg 1992

Vetter, H., Hrsg., Siebzig Jahre Sein und Zeit, Frankfurt/Main 1999

Volkmann-Schluck, K.-H./Heimbüchel, B., Hrsg., Die Philosophie Martin Heideggers: eine Einführung in sein Denken, Würzburg 1996

Wiehl, R., Heideggers ontologische Frage und die Möglichkeit einer Ontologie, in: Neue Hefte für Philosophie 23/1984, S. 23-45

Winter, St., Heideggers Bestimmung der Metaphysik, Freiburg 1993

»›Die Krankheit zum Tode‹ ist ein ungeheuerliches Buch. An innerer Intensität, an Schärfe des Griffes nach der letzten Wurzel unserer Existenz wird es nur noch überholt von Kierkegaards anderer Schrift: ›Der Begriff Angst‹«. (Romano Guardini)

Herausgegeben und eingeleitet
von Thomas Sören Hoffmann

Sören
KIERKEGAARD

Der Begriff Angst
Die Krankheit
zum Tode

marixverlag

geb. mit SU, 384 Seiten
Format: 12.5 x 20.0 cm

Nur: € 10.00/sFr.18.30
Bestellnr.: 626-00066
ISBN: 3-86539-011-0

Was haben Angst, Freiheit und geistige Existenz miteinander zu tun? Was Verzweiflung und die Masken des Alltags? Wie können Menschen verantwortlich »einzelne« sein, nicht bloß »Nummer« in der Menge?

Niemand vor Sören Kierkegaard hat Fragen wie diese mit gleicher Eindringlichkeit gestellt, niemand ähnlich vielschichtige Antworten auf sie gegeben. Auf der Grenze zwischen Philosophie und Theologie entwickelt der »Vater des Existenzdenkens« eine neue Sprache für das, »was uns unbedingt angeht«. *Der Begriff Angst* und *Die Krankheit zum Tode* sind dafür die wichtigsten Dokumente.

info@marixverlag.de

marixverlag
www.marixverlag.de